貓頭鷹書房

有些書套著嚴肅的學術外衣，但內容平易近人，非常好讀；有些書討論近乎冷僻的主題，其實意蘊深遠，充滿閱讀的樂趣；還有些書大家時時掛在嘴邊，但我們卻從未看過……

如果沒有人推薦、提醒、出版，這些散發著智慧光芒的傑作，就會在我們的生命中錯失——因此我們有了**貓頭鷹書房**，作為這些書安身立命的家，也作為我們智性活動的主題樂園。

貓頭鷹書房——智者在此垂釣

貓頭鷹書房 427

大轉向

文藝復興的開展與世界走向現代的關鍵時刻

THE SWERVE

How the World Became Modern

葛林布萊◎著

黃煜文◎譯

貓頭鷹

好評推薦

一部好的文學作品應具有可讀性、趣味性與知識性，葛林布萊新作《大轉向》就同時具備，他先前力作《推理莎士比亞》因不同於傳統傳記的寫作方式而頗受好評，此次延續之前引人入勝的寫作筆觸與加入中世紀到近世以來的歷史元素，以《物性論》當作楔子，並透過推理與歷史「神入」的敘事方式，讓許多著名西方歷史人物躍然紙上，在現今高中教育重視閱讀文本能力培養之際，確實是本值得推薦中學生閱讀的歷史文學類課外讀物。

——王偲宇，員林高中歷史老師

葛林布萊在討論《物性論》及相關議題的古典及中古背景時，鉅細靡遺，博學但不炫學。他以最不造成讀者負擔的方式來陳述古代哲學、神學信條，書籍如何生產、流通以及保存，還有基督教會對古典世界人類經驗的重新組構，說明教會壓制《物性論》的動機，組成了全書最精采的部分。原書副標「世界如何變得現代」則事涉重大，特別是現代世界的世俗化以及人類感官知覺的重新啟動……單獨《物性論》一隻飛燕無法宣告文藝復興春天的到臨，但這是以波吉歐發現《物性論》為中心之歷史敘述，免不了會出現的結果。現代世界已經不是古代原子論哲學所能解釋，而「大轉向」也需要更多、更大的力量來促成。此情形更使我們希望能閱讀葛林布萊其他有關早期現代的著作，而這些則端賴如本書之傑出譯者及其他先進的引介。這的確令人十分期盼。

——翁嘉聲，成功大學歷史系教授

文藝復興在義大利語是「重生」之意。如何解釋這一場發生在十四世紀至十六世紀的文化運動，為何與如何「重生」一直是歷史教學難以迴避的問題。葛林布萊因為求學期間的偶然際遇，閱讀古書《物性論》，從對本書封面的好奇出發，透過閱讀內容，進而對書中描述的伊比鳩魯學派思想產生興趣，更意外地發現在六百年前，也有人因為尋獲《物性論》一書，意外地助長了文藝復興運動的發展。相信透過作者的優美敘事文筆，加上奇幻的文章布局，一定會讓讀者不僅更理解何謂文藝復興，也更能「神入」地瞭解：為何與如何「重生」。

——莊德仁，建國中學歷史老師

文藝復興是一個大家所熟知的時代，葛林布萊藉由一位對蒐集古代手稿有著濃烈興趣的書籍獵人波吉歐發現盧克萊修《物性論》的過程，帶出中古後期到文藝復興的故事與風貌，充滿細節的趣味，值得一讀。

——黃大展，新竹高中歷史老師

歷史事件不會憑空出現，《大轉向》展現了歷史事件的複雜與連結，將希臘與羅馬文化的衝突與融合、文藝復興中思索的轉向，巧妙地集中在中世紀修道院的變化裡……傳統對於文藝復興的意象本已相當美好，《大轉向》則在詩歌引用、文句刻畫中讓「文藝復興」躍然紙上，猶如藝術作品般令人驚嘆。在此誠摯推薦給對歷史脈絡與深刻價值有興趣的讀者。

——劉先芸，成功高中歷史老師

本書完全展現了葛林布萊身為作家的偉大才能與罕見天分：我們可以用《大轉向》書裡的話來形容，他能夠充分感受到那股「深埋於過去的心靈力量」。

——《紐約時報》

一場震古鑠今的書籍追尋行動，作者以吸引人的筆調與知性的眼光，將這段歷史呈現在世人面前。

——《書單》

《大轉向》講述某個上古時代詩作被人發現的歷史，以及這部詩集如何促成了文藝復興。葛林布萊在書中感謝詩集的作者盧克萊修，以及這部詩集的發現者書籍獵人波吉歐。葛林布萊說：「本書提到書籍的跨界力量，書寫文字的神奇魔力，以及兩千年前詩作的不可思議之處。」

——摘錄自Publishersweely.com

一部兼具啟發性與娛樂性，令人既驚訝又興奮的作品。它是一則與學術相關的冒險故事，描述我們的思想先驅如何運用才智與勇氣為現代世俗科學思想奠定基礎。

——Harold Varmus，諾貝爾醫學獎得主

無論是中世紀的修院文化，還是沉迷於古代作品的佛羅倫斯人文主義者，抑或是醜聞纏身

的文藝復興教廷，葛林布萊都有辦法栩栩如生地將他們呈現在我們面前……在嚴肅的非文學世界裡，葛林布萊能給予我們最大的閱讀樂趣。

——《新聞日報》

這本書揭露了人類歷史的關鍵時刻，顯示「人文主義」如何從最初的意義（探求先人的文義）演變成今日的意義（探求今人愉悅的意義）。怪誕的拉丁文傳說，鮮明的文藝復興人物，以及令人驚異的新故事，《大轉向》成功展現了伊比鳩魯學派史詩的樣貌。

——Adam Gopnik，《美食事大》作者

這本引發討論的作品主張，近六百年前發現的一部湮沒不為人知的哲學作品，改變了人類的歷史進程，促成了今日科學與感性的興起。

——摘錄自普立茲獎得主官網

這本書將改變你對上古與現代世界的看法。葛林布萊是一位認真的學者（從書末大量的注釋可以看出），但他的文字非常容易親近。這本書讀起來就像偵探小說一樣，特別是一開頭，

讀者很容易融入其中，不知不覺地接觸深邃的哲學內容。更了不起的地方是，作者將這一切與現代世界連繫了起來，讓我們了解現代世界觀念的起源來自何處。這本書獲得普立茲獎可說是實至名歸。

——Amazon 讀者 A. Stamford

出身寒微的教廷抄寫員，已被遺忘的羅馬古詩，以及探究生命的理論家伊比鳩魯，這三件事物緊密地結合在一起，開示世人如何超脫盲目的宗教信仰，從而體悟人類生命的本質與來生的真正意涵。閱讀本書，你不僅能獲得檢視自我生命的機會，也能更深入了解古代書籍與圖書館的歷史。

——Amazon 讀者 Christian Schlect

大轉向：文藝復興的開展與世界走向現代的關鍵時刻　目次

序言

我還是學生的時候，每到學期末都會到耶魯大學合作社看看有什麼書可以買來在暑假解悶。我的零用錢不多，但書店總會用低得不可思議的價格出清不要的存貨。這些低價書雜亂地堆置在箱子裡，我隨意翻看，腦子裡並沒有特意要尋找的目標，我只是等待某一本書突然吸引我的目光。有一回，我看到一個極其古怪的平裝封面，那是超現實主義畫家恩斯特畫作的局部。一彎新月高懸於大地之上，兩對人腿——他們的身體不見了——在空中做出性交的動作。這是兩千年前盧克萊修的詩作《物性論》的譯本，以散文方式呈現，標價只有十美分，我買了這本書。我承認，買這本書不只是為了物質宇宙的古典陳述，也是受到封面的吸引。

應該不會有人想在假期裡研究古代物理學這種冷僻的科目，但在暑假的某一天，我閒著也是閒著，於是拿起這本書開始閱讀。不久後便恍然大悟為什麼封面會以如此撩撥的方式呈現。盧克萊修一開始用充滿熱情的詩歌讚頌愛神維納斯，她在春日降臨，驅散了陰霾，使天空大放光明，讓整個世界充滿狂亂的性欲：

空中飛翔的鳥兒，被女神強有力的箭射中心坎，牠們最早捎來妳到來的信息。接著，野生動物與牛群躍動在豐美的牧草地上，泅泳於湍急的溪水中：牠們全被妳的魅力迷惑，急欲跟隨妳的領導。在海洋、山脈、河流與鳥類出沒的灌木叢裡生活的每一種生物，全被注入了充滿誘惑的愛，妳灌輸給牠們激情的驅力，讓牠們繁衍後代。[1]

我對開頭這段熱切的話語感到驚異，於是我繼續讀下去，我看到戰神在維納斯膝上睡著的圖畫——「從未治癒的情傷擊倒了他，他英俊的頸項倚靠著，朝上凝視著你」；一段祈求和平的祈禱文；一份向哲學家伊比鳩魯智慧致上的敬意；以及對膚淺恐懼的堅定譴責。當我讀到一段解說哲學最初原則的冗長文字時，我預料自己大概會興趣缺缺：沒人交代我念這本書，我唯一追求的是愉快，而我已經獲得遠超過十美分的價值。但令我驚訝的是，我仍覺得這本書令人興奮。

我回應的不是盧克萊修的珠璣之語。日後，我研讀《物性論》原文，也就是拉丁文的六音步詩，我逐漸了解這本書豐富的文字結構、微妙的韻律，以及精確深刻的意象。但我第一次讀這本書時接觸的是史密斯精湛的英文譯本——清楚而不過分裝飾，但也談不上引人入勝。不，真正打動我的是別的東西，是在兩百多頁密密麻麻的字句中生活與行動的事物。我因為職業的關係，總要求人們仔細留意他們閱讀的文字。想從詩中獲得愉悅與趣味，泰半需要這樣的注意力。儘管如此，即便是平實的譯本，仍可讓我們對一件藝術品產生深刻的體會，遑論是出色的譯本。畢竟，絕大多數文學世界都是透過這種方式認識《創世紀》、《伊利亞德》或《哈姆雷特》。雖然我們偏好以原文的形式閱讀這些作品，但堅信只有閱讀原文才能真正了解這些作品，顯然是一種誤導。

無論如何，我可以證明，即使翻譯成散文形式，《物性論》依然可以深深觸動我的心弦。某方面來說，它的力量取決於個人境遇——藝術總能找到個人心靈的某個縫隙而予以穿透。盧克萊修的詩歌持續地思索死亡，希望能從死亡的恐懼中解脫，在我童年的時候，這樣的恐懼經常在我幼小的心靈中迴盪。我恐懼的不是自己的死亡；我就跟一般健康的孩子一樣，從未想到自己有一天將面臨死亡。我恐懼的其實是另一項絕對與必然，那就是我的母親注定會比我早死。

我的母親不怕來世：與絕大多數猶太人一樣，母親對於死後的世界只有模糊的感受，她很少想到這方面的事。真正讓她恐懼的是死亡本身，也就是永遠不再存在。從我有記憶以來，母親經常焦慮自己的死亡，她反覆不斷地提起這件事，特別是在分離的時候。我的人生因此充滿如歌劇般依依不捨的道別場景。每當周末她與父親從波士頓前往紐約時，或當我參加夏令營時，甚至我只是出門上學時——總之就是她感到特別難受時——她都會緊緊抓著我不放，說她有多麼脆弱，以及我很可能再也看不到她。當我們走在一起時，她經常會停下來，一副即將跪倒在地的樣子。有時她會要我摸摸她脖子上的血管，感受她心跳的危險急促。

我對母親的恐懼開始有記憶，應該是她快四十歲的時候，但這種恐懼顯然早在之前就已開始。母親的恐懼似乎在我出生前十年出現，當時她才十六歲的年輕妹妹因罹患鏈球菌性咽炎而去世。這件事——在盤尼西林引進前司空見慣之事——仍是母親心中的痛：她不斷提起這件事，靜靜地流淚，而且要我反覆地朗讀這名十幾歲的女孩病重時寫的辛酸書信。

我很早就知道母親的「心病」——心悸使她與身邊的人都必須放下手邊的一切——是一種生存策略。這是一種象徵性的手段，使她得以與死去的妹妹合而為一並表示哀悼。它是同時表達出憤怒（「你看，你讓我有多煩心」）與愛（「你看，就算我的心臟不適，我還是幫你把所有的事做好」）的方式。它是一種演出，是母親對畏懼的死亡所做的預演。更重要的是，它是一種吸引旁人注意與關愛的方法。然而，即使我了解母親的心情，也無法化解她的恐懼對我造成的影響與壓力：我愛我的母親，我害怕我會失去她。我沒有能力解開這種心理上的策略與危險的症狀。（我對母親解決問題的能力也不抱任何幻想。）我小的時候，根本不知道母親持續叨念自己即將死亡有多麼詭異，也未察覺母親每次將短暫分離當成永別有多麼荒誕。直到我擁有自己的家庭，我才了解慈愛的父母——我的母親確實對孩子疼愛有加——加諸在子女身上的情感負擔有多麼沉重與可怕。每天她都要重申一次自己的生命即將走到盡頭，每天，子女都要接受一次這項陰鬱的必然。

結果，我的母親一直活到年近九旬才去世（只差一個月就滿九十歲）。當我在書店發現《物性論》這本書時，她才五十出頭。而當時我對母親可能死亡的恐懼還交雜著另一種痛苦的感受，那就是母親為了滿足自己的恐懼妄念，居然不惜糟蹋自己的人生，並且為我的生活帶來陰影。盧克萊修的話語因此顯得格外清晰。「死亡對我們來說不算什麼。」他寫道，「讓死亡的焦慮掌控你的人生，這完全是愚蠢。」你的人生必將因此而不完整，而你也將無從體會什麼叫人生樂趣。盧克萊修說出了我一直不敢公開吐露的想法（我甚至連想都不敢想）：讓別人感到焦慮，不僅充滿算計，而且殘酷。

就我而言，這正是盧克萊修的詩打動我的地方，我直接感受到它賦予的力量。但這股力量不只影響了我個人的生命歷程。對我來說，《物性論》也是一部極具說服力的作品，它描述了事物實際存在的方式。當然，我可以輕易看出這部古代作品的許多說法在今日已屬荒謬無稽。

但我們能期望什麼呢？今日我們對宇宙的描述，在兩千年後的人看來，又能精確到哪裡去？盧克萊修相信太陽繞著地球轉，太陽的熱度與大小幾乎不會超過我們感官感知的範圍。他認為蟲子是從潮溼的土壤中自然產生；他解釋火源於閃電，而閃電來自於虛無縹緲的雲氣；他形容大地是過了更年期的母親，因為孕育了大量物產而筋疲力竭。然而，在他詩歌的核心隱含著關鍵的原則，而當中對世界的理解無疑相當現代。

盧克萊修認為，構成宇宙的物質是數量無窮的原子，這些原子在空間中隨機地移動，如同我們在陽光下看到的塵埃一樣，彼此碰撞、糾纏、組成複雜的結構，或者再次分解，創造與毀滅周而復始地進行，永無終止之日。萬事萬物均無法擺脫這成住壞空的過程。當你仰望夜空，心中充滿莫名的感動，對滿天的星斗充滿驚異。你看到的可不是眾神的傑作，亦非超然物外的水晶天頂。你看到的是與自己身處的世界完全相同的物質宇宙，你與它的構成元素毫無差異。這當中不存在主宰者的計畫，也無神明做為總建築師，更沒有智能設計。所有生物，包括你所屬的物種，都經歷了漫長的演化過程。儘管當中有天擇的影響，但有機生命體的演化依然是隨機的。也就是說，適合生存與能成功繁殖後代的物種，至少在一定時間內可以永續生存；至於不適合生存的物種則旋即滅亡。然而，沒有任何事物——從我們這個物種，到我們生活的星球，乃至於賦予光明的太陽——可以永久存在。只有原子是不朽的。

盧克萊修認為，在如此構成的宇宙裡，我們沒有理由相信地球或地球上的居民位於宇宙的中心，沒有理由認為人類與其他動物不同，不應該期望自己能收買或安撫神明，宗教狂熱毫無意義，棄絕自我的苦行是白費工夫，追求無窮的權力或絕對的安全只是一種幻想，為了征服或擴大一己的私利而發動戰爭並無道理，人定勝天純屬虛構，我們永遠無法擺脫生老病死的循環。有人不斷鼓吹虛假的安全感或不理性的死亡恐懼，盧克萊修對此並不感到憤怒，相反地，他試圖從這樣的情緒中解放，鼓起勇氣面對曾一度以為的威脅之物。盧克萊修寫道，人類可以做到而且應該做到的，是克服自己的恐懼；人類要接受這樣的事實，那就是自己與自己遭遇的萬事萬物均非永恆，因此，人類應當及時擁抱世界的美麗與愉悅。

早在兩千年前，盧克萊修的作品已充分表達這些觀點，我對此感到驚訝——現在讀來依然讓我吃驚。他的作品與現代的連結並非單純的直線：世事的發展不可能這麼簡單。這當中有數不清的遺忘、消失、恢復、解散、扭曲、挑戰、轉變與再次遺忘。不過，最重要的連結一直存在著。隱藏在這個世界觀——我發現它與我的世界觀並無不同——後頭的是一部古老的詩作，一部曾經亡佚的作品，而這部詩作終究不可磨滅，最後得以重見天日。

孕育盧克萊修作品的哲學傳統，與諸神崇拜及國家崇拜格格不入，可想而知，此哲學傳統被視為傷風敗俗的思想，就連古典時代地中海較為寬容的文化傳統也難以接納。這項傳統的支持者有時被貶抑為瘋子、不虔誠者或是蠢蛋。隨著基督教興起，這些人的作品遭到攻擊、汙蔑、焚燒，最糟糕的是遭到忽視，乃至於完全受到遺忘。更令人驚訝的是，如此宏大的哲學論述居然未能流傳下來。在這種情況下，盧克萊修作品的失而復得便成為本書的主題。除了一些零星的敘述與二手的說法，這套豐富的哲學傳統幾乎全囊括在《物性論》這部作品中。只要偶然的一把火，一場破壞文物的運動，一項將異端盡數撲滅的決定，就能讓現代的發展歷程為之改變。

在所有上古經典中，這部詩作照理應該與曾經啟迪它的其他作品一起消失在這個世界上。然而，這部作品非但沒有消失，反而在數世紀後再度浮上檯面，並且再度宣傳它那深具顛覆性的論點，這樣的經歷就算稱為奇蹟也不為過。不過作品的作者不相信奇蹟。他認為天底下沒有任何事能違反自然法則。他提出所謂的「突然轉向」——盧克萊修用拉丁文 clinamen 來表達——也就是預期外的、難以預測的物質運動。盧克萊修詩作的重現人世如同物質的突然轉向，出乎意料地從直接的軌道（亦即朝向堙滅之路）偏離出去，遠離了這部詩作以及其所蘊含的哲學原本應走的路徑。

一千年後，當《物性論》重現人世時，它所提到的宇宙起源觀點，亦即宇宙是無窮空間中的原子衝撞而成，似乎仍讓人百思不解。然而，這些在一開始被視為不敬神明的愚蠢說法，如今卻成為理解整個世界的理性基礎。這裡重要的不只是我們在古代經典中驚訝地發現了現代元素（值得一提的是，希臘與羅馬經典確實形塑了現代意識，但這些作品絕大部分已從我們的大學課程中刪除）。或許更令人吃驚的是，從《物性論》的每一頁都可以清楚看出，書中的科學世界觀（世界是由無垠宇宙中隨機移動的原子構成），其實是源自於作者的驚奇感。然而，令盧克萊修驚奇的並非諸神或惡魔，亦非來世的夢想；這股驚奇感來自於他發現構成人類的物質，與構成星辰、海洋、萬事萬物的物質完全一樣。而這層認識也形成了盧克萊修思索人類應如何生活的基礎。

以我來看，而且不只我這麼想，在上古時代以後的文化裡，最能反映盧克萊修對美與愉悅的執著，並且認為這樣的執著是正當且值得堅持的人性追求，就是文藝復興。這股追求不僅限於藝術層面，它也形塑了宮廷的服飾與禮儀；聖餐儀式的語言；日常用品的設計與裝飾。這股追求表現在達文西的科學與科技探索，伽利略明晰的天文學對話，培根充滿野心的研究計畫，胡克[2]的神學。它在本質上是反思的，因此這些成果似乎與審美的野心大相逕庭。如馬基維利對政治策略的分析，雷利[3]對蓋亞那的描述，或伯頓[4]對心理疾病的百科全書式敘述，這些反思性的成果產生了最強烈的愉悅。但文藝復興的藝術，例如繪畫、雕刻、音樂、建築與文學，仍舊極致展現出對美的追求。

我特別偏愛莎士比亞，過去如此，現在依然如此。然而從另一個角度來看，如果文藝復興這場大規模的文化運動是一顆光彩奪目的寶石，那麼莎士比亞的成就只是這顆寶石上的一道美麗琢面。在這顆寶石之上還有阿爾伯蒂[5]、米開朗基羅、拉斐爾、阿里奧斯托[6]、蒙田與塞萬提斯[7]，以及其他數十位藝術家與作家。這場文化運動擁有許多彼此交織卻又相互衝突的面向，但如果你願意逐一理解，不難發現這些面向全具有驚人的創意與活力。這股勃發的生命力甚至延伸到許多以死亡的勝利為主題的文藝復興作品上。因此，與其說《羅密歐與茱麗葉》末尾的墳墓吞噬了這對戀人，不如說它使兩人愛的見證得以流傳後世。四百多年來，許多觀眾癡迷於這部劇作，從這點來看，茱麗葉的確得償所願：羅密歐死後，黑夜帶走了他

將他分散成無數的小星星
將夜空妝點得如此美麗
世人將從此愛上黑夜。

（第三幕第二場，22-24）

文藝復興擴大了美與愉悅的內容，使其更加豐富，從生命的讚頌，到死亡的思索，不僅強調造

物之美，也重視事物毀滅的意義。這種傾向一一反映在當時的作家與藝術家身上，蒙田孜孜不倦地思索萬物的流轉變遷，塞萬提斯記錄筆下那位瘋狂騎士的生平，米開朗基羅描繪剝下的人體皮囊，達文西的漩渦素描，卡拉瓦喬[8]充滿憐愛地注視基督髒汙的腳底。

文藝復興是這場變化的開端，數世紀以來對好奇心、欲望、個別性設下的重重限制，在這個時期開始受到衝擊，此後人類開始將注意力轉向物質世界，並且更進一步地探索自己的身體。這場文化轉變非常難以界定，它的意義也充滿爭議。然而，你只需在錫耶納欣賞杜喬[9]〈莊嚴的聖母〉中登上王座的童貞女，以及到佛羅倫斯欣賞波提切利[10]的〈春〉（這幅畫顯然受到《物性論》的影響，這點並不令人意外），相信當下就能輕易獲得領悟。在杜喬華麗的祭壇裝飾中（大約完成於一三一〇年），天使、聖人與殉道者的目光全聚集於畫的正中央，莊嚴肅穆的氣息，穿著深色袍服的聖母，懷裡抱著聖子，兩人凝視前方，神情神聖而專注。在〈春〉中（大約完成於一四八二年），古老的春神一起出現在綠意盎然的樹林裡，她們不約而同地擺出律動的姿態，顯示春日的降臨，大地再度恢復生機，不禁讓人想起盧克萊修的詩作；「春天到來，長著翅膀的小信差引領著維納斯，母親芙蘿拉緊跟著西風之神澤菲洛斯。只見澤菲洛斯在前方開路，每到一處，便遍撒豐富的色彩與香氣。」[11]文化轉變的關鍵，不僅在於文藝復興藝術家重新燃起對異教神祇的強烈熱情，以及對古代神話豐富意義的興趣，還在於動態世界觀的再次抬頭。這種世界觀在過去受到輕視，如今卻因為它的稍縱即逝、它的情欲能量，以及它的瞬息萬變，而使人重新領略它的美好。

雖然文化的變遷在藝術作品裡表現得最為明顯，但世界觀與生活方式的轉變，絕不僅限於審美層面，它也表現在思想領域的大膽創新上，例如哥白尼與維薩里[12]、布魯諾[13]與哈維[14]、霍布斯[15]與斯賓諾莎[16]。這場轉變並非一蹴可幾，而是在潛移默化中逐漸放棄以天使、惡魔與非物質原因來詮釋世事，轉而在俗世的有形事物中尋找因果；了解人類與萬物一樣，都是由相同物質構成，都屬於自然秩序的一部分；從事實驗，不擔心這麼做可能侵犯上帝處心積慮保守的祕密；質疑權威與挑戰既有教條；為追尋愉悅、為遠離痛苦尋找正當理由；想像在我們生活的世界之外，還存在著其他世界；認為太陽是無窮宇宙中唯一的恆星；過著合乎倫理的生活，不認為死後有獎賞與懲罰；沉思冥想，不擔心靈魂死亡的問題。簡言之，我們可以套用詩人奧登的話，要在這個生命有限的世界裡找到足夠的意義，「雖然不容易，但不是辦不到」。

文藝復興何以出現，塑造今日世界的力量從何釋放，對此我們無法以單一理由加以解釋。儘管如此，本書仍嘗試講述一則少有人知，但不折不扣屬於文藝復興的故事，即波吉歐尋獲《物性論》的故事。「尋獲」一詞可說用得恰到好處，我們就以這個詞來為這場開啟現代生活與思想的文化轉變（即上古文藝的復興與重生）揭開序幕。不過，光憑一本詩作不可能造成整個思想、道德與社會的轉變，任何一部單一的作品都不可能，何況是這麼一部數百年來都不准公開討論，一談就會惹禍上身的書籍。然而這本上古作品突然重見天日，確實引起了騷動與變化。

這是一則有關世界何以突然轉向的故事。轉變的起因不是一場革命，不是兵臨城下的大軍，也不是登陸未知的大陸。革命、圍城、發現新大陸，這一連串事件的確有重大的意義，促使歷史家與藝術家以豐富的想像力勾勒出各種令人難忘的場景：巴士底監獄陷落，羅馬遭到劫掠，或西班牙船上衣衫襤褸的船員將旗幟插在新世界陸地的那一刻。然而，這些象徵世界歷史轉捩點的事件其實全是騙局——巴士底監獄幾乎沒關幾個犯人；阿拉里克的大軍不久便撤離了羅馬；在美洲，真正決定命運的行動不是西班牙旗幟在美洲土地上飄揚，而是染病的西班牙水手在好奇的原住民面前首次打了噴嚏或咳嗽。儘管如此，這些例子至少能讓我們擁有鮮明的象徵，但本書關注的時代變遷儘管在各方面影響我們的生活，卻不一定能有如此戲劇性的變化。

關鍵的事件發生在將近六百年前，確切的時間已難以查考，而且地點也位於遙遠偏僻的某間屋內。在這裡，沒有意氣風發的英雄人物，沒有目擊者振筆疾書為後人記錄此事，也沒有天災地變顯示世界將有一番更迭變動。一名年近四十歲，身材矮小、態度和藹但精明謹慎的男子，在圖書館書架上找到一份年代極其久遠的抄本，他對於自己的發現感到十分興奮，並且開始製作副本。整起事件就是如此；但如此就已足夠。

抄本的發現者顯然不是很了解稿子的內容，也無法預見抄本對後世的影響，因為整個過程將歷經數百年的醞釀才能完成。事實上，如果他知道自己即將釋放的是什麼樣的力量，他很可能會猶豫是否要把這部充滿爆炸性的作品從黑暗中喚醒。這名男子手裡拿的抄本，是歷經數百年辛苦傳抄的本子，但已有很長一段時間未曾在外流通，或許連獨自抄寫本子的人也看不懂這本書。經過數個世代，從來沒有人提起這本書。從四世紀到九世紀，這本書只被當成文法書與辭典而偶爾獲得引述，也就是說，它被當成學習拉丁文的參考書。七世紀時，曾經編纂大部頭百科全書的聖依西多祿認為，這本書是氣象學權威。到了查理曼時代，這本書曾短暫受到重視，因為當時突然興起一股閱讀上古書籍的熱潮，一名研究學問的愛爾蘭僧侶鄧格爾曾仔細修訂此書。然而，這股風潮並未讓這本書成為討論的對象或得到傳布，在短暫露臉之後，它再度消失於浪頭，沉入深海之中。現在，經過一千多年的沉睡與遺忘，它再度有了流通的機會。

波吉歐是一名熱心的書信作家[17]，由於他的緣故，才讓這份抄本得以重見天日。他寫信給在家鄉義大利的朋友，交代了事情的始末，可是這封信卻遺失了。儘管如此，我們還是可以根據波吉歐與其他朋友的信件重建當時的情況。從我們的觀點來看，這份抄本應該是波吉歐最了不起的發現，但他的貢獻絕非僅止於此，而他的發現也非出於偶然。波吉歐是位書籍獵人，在熱中尋找古代世界遺產的風潮中，他是其中的佼佼者。

尋獲一本失落已久的書，原不是件值得大驚小怪的事。但在這起事件的背後，卻隱含著各種關聯：教宗遭到逮捕與囚禁，異端遭處以火刑，以及文化界突然燃起對古代異教的強烈興趣。這場發現行動不僅滿足了傑出書籍獵人的生命熱情，也讓他在無意間，在完全不了解發生了什麼事的狀況下，促成了現代世界的誕生。

注釋

1. Lucretius, *On the Nature of Things*, trans. Martin Ferguson Smith (London: Sphere Books, 1969; rev. edn., Indianapolis: Hackett, 2001), 1:12-20。我參考了幾本現代英文譯本：H. A. J. Munro (1914), W. H. D. Rouse, rev. Martin Ferguson Smith (1975, 1992), Frank O. Copley (1977), Ronald Melville (1997), A. E. Stallings (2007) 和 David Slavitt (2008)。我還參考了更早期的英文譯本：John Evelyn (1620-1706), Lucy Hutchinson (1620-1681), John Dryden (1631-1700) 和 Thomas Creech (1659-1700)。在這些譯本中，Dryden 的譯作是最好的，但除了他只翻譯原詩的一小部分外，他的語言也令現代讀者難以掌握盧克萊修。為了便於讀者理解，除非額外指明，否則我使用的都是 Smith 二〇〇一年的散文譯本，我引用的拉丁文則出自 Loeb 版（Cambridge, MA: Harvard University Press, 1975）。

2. 譯按：胡克（Richard Hooker, 1554-1600），十六世紀最重要的英格蘭神學家之一。他的多卷本著作《教會組織法》是英國聖公會的基石。

3. 譯按：雷利（Walter Ralegh, 1552-1618），英國伊莉莎白時代著名的冒險家。

4. 譯按：伯頓（Robert Burton, 1577-1640），牛津大學牧師兼學者，於一六二一年出版《憂鬱的解剖》（*The Anatomy of Melancholy*）一書。

5. 譯按：阿爾伯蒂（Leon Battista Alberti, 1404-1472），義大利建築師、建築理論家，將文藝復興建築的營造提高到理論高度。一四五二年出版《論建築》（*De Re Aedificatoria*），是當時第一部完整的建築理論著作。

6. 譯按：阿里奧斯托（Ludovico Ariosto, 1474-1533），義大利詩人，代表作《瘋狂的羅蘭》（*Orlando Furioso*）是義大利文藝復興時期重要的文學作品。

7. 譯按：塞萬提斯（Miguel de Cervantes, 1547-1616），被譽為西班牙最偉大的作家，著作《唐吉訶德》（*Don Quijote de la Mancha*）為世界文學瑰寶。

8. 譯按：卡拉瓦喬（Michelangelo Merisi da Caravaggio, 1571-1610），義大利畫家，他帶來了一種兼具近乎物理的精確觀察和生動、甚至充滿戲劇性的明暗對照畫法，對巴洛克畫派的形成有重要影響。

9. 譯按：杜喬（Duccio di Buoninsegna, c.1255/1260 – c.1318/1319），中世紀義大利最具影響力的畫家之一，被稱為錫耶納畫派創始人。作品有著強烈的拜占庭元素和哥德式風格。

10. 譯按：波提切利（Sandro Botticelli, 1445-1510），文藝復興早期的佛羅倫斯畫派藝術家。除了名作〈春〉，最知名的作品還有「維納斯的誕生」（*The Birth of Venus*）和「三博士來朝」（*Adoration of the Magi*）。

11. *On the Nature of Things* 5:737-40。長著翅膀的小信差是邱比特，波提切利畫筆下的他，蒙著眼睛，射出長著翅膀的箭；芙蘿拉，羅馬的花之女神，她身上穿著華美的服飾，衣服的褶痕處開滿美麗的花朵；澤菲洛斯，象徵豐饒的西風之神，他伸手觸摸女神克蘿莉絲。人文學者波里奇雅諾曾思索盧克萊修對波提切利的影響，見 Charles Dempsey, *The Portrayal of Love: Botticelli's "Primavera" and Humanist Culture at the Time of Lorenzo the Magnificent* (Princeton: Princeton University Press, 1992), esp. pp. 36-49; Horst Bredekamp, *Botticelli: Primavera. Florenz als Garten der Vernus* (Frankfurt am Main: Fischer Verlag GmbH, 1988) 和 Aby Warburg's seminal 1893 essay, "Sandro Botticelli's *Birth of Venus and Spring*: An Examination of Concepts of Antiquity in the Italian Early Renaissance," in *The Revival of Pagan Antiquity*, ed. Kurt W. Forster, trans. David Britt (Los Angeles: Getty Research Institute for the History of Art and the Humanities, 1999), pp. 88-156.

12. 譯按：維薩里（Andreas Vesalius, 1514-1564），解剖學家、醫生，被認為是近代人體解剖學的創始人。他編寫的《人體的構造》（*De humani corporis fabrica*）是人體解剖學的權威著作之一。

13. 譯按：布魯諾（Giordano Bruno, 1548-1600），義大利哲學家、數學家、天文學家。主要著作為《論無限宇宙和世界》（*De L'Infinito Universo et Mondi*），提出宇宙無限的思想，認為宇宙是統一的、物質的、無限的和永恆的，在太陽系以外還有無以數計的天體世界。

14. 譯按：哈維（William Harvey, 1578-1657），英國醫生，實驗生理學創始人之一。他根據實驗證實了動物體內的血液循環現象，並闡明了心臟在循環過程中的作用。

15. 譯按：霍布斯（Thomas Hobbes, 1588-1679），英國政治哲學家，社會契約理論奠基者。他於一六五一年出版的《利維坦》（*Leviathan*）是西方最著名和最有影響力的政治哲學著作之一。他對孟德斯鳩和盧梭也有深刻影響。

16. 譯按：斯賓諾莎（Baruch de Spinoza, 1632-1677），西方近代哲學史重要的理性主義者，死後發表名著《倫理學》（*Ethica Ordine Geometrico Demonstrata*）。斯賓諾莎是位一元論者，其哲學體系與其決定論的解釋，為十七世紀後的科學一體化提供了藍圖。

17. 波吉歐總共有五百五十八封信留存下來，這些信分別寫給一百七十二個不同的對象。一封寫於一四一七年七月的信，巴爾巴洛祝賀波吉歐有了新發現，他提到波吉歐之前寄信給「我們優雅而博學的朋友維洛納的瓜里諾」，信中提到他的發現之旅——*Two Renaissance Book Hunters: The Letters of Poggius Bracciolini to Nicolaus de Niccolis*, trans. Phyllis Walter Goodhart Gordan (New York: Columbia University Press, 1974), p. 201。關於波吉歐的書信，見 Poggio Bracciolini, *Lettere*, ed. Helene Harth, 3 vols. (Florence: Olschki, 1984).

第一章 書籍獵人

一四一七年冬，波吉歐騎馬穿過南日耳曼滿布密林的山嶺與谷地。他的目的地相當遙遠，那是一座以收藏古老手稿知名的修道院。當他經過村落時，住在簡陋農舍裡的村民從門縫瞧著他，想必一眼就看出他是個外地人。波吉歐體格削瘦[1]，鬍子理得乾淨，穿著外表簡樸但作工精細的短上衣與披風。波吉歐看起來不像鄉下人，但與村民平日窺見的城市人或宮廷顯貴又不大相同。他身上沒帶武器，也沒有鏗鏘作響的盔甲防護，顯然不是條頓武士。只要一名骨瘦如柴的村夫掄起棍棒朝他一擊，相信當下就能讓他落馬。波吉歐雖然看起來不窮，但身上也沒有任何與財富或地位有關的飾品：他身上穿的不是華服，頭上也未蓄留幾綹帶著香氣的長髮，顯然不是宮廷大臣；也不是外出狩獵放鷹的貴族。從衣著與髮型也可以看出他不是教士或僧侶。

此時的南日耳曼一片欣欣向榮。席捲此地，蹂躪鄉野，破壞城市的三十年戰爭仍是相當遙遠的未來；更甭提我們今日的恐怖事件，終將毀滅從三十年戰爭倖存下來的一切事物。除了騎士、廷臣與貴族，這熙來攘往的道路上也不乏殷實的富人。康斯坦斯附近的拉文斯堡從事亞麻貿易，最近還開始生產紙張。位於多瑙河左岸的烏爾姆是繁盛的製造業與商業中心，諸如此類的城鎮還有海登罕姆、阿倫、美麗的羅騰堡，以及風光更明媚的烏爾茨堡。這裡隨處可見市民、羊毛仲介商、皮革商、布商、釀酒人、工匠師傅與學徒，此外還有外交人員、銀行家與稅吏。但波吉歐看來與他們格格不入。

這裡也有人日子過得沒那麼富足，例如短期工、銲鍋匠、磨刀匠以及其他必須遊走四方討生活的手藝人；有前往聖地朝聖的信徒，他們想膜拜聖人遺留下來的幾片碎骨或幾滴寶血；有變戲法的、算命的、沿街叫賣的、耍雜技的與演啞劇的，這些人一個村落晃過一個村落；有亡命之徒、流浪漢與小竊賊。還有猶太人，他們頭上頂著圓錐帽，身上別著黃色標章，基督教當局逼迫他們穿戴，為的是讓人一眼認出這群遭輕蔑與仇視的對象。波吉歐當然不在這群人之列。

看到波吉歐經過的人，一定對他的身分感到困惑。在那個時代，大多數人都有可資辨識的特徵，可以讓人看出身分尊卑，這些特徵一望即知，就像染坊工手上洗不掉的汙漬。但波吉歐卻幾乎無法辨識。天底下不可能有自外於家庭與職業組織的孤立者。重點是，你屬於何處，或甚至屬於誰所有。十八世紀，波普曾語帶嘲弄地寫下簡短的對句，他寫在項圈上，讓女王的小哈巴狗戴上。這兩句詩，說真格的，也可以用來形容波吉歐居住的世界。

我是殿下在丘花園養的狗；
先生，請告訴我，您是誰養的狗？

家庭、親屬網絡、同業公會與法人團體，這些是個人身分的礎石。獨立與自給自足的概念此時尚未具備文化根基；事實上，這些概念在當時幾乎不可想像，更甭說受到重視。身分總是伴隨著某個明確而人所共知的地點，由一連串的命令與尊卑關係串連著。

試圖打破連鎖是愚蠢的。一個不適切的動作，例如看到應行禮的對象卻不鞠躬、不屈膝或不脫帽，可能會讓自己的鼻子被砍，或脖子被扭斷。這當中的意義到底是什麼？表面上看來似乎還有其他自成體系的選擇，但實際上並非如此，教會、宮廷或城鎮寡頭領導雖然也提出了各項選擇，卻仍屬同一體系的一環。最好的選擇就是謙卑地接受上天安排給你的身分：農夫只需知道如何種地，織布工只需知道如何紡織，僧侶只需知道如何禱告。當然，從事這些工作的結果有好有壞；波吉歐身處的社會不僅肯定，而且相當程度上還獎勵罕見技能。但是，獎勵難以形容的個別性，或多面性，或強烈的好奇心，則是聞所未聞。事實上，好奇心在教會眼中是一項大罪。[2]沉浸於好奇很可能讓自己落入萬劫不復的地獄。

話說回來，波吉歐是誰？他為什麼不讓別人一眼看出他的身分，就像循規蹈矩的民眾平日所做的一樣？他沒有佩戴紋章，也沒有運送貨品。他帶有一種自信，是在貴族社會裡生活的人才有的，但他的外表卻不像是重要人物。每個人都知道大人物長什麼樣子，因為他們來自於家臣、武裝衛兵與穿著制服的僕役構成的社會。波吉歐這個陌生人，穿著簡單，騎著馬，有一人隨行。當他們在客棧歇腳時，全是由那位看似助手或僕人的隨從向店家交代事宜；當波吉歐這個主人說話時，可以聽出他幾乎不懂德語，他的母語是義大利語。

如果波吉歐曾向提問的人解釋他要做什麼，那也只是加深了他身分的神祕。在一個很少有人識字的文化裡，對書籍感興趣已是一件怪事。波吉歐要如何解釋他的興趣另一個更令人感到古怪的地方？他尋找的不是時禱書、彌撒書或讚美詩集，這些書精美的彩繪花飾與華麗的裝訂，即使是不識字的人也能從外表看出它的價值。這些書籍，有些封皮鑲嵌珠寶，邊緣框以黃金，通常鎖在特殊的箱子裡，或用鎖鍊固定在講經臺或講經架上，以防手腳俐落的讀者扒竊。但這些書對波吉歐不具特殊的吸引力。波吉歐也對神學、醫學或法學作品毫無興趣，這些可是專業菁英具有威望的工具。即使是無法閱讀這些書的人，也會感受到這些書帶給他們的壓力與威嚇。這些書擁有社會魔力，泰半連結著令人不悅的事件：官司纏身，鼠蹊部痛苦的腫脹，被指控施巫術或異端。平民百姓把這些書想像成張牙舞爪之物，如此他們才能理解為什麼聰明人要獵取這些書。但波吉歐還是一樣，他對這些書的冷淡令人百思不解。

波吉歐這名陌生人要去修道院，但他不是僧侶，不是神學家，也不是宗教法官，他不是去尋找祈禱書。他在尋找古代手稿，許多已經發霉、蟲蛀，就連最訓練有素的讀者也幾乎無法辨識。如果這些羊皮紙，也就是寫作這類作品使用的紙張，依然完好如初，那麼它們還有一定的現金價值，因為這些紙可以用刀子小心刮除乾淨，然後撒上滑石粉使其光滑，之後便能重新書寫。但波吉歐不從事羊皮紙的收購，而且實際上相當厭惡刮除古老文字的人。他想看看羊皮紙上寫著什麼，即使字跡極為潦草難讀。他最感興趣的是四、五百年前的手稿，也就是十世紀或更早之前的作品。

在日耳曼，除了極少數人，相信絕大多數人在聽了波吉歐的說明之後，一定會覺得他的追尋有點古怪。要是波吉歐繼續解釋自己其實對四、五百年前寫的東西完全沒有興趣，那就更令人詫異了。他鄙視那個時代，認為當時完全沉溺在迷信與無知中。波吉歐實際想尋找的是字詞，無關於字詞被抄寫在古老羊皮紙上的時間，而且字詞最好完全未受到地位卑微的抄寫員的心靈世界汙染。波吉歐希望，抄寫員能盡責而精確地抄寫年代更古老的羊皮紙，而這份羊皮紙又是由更早之前的抄寫員抄寫下來。對書籍獵人來說，更早之前的抄寫員與之後的抄寫員同樣卑微而無足輕重，除了他們留下的羊皮紙之外。如果好運能近乎不可思議地從過去延續到現在，那麼長久以來一直塵封著的早期手稿，可以往上追溯成為更古老手稿的忠實抄本，而更古老的手稿則是更更古老手稿的忠實抄本。原來，對波吉歐來說，這才是真正令他興奮之物，他胸膛裡的獵人之心跳動得更為快速。這條向上追溯之路引領他回到羅馬，不是腐敗的教廷、充滿陰謀、政治衰弱且周期性爆發黑死病的羅馬，而是廣場、元老院與拉丁語言的羅馬，拉丁文的結晶之美使他充滿了驚異與對失落世界的渴望。

這些說法對一四一七年南日耳曼實事求是的居民來說，意謂著什麼？聽了波吉歐的解釋，迷信的男子可能懷疑他從事某種巫術，即聖經占卜；世故一點的男子可能診斷他有心理癡迷，即藏書癖；虔誠的男子可能感到疑惑，在救世主為愚昧的異教徒帶來救贖承諾之前，為什麼健全的靈魂會感受到熱情的吸引。而所有人都問了明顯的問題：誰是這個人服侍的對象？

對此，波吉歐自己恐怕也在尋找解答。不久之前，他還在教宗底下做事，而在更早之前，他已服侍過數任羅馬教宗。他的職業是文書，也就是教廷官方文件的技術抄寫員，靠著機敏與幹練，他當上眾人夢寐以求的教廷祕書。波吉歐因此能隨侍教宗，寫下教宗的話語，記錄教宗的最高決策，同時代表教宗以高雅的拉丁文致函各國。在正式的宮廷裡，能與絕對君主朝夕相處是一件關鍵資產，波吉歐因此成為舉足輕重的人物。他聆聽教宗對他耳語；然後他再以耳語回應教宗；教宗只要微笑或皺眉，他就能心領神會。正如「祕書」一詞顯示的，他得以參與教宗的機密事務。而教宗確實擁有許多祕密。

但當波吉歐騎馬外出尋找古代手稿之際，他已不再是教廷祕書。他並未得罪他的主人，也就是教宗，他的主人也依然活著。只不過一切都變了。波吉歐服侍的那位令信眾感到敬畏（就算不是信徒也對他心存忌憚）的教宗，在一四一七年的冬天，已身陷海德堡的囹圄。教宗被剝奪了頭銜、名聲、權力與尊嚴，他遭到公開羞辱，也被信仰天主教的王公貴族責難。「神聖而絕對無誤」的康斯坦斯公會議宣布，教宗由於「可憎而不得體的生活」[3]，讓教會與基督教世界蒙羞，他已不適合繼續擔任崇高的職位。公會議因此解除了信徒對他的忠誠與遵從；事實上，公會議明令禁止稱他為教宗或順從他。在教會漫長的歷史中，雖然出現過重大醜聞，但像這樣的例子過去幾乎未曾有過，未來也不會再發生。

被罷黜的教宗並未親自與會，但昔日的教廷祕書波吉歐可能曾經到場聆聽。里加大主教把教宗印信交給金匠，由他以神聖之名將印信連同教宗紋章敲成碎片。前教宗的所有僕人均正式予以辭退，而他的信件——波吉歐協助處理的信件——也由官方銷毀。原本稱為若望二十三世的教宗從此消失；這位曾被冠上教宗頭銜的男人，現在回復了他原本受洗的姓名，巴爾達薩雷．柯薩。波吉歐也成了沒有主人的人。

十五世紀初，沒有主人不是一件可欣羨的事，甚至可能招致危險。村落與城鎮會以懷疑的眼光看待四處巡遊之人；無業遊民甚至會遭到鞭笞與烙印；在大部分地區沒有警察維護治安的世界裡，獨自一人毫無防備地遊走各地，很容易遭遇不測。當然，波吉歐不能算是無業遊民。擁有學識與高超技巧的他，長久以來一直穿梭於上流圈子。梵蒂岡與聖天使城堡的衛兵不加盤問任由他進出大門，想要到教廷請願的重要人物也必須看他的臉色。他可以直接面見絕對統治者，他的主人富有而幹練，擁有廣大土地，不僅如此，他的主人還聲稱是西方基督教世界的精神領袖。擔任教廷祕書的波吉歐不只待在教宗的宮廷，他也經常出現在宮裡各私人房間裡，要不是與珠光寶氣的樞機主教說笑，就是與各國大使聊天，品嘗美酒時用的是水晶與黃金製成的杯子。在佛羅倫斯，波吉歐與統治城市的領主政府最重要的人物相善，他所結交的全是當世的傑出人物。

但波吉歐此時不在羅馬，也不在佛羅倫斯，而是在日耳曼。他跟隨教宗來到康斯坦斯，但此時教宗已被關在牢裡。若望二十三世的敵人大獲全勝，並且掌控大局。原本向波吉歐敞開的大門，如今已無情地關上。渴求得到好處的請願者——他們也許想求得特許，有利的法律判決，或為自己與親戚爭取有利可圖的肥缺——原本藉由巴結波吉歐以上達天聽，此時全轉向別處尋求奧援。波吉歐的收入因而銳減。

這筆收入相當豐厚。文書沒有固定薪水，但他們可以就文件製作來索取費用，又稱「恩典權」。這是文書可以獲得的合法利益，當教宗在口頭或文字上同意給予技術上的修正或豁免時，文書便可以在製作文件時獲得好處。當然，有能力影響教宗決策的人還能享有其他非正式收入。在十五世紀中葉，祕書的年收入大約是兩百五十到三百弗洛林，心態積極的可以賺得更多。波吉歐的同事特雷比宗德的喬治在十二年任期快結束時，已經在羅馬銀行積攢了四千弗洛林，此外他在房地產投資上還獲利不少。[4]

在寫給朋友的信上，波吉歐宣稱他這輩子既無野心也不貪婪。他寫了一篇著名的文章，抨擊貪婪是人性邪惡中最令人痛恨的一種，他也痛斥那些偽善的僧侶、無恥的王侯與貪得無饜的商人種種貪婪的行徑。當然，我們也不能愚蠢地輕信波吉歐的說法：從他日後的事業可以明顯看出，他在努力重返教廷之後，就利用職務之便快速賺取金錢。一四五〇年代，他除了擁有家族的宮殿與鄉村別墅，還獲得幾座農場，十九處土地，在佛羅倫斯擁有兩棟房子，而且在銀行與商業場所有大批存款。[5]

然而，波吉歐的富有是數十年後的事。一四二七年由稅吏編纂的官方財產目錄顯示，波吉歐的財產並不多。回溯到十年前，也就是若望二十三世被罷黜時，波吉歐的財產顯然更少。事實上，他日後之所以變得利欲薰心，或許是受到這段時期長達數月乃至於數年的貧困所影響。

當時的他身處異地，沒有地位或收入，幾乎已跌到人生的谷底。一四一七年冬天，當波吉歐騎馬經過日耳曼南部鄉野時，他仍不知道下一筆收入在哪裡。

更令人驚訝的是，在這個艱困的時刻[6]，波吉歐並不急著尋找新的職位或回到義大利。相反地，他開始獵捕書籍。

注釋

1. 關於波吉歐的長相，見 *Poggio Bracciolini 1380-1980: Nel VI centenario della nascita,* Instituto Nazionale di Studi Sul Rinascimento, vol. 7 (Florence: Sansoni, 1982) 和 *Un Toscano del' 400 Poggio Bracciolini, 1380-1459*, ed. Patrizia Castelli (Terranuova Bracciolini: Administrazione Comunale, 1980)。波吉歐主要的生平描述見 Ernst Walser, *Poggius Florentinus: Leben und Werke* (Hildesheim: George Olms, 1974).
2. 好奇心是一種罪，以及矯治好奇心的複雜程序，見 Hans Blumenberg, *The Legitimacy of the Modern Age*, trans, Robert M. Wallace (Cambridge, MA: MIT Press, 1983; orig. German edn. 1966), pp. 229-453.
3. Eustace J. Kitts, *In the Days of Councils: A Sketch of the Life and Times of Baldassare Cossa (Afterward Pope John the Twenty-Third)* (London: Archibald Constable & Co., 1908), p. 359.
4. Peter Partner, *The Pope's Men: The Papal Civil Service in the Renaissance* (Oxford: Clarendon Press,

1990), p. 54.

5. Lauro Martines, *The Social World of the Florentine Humanists, 1390-1460* (Princeton: Princeton University Press, 1963), pp. 123-127.

6. 一四一六年，波吉歐顯然跟教廷裡其他人一樣，也試圖為自己爭取有俸聖職，但教廷內部對於是否給他職位存有爭議，最終還是拒絕了他的要求。他其實可以接受新教宗馬丁五世給他的文書工作，但他婉拒了，因為與他原本擔任的教廷祕書相比，新職位形同降級——Walser, Poggius Florentinus, pp. 42ff.

第二章　發現的時刻

詩人同時也是學者的佩脫拉克[1]於一三三〇年左右補綴了李維[2]的大作《羅馬史》，同時也找到被世人遺忘的西塞羅[3]、普羅佩提烏斯[4]與其他作者的重要作品，他因此聲譽鵲起。[5]在佩脫拉克的影響下，往後一個世紀，義大利人開始熱中書籍的搜尋與獵取。佩脫拉克的成就促使眾人著手尋找佚失的古典作品，這些書籍多半已塵封數世紀無人聞問。一旦重見天日，這些文本便開始受到傳抄、編輯與評論，眾人急切地想換取這些文本，發現文本的人獲得名聲，而文本本身則構成「人文學研究」的基礎。

「人文學者」——那些從事人文學研究的人的通稱——鑽研古典羅馬時代留存下來的文本，發現許多在當時相當著名的書籍，如今已全部或部分佚失。偶爾，波吉歐與其他人文學者熱中閱讀的古代作者會在自己的書中引用其他知名作品的內容，這些字句讓人看了頗為心動，但往往充斥著溢美之辭或謾罵。舉例來說，在討論維吉爾[6]與奧維德[7]時，羅馬修辭學者昆提里安曾經提到，「馬克爾[8]與盧克萊修當然值得一讀，」[9]而他又接著討論了阿塔克斯的瓦洛[10]、塞維魯斯[11]、巴蘇斯[12]、拉比里烏斯[13]、佩多[14]、畢巴庫魯斯[15]、阿基烏斯[16]、帕庫維烏斯[17]與其餘他大力讚揚的作者。人文學者知道有些佚失的作品很可能就此消失在人世之中——結果，除了盧克萊修之外，之前提過的作者作品全亡佚了——但他們懷疑還有一些作品，而且很可能為數不少，仍隱藏在黑暗的角落。這些書籍不只藏在義大利，也可能隱藏在阿爾卑斯山以北地區。畢竟，佩脫拉克是在比利時的列日發現西塞羅《為詩人阿奇亞辯護》的手稿，在巴黎發現普羅佩提烏斯的手稿。

波吉歐與其他書籍獵人的主要獵場是老修道院的圖書館，理由很明顯：數世紀以來，修道院實際上已成為保存書籍的唯一機構。即使在穩定而繁榮的羅馬帝國時期，識字率也不高，至少以我們的標準來看是如此。[18]隨著帝國衰頹，城市荒廢，貿易蕭條，民眾的注意力逐漸集中在蠻族寇邊上，於是整個羅馬的基礎與高等教育體系開始崩解。原本只是規模縮小，最後演變成全面廢弛。學校關閉，圖書館與學院關門，專業文法家與修辭學老師發現自己無事可做。因為此時有比書籍命運更重要的事值得憂慮。

儘管如此，所有僧侶都該有識字閱讀的能力。在逐漸被不識字的軍事領袖主導的世界裡，早期修院制度培養出來的僧侶有著無可估量的重要性。以下是西元四世紀晚期，科普特聖人帕

科米厄斯在埃及與中東地區建立的修院規則。想進入修院的人，必須接受修院長老的面試，

他們會給他二十篇詩篇，或兩篇使徒書信，或一部分聖經。如果他不識字，那麼他必須在第一、第三與第六時辰學習識字，[19]修院會派人教導他。他必須站在老師面前勤勉而心懷感激地學習。音節、動詞與名詞，這些基礎知識必須寫下來讓他知曉，即使他不願意，也應該強迫他閱讀。（規則一三九）[20]

「應該強迫他閱讀。」正是這樣的規定，使得古代思想成就經歷數世紀的混亂，仍得以殘存。雖然聖本篤[21]訂定的規則是六世紀所有修院規則中最具影響力的，但聖本篤並未詳細列出明確的識字條件，他的規則與其他修院規則沒什麼不同，包括每天要花一定的時間閱讀——他說，「要如同禱告般地虔誠閱讀」——同時也要從事體力勞動。「閒散是靈魂的敵人，」這位聖人寫道，因此他要求把時間排滿。僧侶也可以在其他時間閱讀，不過這類自願性的閱讀必須在完全緘默下進行。（在聖本篤乃至於整個上古時代，閱讀通常是要讀出聲音來的。）而只要是規定的閱讀時間，就不算是自願性的閱讀。

僧侶必須閱讀，無論他們願不願意，而規則也有人從旁督導：

> 最重要的是，在弟兄閱讀時，旁邊必須要有一到兩名長老巡視。他們的職責是監督這些弟兄，防止他們因懶散（acediosus）而浪費時間或閒聊，因為這樣會荒廢閱讀，不僅對自己有害，也使他人分心。（49:17-18）[22]

懶散（acediosus）——有時翻譯成無動於衷（apathetic）——是修院社群特有的一種病症，早在西元四世紀晚期，沙漠教父卡西安就已清楚診斷出這種疾病。罹患懶散的僧侶很難或甚至無法閱讀。他的眼睛無法盯著書本，容易受閒談吸引，他不僅對周遭的一切毫無興趣，而且也不想與其他僧侶為伍。他覺得修院以外的事物比修院以內的事物有趣得多，他認為自己是在浪費生命，一切都陳舊而毫無新意，他感到自己快要窒息。

> 他焦慮地東張西望，感嘆教內弟兄都不來探望他。他頻頻進出斗室，時時凝視太陽，彷彿嫌它落下的速度太慢似的，一種蠻不講理的混亂如邪惡的陰鬱般盤據了他的心靈。[23]

這種僧侶——像他這樣的人還真不少——陷入了我們臨床上所謂的憂鬱狀態。

卡西安稱這種疾病為「正午的惡魔」，而本篤會規則規定要設立一個細心的監督員，特別在閱讀時間負責監視是否有人出現這種症狀。

> 如果發現有這種僧侶——我們希望不會有這種人——則初犯或再犯僅口頭申誡。如果還不悔改，就必須接受規則的懲罰，以儆效尤。[24]

拒絕在規定時間閱讀——無論是因為焦躁、厭煩還是絕望——初犯要受到公開申斥，如果還是不聽從指示，就要予以責打。精神痛苦的症狀可以透過肉體的痛苦來加以排除。透過適當的管教，憂鬱的僧侶將可恢復過來——至少原則上是如此——「如同禱告般地虔誠閱讀」。

本篤會規則還有另一個要求閱讀的時間：每天的用餐時間，由一名弟兄——每星期輪到一次——大聲朗讀。聖本篤知道一定會有一小撮僧侶因負責朗讀而感到自豪，因此，他又費了一番工夫打壓這種感受：「負責朗讀的弟兄必須要求所有人為他禱告，祈求上帝能保護他，使他免於志得意滿。」[25]聖本篤也知道朗讀使人有嘲弄或閒聊的機會，因此他特別規定：「除了朗讀者之外，其他人必須肅靜。不可低語，不許說話——只能聽到朗讀者的聲音。」[26]最重要的是，他不希望朗讀引發討論或辯論：「任何人不許對朗讀或其他事物提出疑問，以免產生機會。」[27]

「以免產生機會」——在一份文字整體來說相當清晰的文本中，這句話顯得特別曖昧不清。這個機會是給誰的？或者，這個機會可能引發什麼事情？現代的編輯者有時會插入一句話，「給魔鬼」，而這句話很可能就是原文隱含的意思。但是，為什麼黑暗君主會受到朗讀時提出的問題所激發？答案應該是，任何問題無論再怎麼無害，都可能引發討論，而討論意謂著宗教教義將受到探討與論證。

聖本篤並非全然反對針對大聲朗讀出來的神聖文本提出評論，他只是想限制反對的來源：「修道院院長可能想做出一些指示，」[28]而這是規則所容許的。不許質疑或反對神聖文字，事實上，所有的爭論原則上一律禁止。愛爾蘭僧侶聖高隆邦（他在聖本篤去世那年出生）曾制定一套規則，影響相當深遠，當中即羅列許多懲罰規定，熱烈的辯論，無論是思想上還是其他方面，一律禁止。如果有僧侶膽敢用「你說得不對」這種話來反駁其他僧侶，須接受嚴懲：「他必須保持緘默或者被鞭打五十下。」這些用來封閉僧侶精神生活的高牆——保持緘默，禁止發問，以打耳光或鞭打來懲罰辯論——都是為了清楚無誤地確認這些宗教社群不同於希臘或羅馬時代的哲學學院。相對於修道院，這些學院的繁盛建立在懷疑精神上，培養的是無休止而廣泛的好奇心。

修道院的規則仍要求僧侶閱讀，光是這項規定就足以產生一連串連鎖反應。閱讀不是選項，也不是興趣，更不是建議從事的事務；在一個極其看重義務的社群裡，閱讀是每個僧侶一定要做的事。閱讀需要書籍。無論如何細心維護，只要書籍不斷被翻閱，終究免不了破損散逸。因此，雖然修道院規則未明文規定，但閱讀的義務卻迫使僧侶必須不斷購買與取得書籍。西元六世紀中葉慘烈的哥德戰爭，以及比戰時更為悲慘的戰後景象，使得製書工坊紛紛關門，原本規模已經縮小的書市也終告瓦解。因此，同樣地，修道院規則雖未明文規定，卻在無意間迫使僧侶為了盡力維護既有的書籍而開始從事抄寫重製書籍的工作。此外，與埃及莎草紙製造者的貿易早已中斷許久，在書籍買賣市場已經消失的狀況下，原本將獸皮製成書寫紙張的產業也跟著消失。因此，還是一樣的狀況，修道院規則雖未明文規定，卻在無意間迫使僧侶為了維護書籍而學習製造羊皮紙的費力技術與保存現有羊皮紙的方法。修道院不願像異教菁英那樣將書籍或書寫置於社會的中心，也不肯定修辭或文法的重要性，更不重視學問或辯論，儘管如此，僧侶卻成為西方世界主要的閱讀者、圖書館管理者、書籍保存者與書籍製作者。

波吉歐與其他追尋失落古典作品蹤跡的人文學者，清楚這些事的來龍去脈。他們已經仔細調查過義大利許多修道院圖書館，而且跟隨佩脫拉克的腳步來到法國，他們也知道地圖上廣大未曾標明的領域就是瑞士與日耳曼。然而，許多修道院位於非常難以抵達的地點——這些修道院的建立者刻意選擇地處偏遠的地方，為的是遠離誘惑、雜務與世間的危險。要是有熱心的人文學者不惜千里跋涉辛苦來到僻遠的修道院，接下來呢？得知道該尋找什麼，有能力辨識自己尋找到的東西——如果他們真的運氣不錯，能在偶然間找到自己想要的東西——這樣的學者為數甚少。此外，還存在著能否閱覽書籍的問題：即使能走進修道院大門，學者還得費神說服充滿疑心的修道院院長，以及疑心病更重的修道院圖書館館長，讓他們相信你懷抱著正當理由前來。一般而言，修道院圖書館謝絕外人的參觀。佩脫拉克是神職人員；他可以訴諸教會龐大的內部體制。相反地，許多人文學者是俗人，他們很容易引起修道院的猜疑。

這些問題固然令人氣餒，但它們只是冰山一角。就算書籍獵人抵達修道院，穿過重重深鎖的大門，進到圖書館裡，並且確實發現了有趣的書籍，事情也不是就此畫下句點。

書籍稀少而珍貴。書籍能讓擁有它的修道院獲得聲望，因此僧侶通常不會讓書籍離開他們的視線，如果他們先前曾被義大利人文學者扒竊過，則會更加提防。有時修道院為了保護書籍，會在這些珍貴手稿附上詛咒。其中一個詛咒寫著，「凡偷竊或借用不還者」，讓他手中的書籍化成一條蟒蛇，將他吞吃下肚。讓他陷入癱瘓，四肢萎縮麻痺。讓他全身疼痛，大聲討饒，讓他的痛苦永無終止，直到他一意求死為止。讓書蟲嚙咬他的內臟，顯示蟲是不死的[29]，當他接受最後的懲罰時，讓地獄之火永遠焚燒他。[30]

即使是一個世俗的懷疑論者，對於手中的書籍有著強烈渴望，在看到這樣的詛咒之後，恐怕也會猶豫是否要把書塞進自己的斗篷裡。

如果僧侶很窮困或者是腐化貪婪，他們很可能被收買而讓對方拿走部分書籍，但修道院以外的人對這些書的熱切追求，很可能讓僧侶坐地起價，索取高昂的金額。當然，你大可向修道院院長立下神聖誓言，保證不久之後就會歸還，而院長或許有可能真的答應讓你帶走。然而這種輕信而天真的院長就算有，也是萬中無一。院長沒有義務非同意不可，一旦他嚴詞峻拒，你這趟旅程就可能血本無歸。到了無可奈何之時，索書者通常會走上甘犯詛咒的偷竊之途，但修道院社群是個受嚴密監視的地方。訪客尤其受到格外的關注，大門在夜間關閉上鎖，加派幾個強壯粗魯的弟兄把守，他們可不會手下留情，遇到竊賊很可能會將他打個半死。

波吉歐幾乎可說是適合這項挑戰的不二人選。他受過特殊訓練，有能力辨識古老字跡。他是天分極高的拉丁文學者，能精準地看出文字的弦外之音與修辭技巧，判讀古典拉丁文的文法結構。他廣泛而仔細地閱讀上古時代文獻，牢記數十處可以辨識已亡佚作者或作品的線索。波吉歐不是僧侶，也不是教士，但他長期在教廷任職，知道許多教會內部不為人知的祕辛與重要訊息，而他個人也與許多重量級神職人員有著深厚的交情，包括歷任教宗。

如果與教廷高層的關係都無法讓他穿過重重關卡，進到修道院的圖書館裡，那麼波吉歐還有一個絕招，那就是運用他個人的魅力。波吉歐是個健談的人，他知道一堆小道傳聞，而且有說不完的笑話，其中許多帶有淫穢的內容。當然，他無法用日耳曼當地的語言跟日耳曼的僧侶對話。雖然他曾在德語系城市住了三年以上，但據他自己所言，他並未學會說德語。這麼一位有天分，能通曉多種語言的人，未學會德語似乎是刻意的：德語是蠻族的語言，波吉歐顯然不願學習這種語言。在康斯坦斯，他或許讓自己幾乎完全深居在拉丁文與義大利語的社交世界裡。

就算不會說德語為波吉歐在旅途上、旅店裡或者在其他落腳處帶來諸多不便，只要一抵達目的地，不會說德語就不再是嚴重的問題。修道院院長、圖書館館長與修道院眾多成員都會說拉丁文。只不過他們不大可能懂得波吉歐曾努力精通的優美古典拉丁文，他們說的毋寧是——從現存許多充滿活力的當代文學作品來判斷——一種具有生命力、流利且具有高度彈性的拉丁文，可以一下子從精微的經院哲學討論，轉換成市井小民的猥褻之語。如果波吉歐意識到，自己可以用道德警語吸引主人注意，那麼他便滔滔不絕地描述人類狀況之悲慘；如果他認為，可以藉由逗樂對方來加以說服，那麼他會講述愚蠢的鄉下人、順從的妻子與好色教士的傳聞軼事。

波吉歐還有一項天賦，使他不同於其他獵取書籍的人文主義者。他是一名受過完整訓練的抄寫員，字跡優雅美麗，態度專注，精確度高。[31]由於年代久遠，我們已難以領略這種特質的意義，而且我們謄寫、摹寫與複寫的技術也幾乎抹煞了這項重要的個人成就。早在波吉歐生存的時代，這種個人特質的重要性已開始下滑——雖然下降的幅度不是非常明顯——當時日耳曼實業家古騰堡開始實驗新的發明：活字印刷術，這項發明對文本的重製與傳播帶來了革命性影響。十五世紀末，印刷商，特別是威尼斯的大印刷商阿爾杜斯，使用了新鉛字字體來印製拉丁文本，這種字體的清晰與優雅在往後五百年一直獨領風騷。而這種字體所根據的，就是波吉歐與他人文主義朋友的美麗字跡。波吉歐以手寫的方式，一次只能完成一份副本，但不久，機械將取代人工，一次印製出數百本。

儘管如此，當時還未能見到大量印製時代的來臨。無論如何，印刷商排版時仍需仰賴精確可讀的手寫抄本，而這些抄本必須從只有少數人才能判讀的手稿重新謄抄。波吉歐身為謄抄者，他的才能令當時的人感到驚異，特別是他抄寫的速度極快。這意謂著，波吉歐不僅能運用誘騙的方式進到修道院裡，找出外頭失傳已久的手抄本，他也能借閱這些書籍，快速複製這些書籍，然後送回義大利讓心急如焚的人文主義者過目。如果顯然無法借閱——也就是說，圖書館館長拒絕出借特定手稿——那麼波吉歐會當場抄寫下來，如果有必要，他會把這項任務委託給其他抄寫員，而這些抄寫員必須接受過他親自訓練，至少要擁有最低程度的抄寫能力。

一四一七年時，書籍獵人波吉歐近乎完美地結合了時間、技術與渴望三項條件。但他獨缺一項，那就是可以花用的現錢。無論再怎麼節省，旅行終究是昂貴的。租賃馬匹的費用；過河或騎馬使用道路的通行費；倨傲的關稅人員與小貴族部屬收取的費用，其實與勒索無異；嚮導帶領通過難走的隘口時，用來打賞的小錢；當然，沿路住店的伙食費、房錢與馬的草料錢。他還需要出錢聘請助理抄寫員，必要時還得提供「誘因」，讓不願開放的修道院出借院內的寶物。

即使波吉歐擔任教廷官員時已存了一點錢，但光憑自己實在不可能支付這筆費用。在這種狀況下，這位本性難改的書信作家只好仰仗自己的生花妙筆。波吉歐或許曾寫信回義大利，給那些家境富裕且對蒐集書籍同樣懷抱熱忱的朋友，告訴他們，他突然獲得了他們夢寐以求的大好良機。波吉歐的身體健康，沒有工作或家庭的羈絆，也未對任何人負有責任，他可以隨心所欲愛上哪兒就上哪兒，他已經準備好要認真追尋眾人眼中失落的稀世珍寶——古代世界的遺產。

這些金錢援助，無論來自單一金主，還是來自一群人文主義者慷慨解囊，都有助於說明波吉歐何以在一四一七年一月動身前往目的地進行探索。波吉歐肯定得到不少資助，因為那年冬天他進行了不只一次的獵書之旅。在此之前，他曾前往受尊崇的聖加侖修道院，此地離康斯坦斯不遠，而且他離開後又折返當地。在前一年，波吉歐在兩名義大利友人陪伴下，三人在聖加侖修道院有了一連串重要發現。結束之後，波吉歐覺得他們很可能遺漏其他珍寶，於是他與其中一名友人又返回修道院。

波吉歐與他的夥伴巴托羅米歐有許多共通點。兩人都來自托斯卡尼地區，波吉歐來自阿雷佐附近的小鎮特拉努歐瓦，巴托羅米歐來自美麗的山城蒙提普爾恰諾。兩人都前往羅馬，而且在教廷擔任文書。兩人身為教廷祕書[32]，一起陪同悲慘的教宗若望二十三世到康斯坦斯，並且都在教宗失勢後喪失職位。兩人都是充滿熱忱的人文主義者，渴望將自己的技藝運用在閱讀與抄寫上，試圖讓亡佚的古代文本回復舊觀。

波吉歐與巴托羅米歐是好朋友，他們一起工作與旅行，而且擁有相同的野心。但他們也是對手與競爭者，想藉由發現來建立名聲。「我痛恨所有自我吹噓的對話，所有的阿諛奉承，所有的誇大其詞，」巴托羅米歐在寫給義大利重要金主的信上寫道；「願我遠離沾沾自喜與傲慢虛榮。」這封信注明的日期是一四一七年一月十九日，寫於聖加侖修道院，信中還提到他發現的一些重要物品，這些東西全存放在他口中所說的「監獄」裡。他又提到，他無法說明他發現的這些書籍是什麼內容，「因為要把這些書登錄造冊，光一天的時間是不夠的。」[33]顯然，他在提到發現的同時，並未提及旅伴波吉歐的名字。

問題是，巴托羅米歐的發現並不是那麼令人振奮。他發現了維格提烏斯[34]論古羅馬軍隊的作品副本——他以難以置信的語氣寫道，這本書「將給予我們好處，我們或許可以將他的思想施行於軍營，或者，更了不起的做法是將其運用在十字軍上」——以及一本費斯圖斯[35]編纂的小字典或字詞表。這兩本書不僅分量極為輕薄，而且（想必巴托羅米歐自己也很清楚）在義大利也能看到這兩本書，所以事實上根本不能算是什麼發現。

一月底，也許是因為未能找到他們原先期待的珍寶，也或許兩人對於彼此之間的競爭感到壓力沉重，這對朋友決定分道揚鑣。波吉歐一路往北走，身旁或許還跟著他一手訓練的日耳曼抄寫員。巴托羅米歐則是一人獨行。「我要到阿爾卑斯的深山裡，尋找隱士修道院，」他在給義大利友人的信上寫道。然後，他計畫前往更遙遠的修道院。這些地方非常難到達，尤其是在冬天——「道路崎嶇破碎，除了穿過阿爾卑斯山的斷崖、溪流與森林，別無他法」——但他提醒自己，「通往美德之路原本就充滿艱辛與危險」。傳言說，在這些修道院裡，埋藏著許多貴重的古書。「我會驅策這具可憐孱弱的身體，努力解救這些書籍，不畏阿爾卑斯山的艱難險阻與刺骨嚴寒。」[36]

對於他口中說的艱難辛苦——巴托羅米歐是一名律師，他誇大地寫下這些東西，心中其實另有盤算——我們大可一笑置之，但事實上，巴托羅米歐在離開聖加侖修道院後不久，確實染上了疾病，迫使他不得不回到康斯坦斯，並且花了好幾個月才康復。波吉歐在往北的路上，渾然不知巴托羅米歐染病的事。由於後者已退出獵書的行列，所以現在只剩波吉歐一人進行搜尋。

波吉歐不喜歡僧侶。他認識幾名令人印象深刻的修士，他們持守甚嚴而且精於學問。但整體來說，波吉歐看到的僧侶大多迷信、無知而且懶惰得無可救藥。他覺得修道院就像垃圾場，專門收容被世人遺棄之人。貴族把他們認為體弱多病、不適應環境或一無是處的子弟，打發到這個地方；商人把癡愚或殘障的孩子送來此處；農民把無力養育的孩子扔在這裡。在這些被收容者當中，比較吃苦耐勞的至少還能在修道院的園圃或鄰近的田裡耕作種地，就像早期刻苦的僧侶一樣，但波吉歐認為這些人只是少數，絕大多數人還是過著懶散的日子。在修道院的高牆後，這些寄生蟲嘴裡誦念祈禱文，生活起居完全靠在修道院廣大農田耕作的人產生的收入維持。教會是大地主，其富裕程度甚至超過領域內最強大的貴族。教會也擁有世俗的權力，可以收取租金與行使其他權利和特權。當新選上的希爾德斯海姆主教（教區位於日耳曼北部）要求參觀教區圖書館時，他被帶到了武器庫房，教士向他展示掛在牆上的長槍與戰斧；[37]對方告訴他，歷代主教就是靠著這些書籍才能贏得自身的權利，因此必須妥善加以保存。富有的修道院也許不常用到這些武器，但在夜深人靜之時，院長思忖院裡的收入，他們知道——他們的佃戶也知道——這些野蠻的工具遲早派得上用場。

波吉歐把一些關於僧侶腐敗、愚蠢與好色的笑話說給在教廷工作的朋友聽。這些僧侶宣稱自己很虔誠，但波吉歐完全感受不到這一點，他寫道，「他們唱歌時就像蚱蜢一樣，我真的覺得付錢給他們的人實在太慷慨了，因為他們看起來只是在鍛練自己的肺活量而已。」[38]根據波吉歐的觀察，與田裡的辛苦工作相比，修道院規則規定的日課實在不算什麼：「他們讚頌他們的勞動是一種海克力斯[39]的偉業，因為他們半夜要起床詠唱上帝的讚美詩。如果熬夜唱聖歌很了不起，那麼像農夫一樣到田裡耕作，光著腳，穿著單薄的衣物，忍受風吹雨打，又該怎麼說呢？」這些僧侶做的事，在他眼裡不過是偽善。

然而，當波吉歐抵達他想拜訪的修道院時，他當然會把這些想法埋在心底。他瞧不起修道院，但他也了解修道院。他知道修道院裡有哪些地方值得去，他也知道該說什麼奉承話來得到他最想要的東西。最重要的是，他清楚自己尋找的東西如何產生。雖然他揶揄修道院的懶散，但他深知他要的東西之所以能夠存在，完全仰賴修道院數百年來的努力維持。

本篤會規則不僅要求祈禱與閱讀，也要求勞動，而一般認為勞動包括了書寫。早期修院宗派的創立者並不認為抄寫手稿是件值得讚許的活動；相反地，他們很清楚，在古代世界，抄寫的工作通常是由識字的奴隸來做。這份工作因此本質上羞辱而乏味，卻也是完美的結合，可以做為苦行的訓練，整飭僧侶的精神與靈魂。波吉歐對於這類精神規訓不以為然；充滿野心與競爭意識的他，渴望揚名立萬，不想隱居在修道院裡無人聞問。對波吉歐來說，抄寫手稿——他在這方面的技藝可說無人能及——不是苦行，而是一種美學活動，靠著抄寫手稿，他可以提高個人的知名度。此外，抄寫的過程也讓波吉歐得以一瞥前人抄寫時投入的心血，有些讓他由衷敬佩，有些則讓他感到輕蔑。

不是每個僧侶都善於抄寫，正如不是每個僧侶都善於農事，只不過修道院的僧眾非得靠耕種來維生不可。早期的修院規則已經帶有分工的傾向，如法國本篤會的聖費瑞爾[40]訂的規則提到：「無法持犁翻土的人，就拿筆在羊皮紙上抄寫。」（反之亦然：無法持筆抄寫的人，就去拿犁耕種。）其中字寫得特別好，抄寫又精確，可以讓其他僧侶輕鬆閱讀的人，逐漸受到重視。在日耳曼與愛爾蘭地區，有一套關於「人命價格」的規定，裡面提到了殺人者必須償付的金額，例如殺死農民要付兩百先令，殺死下級教士要付三百先令，如果教士在進行彌撒時被殺，對方要付四百先令，其中暴力攻擊抄寫員的金額，相當於主教或修道院院長。

在人命廉價的時代，高額賠償顯示出書籍對修道院的重要性，也顯示了取得書籍的困難。如果沒有書籍，修道院的閱讀規定就成了具文。即使是最知名的中世紀修道院圖書館，規模也遠不如上古時代的圖書館，或者是同時代巴格達或開羅的圖書館。在印刷術發明徹底改變這種態勢之前，修道院想建立一定數量的藏書，就必須設立抄寫室，讓受過訓練的僧侶在此長時間俯案寫字，製作副本。起初，抄寫是在修道院臨時安排的房間裡進行，有時天氣寒冷，手指都凍僵了，但至少光線還算充足。之後，為了抄寫方便，修道院特別建造了專用房間。在規模最大的幾間修道院裡，院方往往希望蒐羅著名的書籍，院內的大房間裝設透明玻璃窗，在窗戶底下，多達三十名僧侶各自坐在個別的書桌前抄寫，有時桌子與桌子之間還會用隔板隔開。

負責管理抄寫室的人，是波吉歐與其他書籍獵人處心積慮討好的對象，也就是修道院的圖書館館長。如此重要的人物應該已習慣各種曲意奉承，因為謄寫手稿所需的各項設備，全靠他張羅提供：筆、墨水與小刀，對於抄寫員來說，這些工具的良窳對長時間工作的他們影響極大。圖書館館長可以讓抄寫員的日子過得很辛苦，反過來，他也可以提供適合的工具，讓抄寫員能輕鬆工作。這些工具還包括尺、鑽子（鑽出小孔，以便平均地畫出直線）、細字金屬筆（用來畫線）、閱讀架（用來固定待抄寫的書籍）、文鎮（用來固定書頁）。需要進一步裝飾的手稿，還會用到其他專門的工具與材料。

古代世界絕大多數的文本都採取卷軸的形式——例如猶太人至今仍在宗教儀式裡使用《摩西五經》書卷——但到了四世紀，基督徒幾乎已完全改採另一種形式，也就是裝訂成冊的手稿，這是今日書籍的原型。這些裝訂成冊的手稿最大的好處是有利讀者檢索查找：文本便於編製頁碼與索引，可以讓讀者快速翻到想看的書頁。在電腦（擁有強大的搜尋功能）發明之前，書本這種簡單而具彈性的形式，幾乎無人可以撼動它的地位。直到現在，我們才又開始使用「捲動」文本這種說法。

自從取得莎草紙的管道斷絕後，紙就不再是廣泛使用的書寫工具，一直到十四世紀，超過千年的時間，用來製作書籍的主要書寫材料是獸皮——牛、綿羊、山羊，偶爾會用到鹿。獸皮的表面需要處理使其平整光滑，因此修道院圖書館館長會發浮石給僧侶，讓他們磨去殘餘的獸毛與任何凸起物或瑕疵。如果抄寫員拿到品質不佳的羊皮紙，接下來的工作就會比較費力，在殘存的修道院手稿頁緣處，偶爾可見抄寫員在這裡抒發不滿的情緒：「羊皮紙上都是毛」……「墨色太淡，羊皮紙的品質太差，文本太困難」……「感謝上帝，天很快就黑了。」「讓抄寫員休息吧，」[41]一名疲憊的僧侶在自己的名字、日期與工作地點下面寫著；「我已經抄完整份手稿，」另一名僧侶寫道。「看在基督份上，讓我喝一杯吧。」[42]

上等的羊皮紙可以讓抄寫員的工作輕鬆許多，因此成為抄寫員夢寐以求之物。事實上，這種羊皮紙是用小牛皮製成，又稱為vellum。而小牛皮紙中最上等的是子宮小牛皮紙，使用早產夭折的小牛皮製成。潔白、光滑而且耐用，這些小牛皮紙專門用來抄寫最珍貴的書籍，上面裝飾著細緻、如寶石般的小圖畫，有時外層還包覆著綴滿寶石的封皮。有些圖書館仍保存著相當數量的這類珍品，七、八百年前的抄寫員長時間勞動，創造了這些美麗的事物，這是他們締造的成果。

優秀的抄寫員可以不用參加團體禱告，使其盡可能利用抄寫室的天光工作。抄寫員晚上也不用工作：為了避免發生火災，所以禁止使用燭火。然而，就抄寫員花在書桌前的時間來說——一天約六個小時——他們的人生可以說完全奉獻給了書本。這些負責抄寫的僧侶或許看得懂自己抄寫的內容，至少某些修道院裡的僧侶是如此：「喔，主啊，請保佑這間工作室裡的人，他們都是你的僕人，」一間抄寫室上寫了這麼一段獻辭，「他們在此抄寫的文字，他們全能理解，並且形諸於作品之中。」[43]然而，抄寫者對於他們抄寫的書，真正在意的（或真正厭惡的）其實是另一件事。抄寫本身是一種紀律與規訓，它是對抄寫者的羞辱，也是痛苦。按理來說，抄寫是為了讓抄寫者感到厭惡，因此抄寫者無法理解手稿的內容顯然比較符合抄寫工作的本旨。無論如何，都要避免讓抄寫者產生好奇心。

修道院的抄寫者要一字不漏地抄寫手稿，這麼做的目的是為了斲喪僧侶的精神，抹滅他們的智性與感性。而這種做法對照於波吉歐強烈的好奇心與自我中心，可說是南轅北轍。但波吉歐知道，想保存與恢復古代典籍的原貌，如果沒有這些抄寫者一絲不苟地謄抄，恐怕難以實現。一名認真的讀者在閱讀時，往往為了尋求合理的解讀而修改本文，這種修改的過程一旦開啟，經過幾個世紀之後，原文將被修改得面目全非。因此，要求修道院抄寫者把眼前看到的文字，完全不加修改地抄寫上去，反而是比較好的做法，即使這些文字讀起來文理不通，令人難以理解。

把剪下一塊空格的紙張完整覆蓋在準備謄抄的手稿頁面上，讓僧侶一次只能專心抄寫一行文字。僧侶在抄寫時嚴令禁止修改他們認為的文字錯誤。他們只能修正自己的筆誤，方法是用剃刀仔細刮除字跡，並且以牛奶、乳酪與石灰的混合物來修補汙漬，這是中世紀修正錯字的方法。僧侶不會揉掉紙張，然後拿張新紙重新開始。雖然綿羊與山羊皮的數量不虞匱乏，但製作羊皮紙的過程卻相當費工。優良的羊皮紙極為珍貴而稀少，因此不可能丟棄。羊皮紙的貴重有助於解釋修道院為什麼蒐集古代手稿，而不是將其視為無用之物。

當然，有些修道院院長與圖書館館長看重的不只是羊皮紙，而是寫在羊皮紙上的異教作品。浸淫於古典文學的人認為，他們可以取其精華，棄其糟粕，就像古希伯來人在上帝旨意下取走埃及人的財物一樣。但經過幾個世代之後，隨著基督教作品日漸增多，古典作品愈來愈不受關注。無論如何，愈來愈少僧侶抄寫古典作品。從西元六世紀到八世紀中葉，以希臘文與拉丁文書寫的古典作品，實際上已無人抄寫與製作副本。起初，基督教努力讓人遺忘這些作品——基於信仰而對異教觀念進行攻擊——最後，這些作品終於完全遭到遺忘。古代詩歌、哲學論文與政治演說，原本對基督教充滿了威脅與誘惑，現在已無人知道裡面的內容，更甭說吟詠。古典作品已經完全成了靜默無聲的事物，純粹只是一張張裝訂起來的羊皮紙，上面覆蓋著無人閱讀的文字。

唯一讓古代觀念得以存續下來的，是這些裝訂成冊的耐久羊皮紙，但人文主義書籍獵人知道，即便是耐用的材料，也無法保證這些古代作品能繼續存在下去。僧侶用刀子、刷子與破布，仔細刮除羊皮紙上的古典作品——維吉爾、奧維德、西塞羅、塞內卡[44]、盧克萊修——然後在刮除的空白處，再把上級指示謄抄的作品抄寫上去。這個工作想必十分累人，而對極少數對於自己親手刮除的作品極為在乎的抄寫者來說，這個工作除了疲憊，也令他們痛苦。[45]

如果原初的墨跡滲透紙面甚深，未能完全刮除，那麼即使覆寫上新的文字，舊文字仍有可能被辨識出來：西塞羅《論共和國》僅存的一部四世紀抄本，就覆蓋在七世紀聖奧古斯丁[46]論詩篇的抄本之下，而且仍隱約可見；而目前僅存的一部塞內卡作品論友誼，就是在六世紀晚期的《舊約》抄本中辨識出來的。這些奇異而不斷重複書寫的抄本（又稱 palimpsests，希臘文，「不斷刮除」的意思），保留了好幾部古代重要作品，如果沒有這些抄本，這些作品不可能留存下來。但中世紀的僧侶雖然看見字裡行間的古代文字，修道院卻不鼓勵他們閱讀這些文字。

修道院是充滿規則的地方，抄寫室裡的規則更是多如牛毛。除了抄寫員，沒有人能接觸這些抄本。絕對沉默是基本原則。抄寫員不能選擇他們想抄寫的書籍，也不能打破沉默向館長要求查閱與分配給他們的抄寫工作相關的書籍。至於為了進行這類溝通而發明的細微肢體語言則在允許之列。如果抄寫員想查閱詩集，他必須做出一般性的象徵動作來表示一本書——例如伸出雙手，做出翻動書頁的樣子——然後把雙手放在頭上，比出王冠的樣子，這個動作表示大衛王的詩篇。如果他想查閱異教書籍，他在比完一般性的象徵動作之後，就開始搔自己的耳後，就像狗在搔抓身上的跳蚤一樣。如果他想查閱教會認定特別具有冒犯意味或危險性的異教書籍，他可以將兩根手指頭塞進嘴裡，做出作嘔的樣子。

波吉歐是世俗之人，他身處的世界與修道院全然不同。一四一七年，波吉歐與巴托羅米歐分道揚鑣之後，沒有人知道他究竟要前往何處——他或許就像一名探勘礦脈的人，故意隱瞞尋得的礦脈地點，而且絕不在信中提及此事。波吉歐為了尋找珍貴的書籍，可能探訪的修道院也許多達數十處，但長期以來許多學者認為，波吉歐最可能前往的是本篤會的富爾達修道院。這座修道院位於日耳曼中部的戰略地帶，剛好介於隆河與佛格斯貝爾格山之間，它的一些特徵頗能引起書籍獵人的注意：歷史悠久，擁有大量財富，曾有過輝煌的學術傳統，但現在已經衰微沒落。

如果波吉歐造訪的是富爾達修道院，[47]那麼他顯然很難在當地擺出大人物的姿態。這所修道院是日耳曼使徒聖波尼法爵於八世紀所建，擁有不尋常的獨立地位。該院院長是神聖羅馬帝國的王公：當他步行巡視時，會由一名穿戴盔甲的騎士手持帝國旗幟在前面引導，他也享有特權，可以坐在皇帝的左手邊。富爾達修道院有許多僧侶是日耳曼貴族，他們非常看重自己的身分該享有的尊榮。雖然修道院過去因情勢所逼而割讓了部分領地，聲望也隨之降低，但整體而言仍是不可忽視的勢力。波吉歐的出身卑微，資力有限。他雖然曾擔任教廷祕書，但追隨的教宗已遭到罷黜，因此他的手上已無多少籌碼。

波吉歐在心中排練數次，準備向對方進行簡單的自我介紹，他會下馬，沿著兩旁種著行道樹的大道走上去，直到修道院的厚重大門前。從外觀來看，富爾達修道院就像一座堡壘；事實上，在前一個世紀，富爾達曾與鄰近城市市民發生嚴重爭論，並且遭受猛烈攻擊。至於內部，富爾達就像絕大多數的修道院一樣，完全可以自給自足。到了一月，蔬菜、花卉與植物園圃都已進入冬眠，但僧侶們仍努力採收他們能儲藏的東西，準備度過漫長黑暗的月份，他們特別留意採集藥草，除了可以在醫院使用，也能用於公共浴場。在冬日的此時，穀倉仍相當充盈，有大量的稻草與燕麥供畜欄裡的馬與驢子食用。波吉歐看看四周，有些事物吸引他的注意：雞舍，為了容納綿羊而加蓋的庭院，瀰漫新鮮牛奶與糞肥氣味的牛棚，以及大型豬圈。他也許渴望吃到橄欖與托斯卡尼葡萄酒，但他知道自己不會挨餓。走過磨坊與榨油機，走過巨大的巴西利卡與一旁的修道院，走過見習僧住的屋子、宿舍、僕役的房間與朝聖者住處（波吉歐與助手將住在這裡），波吉歐被帶往院長的屋子，與這個小王國的統治者見面。

一四一七年，如果富爾達修道院真是波吉歐的目的地，那麼他見到的院長會是馮．梅爾勞。在恭敬地向院長請安，解釋來意，並且呈上知名樞機主教的推薦信之後，波吉歐想必參觀了他感興趣的珍貴聖波尼法爵聖物，並且在聖物前禱告誦念。畢竟，他的生活充滿這類儀式：

教廷官員每天這樣開始與結束他們的一天。就算他的信裡未曾提到他對聖人聖物以及用來縮短靈魂在煉獄受苦時間的儀式特別感興趣，波吉歐至少還知道富爾達最引以自豪的東西是什麼。

波吉歐被引領到巴西利卡中，這是個特殊禮遇。在此之前波吉歐也許未曾察覺，但當他進到耳堂，沿著階梯走進陰暗的拱形地窖時，他馬上就會發現，富爾達的朝聖教堂令人感到異樣的熟悉：這座教堂是以四世紀時羅馬的聖彼得大教堂為範本而興建的。（今日羅馬的聖彼得大教堂是波吉歐死後很久一段時間才興建的。）在燭光下，波吉歐看到聖人的遺骨供奉在黃金、水晶與寶石裝飾的神龕上。聖波尼法爵想讓弗里斯人改信，卻在七五四年被殺。

當波吉歐與修道院人員再次回到有亮光的地方時，他覺得已到了該向對方表明來意的時刻，於是開始將談話導向此行的目的。他一開始先談論富爾達最著名的人物拉巴努斯，他曾經擔任院長達二十年之久（822-842）。拉巴努斯是個多產的作家，著有聖經評釋、教義論文、教學指南、學術概要，與一連串以密碼形式寫成的優美詩歌。拉巴努斯的作品絕大多數波吉歐已在梵蒂岡圖書館看過，此人以卷帙浩繁著稱：各類龐雜無趣的記述，企圖將人類所有的知識全囊括在二十二卷作品之中。拉巴努斯的作品題為《論事物本質》，但當時的人認為這套書有總括一切事物的野心，因此又稱之為《論宇宙》。

這位九世紀僧侶的作品，具體而微地反映了波吉歐及其他人文主義者所輕視的風格，亦即厚重而缺乏創造力。但波吉歐承認拉巴努斯是個博學之人，不僅熟悉基督教作品，也深通異教文獻，此外，他也讓富爾達修道院學校成為日耳曼地區最重要的學校。與所有學校一樣，富爾達的學校需要書籍，而拉巴努斯努力充實修道院圖書館以滿足這項需求。拉巴努斯年輕時曾從學於查理曼時代最偉大的學者阿爾庫因，因此得以接觸重要手稿。[48]他把這些手稿帶到富爾達，並且訓練大批抄寫員進行抄寫，以此建立了令當時的人為之驚嘆的藏書量。

在書籍獵人眼中，那個時代——也就是在波吉歐之前六百年——是個很好的年代，因為它去古未遠，對於古代世界的樣貌仍能推知一二。而修道院對智性的重視在這數百年間有減無增，更是加強了眾人對那個時代的嚮往。書架上的這些手稿，也許就這樣靜靜躺了數百年也說不定。這些破爛的手稿僥倖從羅馬帝國衰亡後長期的混亂與破壞中殘存下來，輾轉來到人跡罕至的富爾達。拉巴努斯的僧侶做著搔癢與作嘔的動作，表示他們想查閱異教的作品，而那些已被時代堙沒的書籍，則等待著人文主義者的觸摸以恢復生機。

無論如何，這正是波吉歐熱切渴望的事，無論是富爾達還是在別的地方，當最終他被修道院圖書館館長引領到了巨大的拱形房間，看見有本書拴在館長書桌上時，他的心跳肯定開始加快。這本拴在書桌上的書是一份書目，波吉歐逐頁檢視，為了嚴守圖書館的緘默規則，他用手指出他想看的書。

也許是興趣，也許是基於謹慎，波吉歐首先要求借閱他不熟悉的特圖里安的作品，此人是基督教最重要的幾位教父之一。然後，當手稿送到他的書桌上時，他肯定非常興奮地檢視一連串古羅馬的作者，他們的作品不僅他從未聽聞，其他人文主義者也從沒讀過。雖然波吉歐未透露他去了哪裡，但他確實透露——事實上，他還到處宣揚——他發現了什麼。

他翻開一本長約一萬四千行的史詩，內容描述羅馬與迦太基之間的戰爭。波吉歐很可能認得這個作者的名字，西里烏斯，不過在他看到這本著作之前，西里烏斯的作品從未出現過。西里烏斯是一名狡猾的政治人物，也是個詭計多端且無恥的演說家。他曾在連續數場別具目的的公開審判中助紂為虐，並且歷經凶險的卡里古拉、尼祿與圖密善三朝成功活了下來。退休之後，小普林尼[49]曾寫了高雅的諷刺文章，說西里烏斯「在閒暇之餘，以值得讚賞的手法，把過去他活躍時期留下的各種汙點全清理乾淨」。[50]現在，波吉歐與他的朋友可以欣賞西里烏斯在閒暇之餘所創作的成果。

他打開另一本長詩，這是另一位作者馬尼里烏斯寫的，他的名字書籍獵人一定不認得，因為現存的古代作家作品中，從未提過這號人物。波吉歐立刻看出這是一部與天文學有關的博學作品，而他也能從作品的風格與詩人的措辭看出這本書寫於帝國初建之時，也就是奧古斯都與提庇留時期。

愈來愈多的鬼魂從羅馬時代湧現。一名活躍於尼祿時期的古代文學批評家，曾寫過古典時代作者的注解與評釋；另一名批評家廣泛引用亡佚的史詩片段，寫作方式也模仿荷馬；一名文法學者寫了論拼字的文章，波吉歐知道他那幾位雅好拉丁文的佛羅倫斯朋友，肯定會為之癡迷。但另一份手稿帶來的發現，在興奮中卻也讓人感到鬱悶：一部至今無人知曉的羅馬帝國史作品，不過內容並不完整，作者是帝國軍高階軍官阿米亞努斯。波吉歐之所以鬱悶，不僅因為在他抄寫時原書三十一卷的前十三卷已經遺失——而且未再出現——也因為這本書剛好完成於帝國崩潰前夕。阿米亞努斯是一名頭腦清楚、思慮周密且秉筆忠實的史家，他似乎感受到帝國已近尾聲。他所描述的世界，充斥著重稅、民眾破產與軍隊士氣低落，這些條件集合起來使他的預言成真，就在他死後二十年，哥德人攻陷羅馬城。

波吉歐的發現，即使相當微小，也貢獻良多，畢竟經過這麼長久的時間，哪怕發現的只是片言隻字，也令人感到驚喜。不過，某部作品的發現——這部作品的年代比波吉歐之前發現的作品都要古老——使這些微小的貢獻相形見絀，也許當時看來並不這麼認為，但以我們的觀點來看確實如此。這部長篇手稿寫於西元前五〇年左右，作者是一名詩人與哲學家，名叫盧克萊修。作品的名稱叫《物性論》，與拉巴努斯著名的百科全書式著作《論事物本質》書名極為類似。但拉巴努斯的作品乏味而墨守成規，而盧克萊修的作品卻極為激進。

波吉歐一看到盧克萊修就想起，他曾在奧維德、西塞羅與其他（他與一些人文主義朋友曾努力查找的）古代資料中看過這個名字，但大家只看過片段的文字，每個人都認為這本書已經亡佚。[51]

波吉歐沒有時間，而且在修道院圖書館的陰暗光線下，加上院長與館長懷疑的目光，他所能做的只是閱讀手稿。但波吉歐很快就感受到盧克萊修拉丁詩句的高雅優美。他命令他的抄寫員製作副本，好讓他盡快將這本書帶離修道院。波吉歐本人是否知道他帶走的這本書將會對整個世界產生翻天覆地的影響，關於這一點，我們不得而知。

注釋

1. 譯按：佩脫拉克（Petrarch, 1304-1374），義大利學者、詩人，被視為人文主義之父。
2. 譯按：李維（Titus Livius Patavinus, BC 59-AD 17），古羅馬著名歷史學家，以畢生精力寫作巨著《羅馬史》（*Ab urbe condita libri*），前後耗費四十餘年。《羅馬史》卷軼浩繁、內容豐富，筆法混合了年代記和記敘體。
3. 譯按：西塞羅（Marcus Tullius Cicero, BC 106-BC 43），羅馬共和國晚期哲學家、政治家，被認為是古羅馬最好的演說家和最好的散文作家。西塞羅的影響在啟蒙時代達到頂峰，受其政治哲學影響者包括洛克、休謨、孟德斯鳩等哲學家。美國國父亞當斯、漢密爾頓等人也常引用西塞羅的作品。

4. 譯按：普羅佩提烏斯（Propertius, BC 50-?），羅馬屋大維統治時期的輓歌詩人之一，作品情感豐富。

5. Nicholas Mann, "The Origins of Humanism," in *The Cambridge Companion to Renaissance Humanism*, ed. Jill Kraye (Cambridge: Cambridge University Press, 1996), p.11。關於波吉歐對佩脫拉克的回應，見 Riccardo Fubini, *Humanism and Secularization: From Petrarch to Valla*, Duke Monographs in Medieval and Renaissance Studies, 18 (Durham, NC, and London: Duke University Press, 2003)。關於義大利人文主義的發展，見 John Addington Symonds, *The Revival of Learning* (New York: H. Holt, 1908; repr. 1960); Wallace K. Ferguson, *The Renaissance in Historical Thought: Five Centuries of Interpretation* (Cambridge, MA: Harvard University Press, 1948); Paul Oskar Kristeller, "The Impact of Early Italian Humanism on Thought and Learning," in Bernard S. Levy, ed. *Developments in the Early Renaissance* (Albany: State University of New York Press, 1972), pp. 120-57; Charles Trinkaus, *The Scope of Renaissance Humanism* (Ann Arbor: University of Michigan Press, 1983); Anthony Grafton and Lisa Jardine, *From Humanism to Humanities: Education and the Liberal Arts in Fifteenth-and Sixteenth-Century Europe* (Cambridge, MA: Harvard University Press, 1986); Peter Burke, "The Spread of Italian Humanism," in Anthony Goodman and Angus Mackay, eds., *The Impact of Humanism on Western Europe* (London: Longman, 1990), pp. 1-22; Ronald G. Witt, *"In the Footsteps of the Ancients". The Origins of*

Humanism from Lovato to Bruni, Studies in Medieval and Reformation Thought, ed. Heiko A. Oberman, vol. 74 (Leiden: Brill, 2000) 和 Riccardo, Fubini, *L'Umanesimo Italiano e I Suoi Storici* (Milan: Franco Angeli Storia, 2001).

6. 譯按：維吉爾（Virgil, BC 70-BC 19），奧古斯都時代詩人，被羅馬人奉為國民詩人、被後世廣泛認為是古羅馬最偉大的詩人，傑作史詩《埃涅阿斯紀》（*Aeneid*）長達十二冊，是代表羅馬帝國文學最高成就的巨著。

7. 譯按：奧維德（Ovid, BC 43-BC 18/17），古羅馬詩人，代表作《變形記》（*Metamorphoseon libri*）以六步格詩體記錄了關於變形的神話作品，描述羅馬和希臘神話中的世界歷史，一出版就廣受歡迎。

8. 譯按：馬克爾（Aemilius Macer, ? – BC 16），古羅馬作家和詩人。

9. Quintilian, *Institutio Oratoria* (The Orator's Education), ed. and trans. Donald A. Russell, Loeb Classical Library, 127 (Cambridge, MA: Harvard University Press, 2001), 10.1, pp. 299ff. 雖然昆提里安的完整（或近乎完整的）副本直到一四一六年才被波吉歐發現，但他的第十卷（裡頭包含希臘與羅馬作家的清單）在中世紀卻是廣為流通的作品。昆提里安提到馬克爾與盧克萊修時表示，「兩人都以簡練優美的文字陳述主題，只不過前者較為平易，而後者較為艱澀」，p. 299。

10. 譯按：阿塔克斯的瓦洛（Varro of Atax, BC 82-BC 35），古羅馬早期著名詩人，著有大量反映戰爭與諷刺題材的相關詩作。

11. 譯按：塞維魯斯（Cornelius Severus），奧古斯都時代羅馬史詩詩人。

12. 譯按：巴蘇斯（Saleius Bassus），羅馬史詩詩人。
13. 譯按：拉比里烏斯（Gaius Rabirius），羅馬元老院成員。
14. 譯按：佩多（Albinovanus Pedo），西元一世紀初期羅馬詩人，輓歌和諷刺短詩作家。
15. 譯按：畢巴庫魯斯（Marcus Furius Bibaculus），羅馬詩人。
16. 譯按：阿基烏斯（Lucius Accius, BC 170 – BC c. 86），羅馬悲劇詩人。
17. 譯按：帕庫維烏斯（Marcus Pacuvius, BC 220-BC 130），當時一流的羅馬悲劇詩人。
18. Robert A. Kaster, *Guardians of Language: The Grammarian and Society in Late Antiquity* (Berkeley and London: University of California Press, 1988). 早期社會識字率的估計出了名的不可靠。Kaster 引用 Richard Duncan-Jones 的研究，他的結論是：「帝國絕大多數居民不懂古典語言。」西元一到三世紀，大概有高達七成的民眾是文盲，不過這當中有地區性的差異。Kim Haines-Eitzen, *Guardians of Letters: Literacy, Power, and the Transmitters of Early Christian Literature* (Oxford: Oxford University Press, 2000) 也有類似的數字，不過 Haines-Eitzen 提出的識字率又更低了點（或許只有百分之十）。也可見 Robin Lane Fox, "Literacy and Power in Early Christianity," in Alan K. Bowman and Greg Woolf, eds., *Literacy and Power in the Ancient World* (Cambridge: Cambridge University Press, 1994).
19. 譯按：分別是早上六點、九點與正午十二點。
20. 引自 Fox, "Literacy and Power," p. 147.
21. 譯按：聖本篤（St. Benedict, 480-547），義大利羅馬公教教士、聖徒，本篤會創建者，被譽為西方修道院制度的創立者。

22. 規則確實針對無法靜下來閱讀的人訂定一些條款：「如果有人疏忽與懶惰，因而不願意或無法看書或閱讀，那麼就應該給這種人工作做，避免讓他懶散」——*The Rule of Benedict*, trans. By Monks of Glenstal Abbey (Dublin: Four Courts Press, 1982), 48:223.
23. John Cassian, *The Institutes*, trans. Boniface Ramsey (New York: Newman Press, 2000), 10:2.
24. *The Rule of Benedict*, 48:19-20. 我把原先的翻譯「as a warning to others」做了修改，我認為這樣更能符合拉丁文「ut ceteri timeant」真正的意思。
25. *Spiritum elationis*，譯者譯為「spirit of vanity」但我認為「elation」或「exaltation」才是主要的意涵。
26. *The Rule of Benedict*, 38:5-7.
27. 同前，38:8.
28. 同前，38:9.
29. 譯按：《馬可福音》9:48：「在那裡（指地獄）蟲是不死的，火是不滅的。」
30. Leila Avrin, *Scribes, Script and Books: The Book Arts from Antiquity to the Renaissance* (Chicago and London: American Library Association and the British Library: 1991), p. 324. 手稿保存於巴塞隆納。
31. 關於波吉歐字跡的外部脈絡，見 Berthold L. Ullman, *The Origin and Development of Humanistic Script* (Rome: Edizioni di Storia e Letteratura, 1960). 極有價值的導論，見 Martin Davies, "Humanism in Script and Print in the Fifteenth Century," in *The Cambridge Companion to Renaissance Humanism*,

pp. 47-62.

32. 巴托羅米歐於一四一四年擔任祕書；波吉歐於隔年擔任祕書——Partner, *The Pope's Men*, pp. 218, 222.

33. Gordan, *Two Renaissance Book Hunters*, pp. 208-9（給 Ambrogio Traversari 的信）。

34. 譯按：維格提烏斯（Flavius Vegetius Renatus），晚期羅馬帝國作家，著有關於古羅馬軍事體制論著《論軍事》（*Epitoma rei militaris*）。

35. 譯按：費斯圖斯（Pompeius Festus），羅馬語法家。

36. 同前，p. 210.

37. Eustace J. Kitts, *In the Days of the Councils: A Sketch of the Life and Times of Baldassare Cossa* (London: Archibald Constable & Co., 1908), p. 69.

38. 引自 W. M. Shepherd, *The Life of Poggio Bracciolini* (Liverpool: Longman et al., 1837), p. 168.

39. 譯按：海克力斯（Herculean），希臘神話裡最偉大的半神英雄，能勇善戰，是眾人皆知的大力士。一生充滿傳奇，最著名的是其十二項英雄偉績。

40. 譯按：聖費瑞爾（St. Ferreol, 530-581），於澤斯（Uzès）的主教，致力於改變教區內猶太人信仰。

41. Avrin, *Scribes, Script and Books*, p. 224. 這名抄寫員其實使用的是小牛皮紙，而非羊皮紙，但這肯定是一張品質特別粗劣的小牛皮紙。

42. 同前。

43. 引自 George Haven Putnam, *Books and Their Makers During the Middle Age,* 2 vols. (New York: Hillary House, 1962; repr. of 1896-98 edn.) 1:61.

44. 譯按：塞內卡（Lucius Annaeus Seneca, BC c. 4-AD 65），古羅馬時代著名斯多亞學派哲學家，曾任尼祿皇帝的導師及顧問。

45. 位於義大利北部的波比奧有一座大修道院，裡面有一間著名的圖書館：九世紀末擬定的一份書目，裡面蒐羅了許多罕見的古代作品，包括一本盧克萊修的抄本。然而絕大多數都已亡佚，很可能是被刮除掉，以用來抄錄居民宗教儀式需要的福音書與詩篇。畢施霍夫寫道：「在波比奧，許多古代文本遭到刮除而埋沒，此地不採聖高隆邦規則，而採聖本篤規則。從九世紀末的書目可以得知，當時的波比奧擁有西方藏書最豐富的圖書館，收藏了許多文法書與罕見的詩歌。塞瑞努斯（Septimius Serenus）《論農村》（*De runalibus*）（哈德良時代的優美詩歌）僅存的抄本消失了。盧克萊修與弗拉庫斯（Valerius Flaccus）的手稿也在未製作義大利文副本的狀況下消失。波吉歐最後在日耳曼發現這些作品」——*Manuscripts and Libraries in the Age of Charlemagne* (Cambridge: Cambridge University Press, 1994), p. 151.

46. 譯按：聖奧古斯丁（St. Augustine, 354-430），早期西方基督教神學家、哲學家，他的著作《懺悔錄》（*Confessions of St. Augustine*）被稱為西方歷史上第一部自傳。

47. 另一個可能選擇是南阿爾薩斯的穆爾巴哈修道院。九世紀中葉，建於七二七年的穆爾巴哈修道院已經成為學術重鎮，而且以擁有盧克萊修的抄本而聞名於世。波吉歐無論到哪個修道院，他所面臨的挑戰恐怕是大同小異。

48. 在本書的脈絡下，最耐人尋味的評論是拉巴努斯為自己的一本詩集寫的序，這是一本讚揚十字架的離合詩詩集，完成於八一〇年。拉巴努斯提到，他的詩使用了 synalepha 這種修辭形式，也就是把兩個音節縮成一個音節。他解釋說，這種修辭形式「在盧克萊修的作品中經常出現」。引自 David Ganz, "Lucretius in the Carolingian Age: The Leiden Manuscripts and Their Carolingian Readers," in Claudine A. Chavannes-Mazel and Margaret M. Smith, eds., *Medieval Manuscripts of the Latin Classics: Production and Use*, Proceedings of the Seminar in the History of the Book to 1500, Leiden, 1993 (Los Altos Hills, CA: Anderson-Lovelace, 1996), 99.

49. 譯按：小普林尼（Pliny the Younger, 61-c.112），羅馬帝國作家、律師與元老，他的很多信件流傳了下來，是研究當時歷史的珍貴資料。

50. Pliny the Younger, Letters, 3.7.

51. 人文主義者只能隱約感受到這首詩的無所不在。五世紀初的馬克羅比烏斯（Macrobius）在《農神節》（*Saturnalia*）中引用了幾句盧克萊修的詩（見 George Hadzsits, Lucretius and His Influence [New York: Longmans, Green & Co., 1935]），七世紀初聖伊西多祿（Isidore）的大部頭作品《語源》（*Etymologiae*）也有引用。我們以下會提到這部作品出現的其他時間，對於十五世紀初的人來說，要他們相信這部詩作仍完整存在的確是不太可能。

第三章 尋找盧克萊修

盧克萊修的生存時代，比波吉歐啟程尋找古籍早了一千四百五十年左右。與盧克萊修同時代的人，對於他的詩並不陌生。盧克萊修的作品問世之後，往後數百年間，一直持續有人閱讀。[1]義大利人文學者在尋找失落的古代作品時，會特別留意大量留存下來的名家作品，哪怕只是浮光掠影地提到這些佚失作品的片斷文字，也能成為追尋的線索。舉例來說，波吉歐最喜愛的拉丁文作家西塞羅雖然無法苟同《物性論》的哲學原則，卻承認它的文字具有迷人的魔力。西元前五十四年二月十一日，西塞羅寫給弟弟昆圖斯的信中說道，「如來信所言，盧克萊修的詩充分展現作者出眾的才華，卻具有高度的藝術性。」[2]西塞羅的轉折語，特別是那個有點古怪的「卻」字，顯示出他的驚訝：他顯然被某種不尋常的內容吸引。他讀到的詩結合了哲學和科學的「出眾才華」以及不尋常的詩意力量。這種結合不僅當時少有，在今日也同樣罕見。

盧克萊修近乎完美地融合知性論述與審美表現，而擁有慧眼能欣賞這份成就的不只是西塞羅與他的弟弟。盧克萊修去世時，最偉大的羅馬詩人維吉爾大約十五歲，當時的他已對《物性論》深深著迷。維吉爾在《農耕詩》中寫道，「他蒙受眷顧，得以找出事物的原因，他將所有的恐懼、無可改變的命運，以及貪婪阿克隆河的隆隆水聲踩在腳下。」[3]如果這句話暗示的是盧克萊修的作品《物性論》，那麼文中的老詩人就是一名文化英雄，他聽見冥府充滿威脅的呼嚎聲，但他克服了威脅要吸乾人類靈魂的迷信恐懼。然而，維吉爾並未在文中說出英雄的姓名，因此，即使波吉歐真的讀過維吉爾的《農耕詩》，但如果他實際上未曾讀過盧克萊修的作品，恐怕不可能意會到維吉爾隱約提及的詩人就是盧克萊修。[4]同理，如果波吉歐先前未曾讀過盧克萊修的作品，他更不可能看出維吉爾的偉大史詩《埃涅阿斯紀》其實是有意識地要在《物性論》之外另闢蹊徑：維吉爾虔誠，盧克萊修懷疑；維吉爾宣揚尚武的愛國精神，盧克萊修奉勸採取和平主義；維吉爾要求保持清醒，棄絕逸樂，盧克萊修則是鼓吹追求愉悅。

然而，真正引起波吉歐與其他義大利人文主義者注意的，或許是奧維德的作品。奧維德書中提到的東西，足以讓所有書籍獵人急急忙忙翻查修道院圖書館的目錄：「唯有到了世界末日那一天，崇高的盧克萊修的詩文才有可能遭到消滅。」[5]

事實上，值得注意的是，盧克萊修的韻文的確差一點失傳——他的作品能夠殘存，只能用不絕如縷來形容——就連他這個人的生平來歷也差點從歷史上消失。古羅馬許多重要詩人與哲學家都是他們當時那個時代的名人，數世紀之後，急切的書籍獵人想從這些街談巷議的對象中找出線索。但是以盧克萊修的例子來說，他幾乎沒有任何傳記留存下來。這位詩人肯定是一個非常重視私密的人，他生活在陰影中，除了《物性論》這部偉大的作品，他似乎未曾再寫過其他著作。而《物性論》這部作品困難且具挑戰性，不像是能獲得眾人喜愛的著作，因此很難想像它能獲得廣泛傳抄，而且書中的重要片段竟能留存到中世紀。從相隔久遠的今日回顧過去，手裡踏實拿著盧克萊修作品的現代學者，已有能力辨識出這部作品在中世紀初期的網絡——也許這本書引用了一句話，也許那本書抄錄了書目——但這些內容，絕大多數是十五世紀初的書籍獵人無法得見的。他們在黑暗中摸索著，或許感覺到一點蛛絲馬跡，卻無法追索它的源頭。而追踵他們之後，經過近六百年來古典學家、歷史學家與考古學家的努力，我們對於盧克萊修的了解，依然不比這些書籍獵人多多少。

盧克萊修家族是個古老而有聲望的羅馬氏族——波吉歐大概也知道這點——但由於一些解放的奴隸經常襲取盧克萊修做為家名，因此盧克萊修本人或許不一定真的是貴族出身。不過，說他有貴族背景也不見得悖理，舉個簡單的理由，盧克萊修曾經寫詩給貴族門米烏斯，從詩中可以看出彼此的關係相當密切。飽覽群書的波吉歐應該聽過這個名字，因為門米烏斯在政治事業上相對來說是較為成功的。他資助過不少有名的作家，包括愛情詩人卡圖魯斯。[6]而門米烏斯自己也是個知名的詩人（根據奧維德的說法，他寫的都是些淫穢的詩）。盧克萊修也是個演說家，西塞羅不太情願地坦承，他的演說「精采絕倫」。但我們的問題還是未獲得解決，盧克萊修究竟是何方神聖？

對波吉歐以及他那個圈子的人來說，答案幾乎全來自偉大的教父聖哲羅姆[7]，他在早期編年史中曾經對盧克萊修的生平做了簡單描述。在西元前九十四年的條目下，哲羅姆記下「詩人提圖斯．盧克萊修出生。他因為服用春藥而精神錯亂，只能利用未瘋癲的清醒時期寫下幾部作品。這些作品經過西塞羅的修改潤飾。盧克萊修在四十四歲那年自殺。」[8]這段可怕的記載成為後世描述盧克萊修的基調，包括維多利亞時代的詩文，丁尼生曾經想像這名發瘋、自殺的哲學家在情色妄想的折磨下發出囈語。

現代古典學者則認為，哲羅姆寫下的生平描述，每個部分都應該受到強烈的懷疑。這些說法是在盧克萊修死後數百年由基督教的護教者記錄的（或虛構的），看起來是描述異教哲學家的生平，其實是要藉題發揮寫出一篇篇警世教化的故事。再加上十五世紀的好基督徒不可能質疑聖人的說法，因此波吉歐很可能認為他發現的這部詩作（之後又再度在市面流通），受到了異教作者瘋狂的心性與自殺的行徑影響。儘管如此，人文主義的書籍獵人通常有著強烈的熱情，他們渴望挖掘出古代文獻，即使這些古代作者在道德上有所缺陷，或者在道德上有罪。此外，他們普遍認為西塞羅曾經改正這些書籍，因此他們大可放心地尋找與閱讀這些作品。

這部編年史條目在四世紀寫成，往後一千六百多年的時間裡，沒有人繼續增益盧克萊修的生平內容，眾人只是就哲羅姆寫下的春藥故事及其悲劇結果給予肯定或否定兩種意見。當波吉歐於一四一七年發現盧克萊修的詩作時，盧克萊修究竟是什麼樣的人依舊成謎。從奧維德說的「崇高的盧克萊修的詩文」與他的詩作造成的深刻影響來看，與盧克萊修同時或同時稍後的人對他本人的描述如此之少，實在是一件奇怪的事。儘管如此，考古發現——在波吉歐死後又過了很長一段時間才進行——卻能協助我們更清楚地了解《物性論》首次被閱讀的那個世界的面貌，或許我們可以從中推知詩人生平的梗概。

之所以能有這些發現，主要受惠於古代一場眾人耳熟能詳的災難。西元七十九年八月二十四日，維蘇威火山猛烈噴發，不僅完全摧毀了龐貝城，也毀滅了位於那不勒斯灣的濱海度假勝地赫庫拉尼烏姆。遺跡在二十公尺厚的火山碎屑掩埋下逐漸硬化，其密度有如混凝土。這個地點原本是羅馬富人度假的地方，曾經蓋了許多高雅的柱廊式別墅，然而在火山灰覆蓋下，卻逐漸遭到遺忘，直到十八世紀初，有工人挖井時發現了大理石像。一名奧國軍官接管了這個地區——當時那不勒斯由奧國控制——他下令挖掘人員挖掘豎井，穿透遺址上頭厚重的覆蓋層。

這項挖掘工作在那不勒斯改隸波旁王朝統治後仍持續不輟。然而，挖掘工作的進行極為粗糙，與其說是考古工作，不如說是持續不斷地破壞竊取。這項工作的主管是一名西班牙陸軍工程師德・阿爾庫比耶，他負責此事有十年以上的時間，不過他似乎把這裡當成鈣化的垃圾堆，不懂裡頭為什麼會埋藏著可掠奪的財物。（當時的人對於他所造成的破壞感到沮喪，他們說，「要讓這傢伙了解古物，有如對牛彈琴。」[10]）挖掘者尋找雕像、珠寶、珍貴的大理石以及其他多少可辨識的財物，他們在這裡發現大量物品，然後成堆地運到他們的國王面前。

一七五〇年，在新負責人的指揮下，挖掘者在挖掘時變得較為謹慎。三年後，他們挖掘地道通往其中一座別墅遺址，發現了令他們不解的事物：一間房間的遺址，裡頭有優雅的馬賽克地板，房內擺滿難以計數的物品。一名挖掘人員寫道，「房間大約有半棵棕櫚樹長，呈圓形，看起來像是樹木的根部，全黑，看起來似乎是一間獨立的房間。」[11]起初，他們以為挖掘到存放木炭磚的儲藏室，於是拿了一些磚頭來焚燒，以去除清晨的寒意。有些人則覺得這些特殊的斷片可能是一捆捆被焚燒過的衣物或漁網。之後，一塊炭磚偶然間掉落到地面，碎裂開來。人們意外發現裡頭居然藏有書信，只是書信的外表看起來像是燒黑的樹根，挖掘者這才發覺自己發現了什麼：書籍。他們意外挖到圖書館遺址。

羅馬人在圖書館裡收藏的書卷（volumes）要比絕大多數現代書籍小得多：這些書籍絕大

多數都寫在莎草紙的紙卷上。[12]（「volume」這個字源自於拉丁文 volumen，意思是指捲起來或纏繞起來的東西。）莎草紙——「紙」（paper）這個字就是源自於莎草紙（papyrus）——的紙卷是用高聳的蘆葦製成，這種蘆葦生長在下埃及的尼羅河三角洲沼澤區。蘆葦收割之後，把莖剖開，切成細長的條狀。將這些條狀物併排排好，彼此之間可以稍有重疊；然後在上方再鋪一層，與下層呈九十度交叉，縱橫排列；然後再以大頭錘錘打。錘打時流出的天然樹汁可以讓纖維滑順地黏結起來，於是這些條狀物在擊碎之後，就變成黏著成一張張的紙卷。（最早的紙張還能看見莎草紙的內容物，希臘文稱為 protokollon，意思是「最初黏結之物」——protocol 這個字就是源自於此。）將木棒固定在紙卷的一端或兩端，然後輕輕地從頂端滾至末端，使紙張容易在人閱讀時來回捲動：在上古時代，讀一本書意謂著捲動紙張。羅馬人把紙卷上的木棍稱為 umbilicus，從頭到尾讀完一本書必須「展開紙卷直到 umbilicus 為止」。

莎草紙一開始是白色且具有彈性，但時間一久就會易碎變色——世上沒有任何事物能永遠不變——但莎草紙輕便不昂貴，而且耐用。埃及的小地主很早就懂得要用莎草紙來製作稅金收據，他們知道這些紀錄經數年之後依然可以閱讀，甚至可以保存好幾個世代。祭司可以把向神明懇求的內容一五一十記錄在莎草紙上；詩人可以將自己的藝術創作記載在這種帶有不朽象徵意義的紙張上；哲學家可以把自己的思想書寫在莎草紙上，讓後世未能謀面的弟子也能拜讀他們的作品。羅馬人與他們的前輩希臘人一樣，很快就發現莎草紙是極佳的書寫材料，於是他們從埃及大量進口莎草紙，以滿足他們與日俱增，記錄庫藏、官方文件、個人信件與書籍的龐大需求。一份莎草紙紙卷大概可以保存約三百年。

在赫庫拉尼烏姆挖掘到的房間，牆上原本鑲有木製書架；房間的中央有個巨大獨立的矩形書櫃。[13]房間到處散置著已經燒黑可抹除重寫的蠟製寫字板——非常脆弱，只要稍微一碰就會粉碎——這些寫字板可以讓讀者在上面做筆記（有點像今天孩子玩的神奇寫字板）。過去這些書架上高高堆置著一卷卷莎草紙。有些紙卷，或許是比較貴重的卷軸，外表會用樹皮包裹起來，兩端再用木頭塞住。在別墅的另一個地方，其他的紙卷與火山灰完全混合在一起，似乎是在匆促之中趕忙捲起來塞進木箱裡，也許在那個可怕的八月天，有人面臨這短暫而混亂的一刻，打算把一些比較珍貴的書籍帶離這場災難。最終，總共有約一千一百冊書籍成功修復，不過在此之前已有許多書籍消滅殆盡，究竟數量有多少，我們不得而知。

由於這棟別墅挖掘出許多的紙卷，因此被稱為莎草紙別墅，當中存放的卷軸很多都被落下的火山碎屑與沉重的泥漿破壞掩埋；幾乎所有的紙卷都因接觸到火山熔岩、灰燼與熱氣而碳化。然而這些紙卷雖然變黑，卻也因此使它們得以保存下來，免於受到歲月侵蝕。幾個世紀以來，這些紙卷一直密閉在不透風的木箱裡。（即使到了今日，這棟別墅仍只有一小部分被挖掘出來，絕大部分仍埋藏在地下。）然而，發現者卻對挖掘的成果感到沮喪：他們幾乎無法判讀這些像木炭的紙卷上到底寫了什麼。而且只要他們展開卷軸，這些紙卷便不可避免地化為齏粉。

數十本乃至於數百本書籍在這個過程中遭到滅失。但最終，一些挖掘出來的紙卷在靠近中心的部分還留存著可辨識的字跡。此時，在經過兩年充滿破壞、毫無建樹的挖掘之後，他們找來在羅馬梵蒂岡圖書館工作的那不勒斯教士，博學的皮亞吉歐神父。皮亞吉歐反對當時主流的調查方法，也就是不斷刮削紙卷外層碳化的部分，直到看到字跡為止。他發明了一種精巧的裝置，一種能緩慢而輕柔地展開碳化莎草紙卷的機器，它所揭露的可讀資料遠超過眾人的想像。

這些挖掘出來的文本——經過仔細錘打而平坦固結成長條狀的紙張——在經過判讀之後，顯示這座別墅圖書館（或者至少是他們發現的部分）的藏書相當專門，有許多卷軸是用希臘文寫的小文章，而且全出自一位名叫菲洛德莫斯的哲學家之手。研究人員對此感到沮喪，因為他們希望找到的是像索福克勒斯[14]與維吉爾這類作家的作品。儘管如此，他們從廢墟中奇蹟似挖掘到的東西，卻為數世紀前波吉歐的發現增添了一筆重要印記。因為菲洛德莫斯曾在西元前七十五年到四十年左右在羅馬教書，他與盧克萊修是同時代的人物，而他信從的思想學派之代表作，就是《物性論》。

為什麼一個名不見經傳的希臘哲學家作品，會出現在這棟優雅濱海避暑勝地的圖書館裡？不僅如此，為什麼一棟度假別墅會有一間藏書豐富的圖書館？菲洛德莫斯只是個領薪水的教師，他不可能是莎草紙別墅的主人。但別墅裡收藏的大量菲洛德莫斯作品，或許顯示了別墅主人的興趣，也說明了盧克萊修詩作產生的時代背景，那正是希臘與羅馬高等文化在經過長久融合之後，逐漸邁向巔峰的時期。

希臘與羅馬文化之間的交融並不總是平靜無波。對希臘人來說，羅馬人素有強悍守紀律的名聲，身懷生存本領，熱愛征服。但他們也視羅馬人為野蠻人——亞歷山卓科學家埃拉托斯塞尼斯提出的看法比較溫和，他認為羅馬人是「優雅的野蠻人」——大多數人認為羅馬人是粗魯而危險的蠻族。當希臘的獨立城邦仍繁盛時，希臘的知識份子會蒐集與羅馬人有關的神祕知識，一如他們過去探究迦太基人與印度人一樣，但他們發現羅馬文化生活並無值得稱述之處。

共和國早期的羅馬人不盡然反對希臘人對他們的評價。羅馬傳統上一直對詩人與哲學家有所提防。羅馬以美德與實踐之城自居，對於美麗的辭藻、智性的思考與書籍興趣缺缺。但是，當羅馬軍團逐漸對希臘建立軍事支配時，希臘文化也開始殖民羅馬人的心靈。羅馬人雖然跟過去一樣，對於軟弱的知識份子感到懷疑，並且對於羅馬固有強調實踐的精神感到自豪，[15]但現在他們也開始產生熱情，肯定希臘哲學家、科學家、作家與藝術家的成就。羅馬人嘲笑他們認定的希臘人性格缺點，希臘人的放言空談、愛好玄想與矯揉造作都成了他們諷刺的對象。但儘管如此，野心勃勃的羅馬家族依然將子弟送到雅典著名的哲學學院學習，而希臘知識份子如菲洛德莫斯則被帶到羅馬，讓他教書，並且給予他豐厚的薪水。

對羅馬貴族來說，坦承自己熱愛希臘文化並不是件體面的事。世故練達的羅馬人認為不應該沉迷於學習希臘語言與欣賞希臘藝術。但羅馬的廟宇與公共空間卻裝飾著從希臘本土與伯羅奔尼撒各個被征服城市搶來的美麗雕像，久戰沙場的羅馬將領們也用珍貴的希臘花瓶與雕像裝飾他們的別墅。

從殘存至今的石雕與陶器不難看出，當時羅馬充斥著希臘工藝品，但真正對文化產生影響的還是書籍。為了符合羅馬的尚武精神，最初送到羅馬的是戰利品。西元前一六七年，羅馬將軍保魯斯擊潰馬其頓國王伯瑟烏斯，消滅了亞歷山大大帝及其父菲利普建立的王朝。伯瑟烏斯與三個兒子被銬起來，送往羅馬，跟在凱旋的戰車後頭遊街示眾。保魯斯遵照竊盜政治的傳統，把掠奪來的金銀財寶運回羅馬，充實國家的府庫。保魯斯只為自己與子女保留了一件戰利品，也就是馬其頓國王的藏書。[16]這種做法一方面顯示出貴族將領如何增加個人的財富，另一方面也說明了，在當時，希臘書籍與書籍體現的文化確實深受重視。

之後，其他貴族也學習保魯斯的做法。羅馬富人開始在自己的城市宅邸與鄉村別墅裡累積大量書籍。（羅馬早期沒有書店，書籍的取得除了藉由戰爭掠奪，也可以在義大利南部與西西里島向商人購買，當地有希臘人建立的城市，如那不勒斯、塔蘭托與敘拉古。）文法學者提拉尼翁因擁有三萬卷書籍而聞名於世；薩姆摩尼庫斯是一名醫生，據說能以神奇咒語為人治病，他擁有六萬卷書籍。此時的羅馬人也開始像希臘人一樣，一窩蜂地蒐集書籍。

盧克萊修在這種富有的私人書籍收藏家的文化裡成長，他寫詩時的羅馬社會，已準備好讓更多民眾能閱讀書籍。西元前四〇年，也就是盧克萊修死後十年，詩人維吉爾的朋友波利歐成立了羅馬第一座公立圖書館。[17]這個想法的原創者是凱撒，他在希臘、小亞細亞與埃及看過這類機構，當時大加讚賞，之後便決心讓羅馬人民也擁有這項設施。但凱撒還沒來得及執行這項計畫就遇刺身亡，留待波利歐來實現他的遺志。波利歐曾協助凱撒對抗龐培，之後又支持安東尼擊敗布魯特斯。波利歐是一名英勇善戰的軍事指揮官，他足智多謀（或者應該說是運氣奇佳），總能選對盟友。除了軍事，他也對文學充滿興趣。除了少數演講稿，波利歐所有的作品都已亡佚，他曾寫過悲劇——維吉爾說，波利歐的悲劇足以與索福克勒斯並駕齊驅——歷史與文學批評，而他也是最早向朋友朗讀自己作品的羅馬作家。

波利歐在阿文提諾山上建立圖書館，圖書館的資金依照羅馬傳統，由被征服者來支付。以波利歐的圖書館來說，是由亞德里亞海沿岸的居民負擔，這是他們支持布魯特斯對抗安東尼的代價。不久，皇帝奧古斯都又興建了兩座公立圖書館[18]，之後歷任皇帝也賡續這項政策，持續設立圖書館。（總計到了四世紀，羅馬已經有二十八座公立圖書館。）這些圖書館的建築並未留存下來，它們的空間配置大體相同，與今日的圖書館沒有太大差異。這些圖書館都擁有一間大閱覽室，閱覽室旁邊鄰接著許多小房間，書籍就收藏在這些小房間的書架上。閱覽室不是矩形就是半圓形，有時上方的屋頂會鏤空一塊圓形缺口，以利照明。閱覽室裡也擺放著一些著名作家的半身或全身像，如荷馬、柏拉圖、亞里斯多德、伊比鳩魯等等。設立這些雕像的用意就跟今日一樣，是為了對這些正典作家表達敬意，同時也表示每個有教養的民眾都應該閱讀他們的作品。但在羅馬，這些人像還有另一層含意，它們類似羅馬傳統上在家裡保存的祖先面模，羅馬人會在祭拜祖先那天，戴上面模來緬懷先人。也就是說，這些人像是與亡者靈魂接觸的象徵，而書籍則可以讓讀者懷想先人的精神。

除了羅馬，古代世界還有許多城市擁有傲人的公立圖書館，這些圖書館的資金要不是由稅收支持，就是仰賴富有而文明的金主捐助。[19]希臘人的圖書館並不舒適，但羅馬人在圖書館裡遍設舒適的桌椅，讓讀者可以坐著，慢慢地展開莎草紙，閱讀完畢後再用左手捲起卷軸收妥。[20]偉大的建築師維特魯威[21]——波吉歐發現了他的作品——曾建議圖書館應該面對東方，除了可以利用晨光，還能減少損壞書本的溼氣。在龐貝城以及其他地方所進行的挖掘，發現了用來表揚捐助者的飾板，此外還有雕像、寫字板、存放莎草紙卷的書架，以及標上號碼的書箱，裡面放了收妥的羊皮紙卷與逐漸取代紙卷的書本，甚至在牆上發現了字跡。在我們的社會裡，公立圖書館的設計從古至今一直相當類似，這並非出於偶然：我們認為圖書館是公共財，我們認為這樣的地方該是什麼樣子，全來自羅馬在數千年前立下的典範。

在廣大的羅馬世界，無論是高盧隆河岸邊，還是敘利亞省的樹叢與達芙妮神廟附近，無論是羅德島附近的科斯島，還是位於今阿爾巴尼亞境內的迪爾希翁，有教養的男女住的屋子會特別隔出一個房間供安靜閱讀之用。[22]莎草紙卷在經過細心編訂索引、分類（上面附著凸出的標籤，希臘文稱為 sillybos）之後，便堆置在架上或存放在皮革籃子裡。就連在羅馬人喜愛的精緻澡堂建築裡，也精心設計了閱覽室——裡頭裝飾了希臘文與拉丁文作者的半身像——使受過教育的羅馬人能兼顧身體健康與心靈滿足。到了西元一世紀，羅馬已經出現我們所認為的「文學文化」特徵。某日，史家塔西佗[23]到競技場觀看競賽，與一名完全不認識的人談論起文學，後來發現對方居然讀過他的作品。[24]文化不再局限於朋友與熟人構成的小圈圈裡；塔西佗遇見了他的「大眾讀者」，此人可能是在廣場的攤子上買了他的書，也可能是在圖書館裡閱讀的。閱讀人口的擴大，是幾個世代羅馬菁英不斷在日常生活上落實閱讀的結果，這也說明了為什麼莎草紙別墅這麼一個度假勝地，會有一間藏書如此豐富的圖書館。

一九八〇年代，現代考古學家再度仔細考察這座掩埋的別墅，希望能對建築設計所表現的整體生活風格有更深入的了解。別墅的設計也成為加州馬利布蓋提博物館的建築靈感來源，當初在赫庫拉尼烏姆發現的一些雕像與其他珍寶全保存於此。許多大理石與青銅傑作——神祇的圖像；哲學家、演說家、詩人與劇作家的半身肖像；姿態優雅的年輕運動員；躍起的野豬；喝醉的薩特；[25]睡著的薩特；以及令人驚異的潘與山羊交媾的雕像[26]——現在都保存於那不勒斯的國立博物館裡。

重新開啟的挖掘工作從一開始就不順利：覆蓋在遺址上的肥沃火山土已栽種了康乃馨，可以想見，地主一定不想讓挖掘者開挖影響他的生意。但在經過長期協商之後，研究人員獲准從豎井降下，利用類似貢多拉的小船，沿著過去鑽挖的地道，安全而緩慢地接近別墅。雖然遭遇各種詭譎的情狀，挖掘人員還是成功測繪了正確度遠超過以往的別墅配置圖，精確畫出了中庭、廣場、環繞中庭的柱廊與其他結構物的規模，並且明確標定了大馬賽克地板與罕見的雙重圓柱。葡萄樹枝葉的遺跡使他們能精確判定花園的位置，兩千多年前，這裡曾是富有的別墅主人與他的文雅朋友們聚會的地方。

當然，在時間的隔閡下，我們不可能確切知道，在某個陽光普照的漫長午後，在赫庫拉尼烏姆柱廊環繞的花園裡，這些人談了些什麼。不過，就在一九八〇年代，更令人感興趣的線索出現了。這一次是在地面上，學者再度把十八世紀寶藏獵人發現的那堆發黑莎草紙拿出來研究。這些紙卷已經硬化成塊狀物，當初挖掘出來時，沒有能力打開這些紙卷，因此這些紙卷便靜靜地躺在那不勒斯國立圖書館裡超過了兩個世紀。一九八七年，斯塔拉切運用新的技術，想辦法打開了兩卷保存狀況惡劣的莎草紙。他把這些紙卷零碎的可讀部分──自從火山爆發之後，再也沒有人讀過──貼在和紙上，拍成微捲，然後設法解讀內容。兩年後，挪威傑出的莎草紙學家克雷夫宣布：「在赫庫拉尼烏姆發現莎草紙卷的兩百三十五年後，我們終於再次發現了《物性論》。」[27]

不難想見，外界對此事採取了輕描淡寫的態度（亦即完全忽視），就連對古代文化有興趣的學者也不太關注此事──它被埋沒在大部頭的義大利文作品《赫庫拉尼烏姆編年史》第十九卷裡──然而，這種態度情有可原。克雷夫與同事發現的只是十六件零碎的紙卷，上面寫著小字，而這些零碎紙卷其實不過幾個字的大小，甚至無法拼湊出完整的詞彙。不過在仔細分析後，勉強可以辨識這是來自一部長達六卷的拉丁文詩集，分別是第一、三、四與五卷。這些遺棄的碎紙，從巨大的拼圖脫落下來，光憑碎片本身拼湊不出任何意義。但從涵蓋的內容可以推斷，圖書館應該收藏了完整的《物性論》，而這部詩集出現在莎草紙別墅也引發不少聯想。

赫庫拉尼烏姆的發現，使我們得以一窺波吉歐在修道院圖書館裡發現的詩集，原本是在什麼樣的社交圈裡流通。在修道院圖書館裡，盧克萊修的作品擺在祈禱書、告解手冊與神學叢書之中，顯得格格不入，宛如從遙遠船難中漂浮上岸的遺骸。在赫庫拉尼烏姆，盧克萊修的作品一點也不突兀，因為這就是它的原生地。從殘存的紙卷內容來看，這棟別墅的收藏主要集中在特定的思想學派上，而《物性論》正是這個學派碩果僅存的重要作品。

雖然我們不知道盧克萊修生存當時這棟別墅的主人是誰，但根據推測，最有可能的人選是皮索。這位實力雄厚的政治人物曾經擔任馬其頓行省總督，是凱撒的岳父，而且喜愛希臘哲學。政敵西塞羅曾經形容皮索唱著淫穢的小調，光著身子懶洋洋地躺在一堆「喝醉酒全身惡臭的希臘人當中」[28]；然而，從圖書館的藏書來看，午後拜訪赫庫拉尼烏姆的這群客人，從事的應該是更為高雅的活動。

我們知道皮索與菲洛德莫斯相熟。在燒黑的圖書館裡，我們發現菲洛德莫斯的作品有一首警句詩，顯示這名哲學家曾邀請皮索到簡樸的住所慶祝「二十日」——這是每個月紀念伊比鳩魯的日子，因為伊比鳩魯的生日是希臘曆的加梅里翁月[29]二十日：

明日，朋友皮索，你的音樂同好邀請你
　到他簡樸的
　　住所，時間下午三點，
每年一度，招待你參加二十日紀念。如果你
　將錯過牛乳房
　　與希俄斯島裝瓶的美酒，
那麼你可以見到忠實的夥伴，可以聽到
　遠比在派耶克斯人的土地上
　　更令人愉快的事。
而如果你也對我們的慶典有興趣，那麼，皮索，
　與其辦個寒酸的
　　二十日，不如我們一起辦個豐盛一點的吧。[30]

最後幾行轉變成金錢的索求，或者說表達出一種期望，菲洛德莫斯希望自己能受邀到皮索的別墅參加午後的哲學對話，並且享用醇酒。斜倚在長椅上，在爬滿蔓藤的棚架與絲綢華蓋的

遮蔭下，皮索邀請來的男女貴客——女性也可以參與對話——可以在此暢所欲言。羅馬多年來飽受政治與社會動盪之苦，之後終於爆發幾場慘烈的內戰，雖然暴力已經平息，但和平與穩定面臨的威脅尚未遠去。野心勃勃的將領無情地爭權奪利；鼓譟的士兵必須用現金與土地才能平息；各省情勢不穩，據說埃及的動亂已讓糧價居高不下。

然而，在奴隸的簇擁下，在舒適而安全的高雅別墅裡，莊園主人與他的賓客得以享受暫時的奢侈，把潛伏的危險拋諸腦後，盡情地追求彬彬有禮的言談。眾人慵懶凝望著維蘇威火山冉冉上升的煙霧[31]，他們也許對未來感到不安，但畢竟他們是菁英，生活在世界最強大國家的中心，他們最珍視的一項特權，就是能好好充實自己的心靈生活。

共和國晚期的羅馬人對於這項特權有著超乎常人的堅持，即使在令人膽怯與躲藏的環境裡，他們也絕不輕言退縮。對羅馬人而言，這麼做似乎可以顯示他們的世界依然毫髮無傷，至少他們的內在生命仍無可動搖。如同有人在街上聽見遠處傳來空襲警報的聲音，但他還是坐在貝希斯坦鋼琴前彈奏貝多芬的奏鳴曲。花園裡的男女則是藉由沉浸於空想的對話，確認自身的高雅與安全。

凱撒遇刺身亡的前幾年，羅馬人舒解社會壓力的方式已不只是進行哲學空想。發源自波斯、敘利亞與巴勒斯坦等遙遠地區的宗教崇拜也於此時傳入首都，引發了極大的恐懼與期待，其中尤以平民回響最大。部分菁英也許是對時局感到不安，也許是基於好奇，他們也開始關注（而非輕視）東方傳入的預言。這些預言源自出身卑微的救世主，此人曾遭受侮辱與可怕的折磨，但終將獲得勝利。儘管如此，大多數人還是把這類故事視為某些頑固猶太人的狂熱幻想。

這片肥沃的土地上散布著神廟與禮拜堂，天性敬神的人要比其他人更常到這些地方祈求禱告。無論如何，這是個自然與神靈合一的世界。無論是山巔與泉水，無論是噴出一陣陣來自地底神祕王國煙霧的熱氣孔，還是枝椏上纏著信眾彩布的古老樹木，這些都是神祇棲身的地方。然而，雖然赫庫拉尼烏姆的別墅與虔誠的宗教生活近在咫尺，但從圖書館反映出來的高深思想品味來看，別墅裡的人應該不可能加入這群虔誠祈求者的行列。從已經燒黑的莎草紙卷內容判斷，別墅主人有興趣的應該不是宗教儀式，而是與生命意義有關的對話。

古希臘人與古羅馬人和我們不同，他們理想中的天資聰穎之人並不離群索居，也不會獨自一人思考不可解的難題。笛卡兒隱遁到祕密居所，對於一切事物表示懷疑，或者是被猶太教逐出教會的斯賓諾莎，一邊打磨鏡片，一邊靜靜地自我推論，這些景象是近代才有的心靈生活特徵。而這種純粹的思想追求，主要源於文化聲望的劇烈轉變。這場變化始於早期的基督教隱士，他們刻意遠離人群，特別是與異教盛行的地區保持距離：如聖安東尼[32]居住在沙漠中，或聖西梅翁[33]住在柱子頂端。不過，現代學者也指出，這些隱士其實有許多追隨者，他們雖然獨居，卻在社群生活中扮演著重要角色。儘管如此，他們塑造出來的文化形象——或者是以他們為中心而塑造出來的各種形象——仍具有強烈的孤立色彩。

希臘人與羅馬人則非如此。思考與寫作通常需要安靜的環境，避免外界打擾，因此詩人與哲學家一定會有一段時間排拒塵世的喧囂與雜務，專心完成自己的作品。儘管如此，希臘人與羅馬人投射出來的形象依然是熱愛社交的。詩人把自己形容為牧羊人，對著其他牧羊人歌唱；哲學家說自己喜歡高談闊論，往往連續數日無法停止。對他們來說，擺脫日常俗務指的不是隱居於斗室之內，而是在花園裡安靜地與朋友交談討論。

亞里斯多德寫道，人類是社會的動物：要了解人之所以為人，就要參與團體活動。而最好的活動，對於有教養的羅馬人來說，對於之前的希臘人而言也是如此，就是談話。西塞羅在典型的哲學作品一開頭就指出，人們對於最重要的宗教問題存在各種看法。「這經常讓我感到苦惱，」西塞羅寫道，

> 而在某種情況下，還會讓人感到頭痛。這種事就發生在我到朋友柯塔家的時候，長生不老的神祇突然成為大家熱烈討論的話題。
>
> 當時正值拉丁節慶，我接到柯塔的邀請，於是便登門拜訪。我看到柯塔坐在壁龕裡，

正與元老院議員維萊烏斯辯論著，維萊烏斯向來被伊比鳩魯學派的人視為是他們在羅馬的主要擁護者。跟他們一起討論的還有巴爾布斯，他是一名傑出的斯多噶學派弟子，聽說他的才學已足以與希臘的斯多噶學派領袖並駕齊驅。[34]

西塞羅向讀者表明自己的想法時，不希望以自說自話的論文形式來表現；他希望透過社交活動與幾名實力相當的知識份子之間的觀念交流，來呈現這個主題。在這場知識的談話中，西塞羅只是其中一份子，而談話的末尾也沒有明確的勝利者。

對話的末尾——其內容之豐富，需要好幾卷莎草紙才能寫完——跟以往一樣沒有結論：「談話到這裡結束，我們各自散去，維萊烏斯認為柯塔的說法比較接近真實，我則認為巴爾布斯更貼近真理。」[35]沒有結論不是表示知識上的謙遜——西塞羅不是個謙遜的人——而是朋友之間保持文明開放的做法。談話本身要比達成最後結論更有意義。討論本身才是最重要的，我們因此可以輕鬆推論，結合機鋒與嚴肅，不論為道人長短與言語誹謗，並且總是容許對方陳述不同的看法。「進行對話的人，」西塞羅寫道，「不應該禁止他人參與談話，彷彿這是他個人的禁臠；談話就跟其他事情一樣，他必須讓每個人都有說話的機會，這樣才不致於淪為不公。」[36]

西塞羅與其他人寫下的對話錄，並非一字一句完全抄錄真實的對話，不過對話錄裡的人物是真有其人。對話錄是真實對話的理想版本，而對話的地點就發生在像赫庫拉尼烏姆別墅這樣的地方。在這類場合進行的對話，從被掩埋的圖書館裡發現的焦黑書籍之主題來看，其內容可能觸及音樂、繪畫、詩、演說的技術，以及其他有教養的希臘人與羅馬人恆久關注的話題。他們很可能也討論一些比較艱深的科學、倫理與哲學問題：打雷、地震或蝕缺的原因是什麼，如某些人所言，這些是神明降下的徵兆嗎？抑或有著自然的根源？我們如何了解我們居住的世界？人生該追求什麼樣的目標？將自己的人生投入在權力的追求上是否合理？善與惡要如何界定？死後的世界是什麼樣子？

有權有勢的別墅主人與他的朋友從討論這類問題中得到樂趣，他們願意在百忙之中抽空思索可能的答案。這一點反映出他們對於像自己這樣受過教育、擁有身分地位的人，應有什麼樣的言行舉止，存有一套明確的看法。而這也反映出他們居住的心靈與精神世界有著非凡之處，法國小說家福樓拜曾在一封信中提到：「就在諸神消逝，而基督尚未降臨的時期，也就是從西塞羅到奧理略這段獨特的歷史時刻，只有人煢煢獨立在這個世界上。」當然，大家可以反駁這個主張。至少對許多羅馬人來說，神祇並未真的消失，就連有時被認為是無神論的伊比鳩魯學派也認為神明存在，他們只是認為神明不會插手人事。而福樓拜說的「獨特的歷史時刻」，也就是從西塞羅（106-43 BC）到奧理略（121-180）[37]這段時期，也許與他自己認定的時間框架相比，有著或長或短的差異。但裡面的核心見解，卻擁有西塞羅對話錄的雄辯之詞以及赫庫拉尼烏姆圖書館裡的作品支持。這些作品的早期讀者顯然缺乏一套固定的信仰，他們的行動也不訴諸神意的加持。這個時期的男女似乎生活在不受諸神（或教士）主宰的世界裡。煢煢獨立，如福樓拜所言，他們發現自己置身在一個特殊的位置上，必須在各種事物本質與彼此競逐的生活方式中做選擇。

圖書館裡焦黑的殘卷，使我們得以一窺別墅居民如何做出選擇，他們想讀誰的作品，他們可能討論什麼，他們可能找誰來談話。而挪威莎草紙學家的零碎紙卷在此也產生深刻的共鳴。盧克萊修與菲洛德莫斯是同時期的人物，更重要的是，菲洛德莫斯的資助者也跟他們是同一時期。當這位金主邀請朋友午後來這片青蔥翠綠的火山坡時，他可能與賓客一同欣賞了《物性論》的某個篇章。事實上，這位富有而且對哲學有興趣的金主，很可能想親自見到作者。對他來說，派幾個奴隸用轎子把盧克萊修請到赫庫拉尼烏姆與賓客相見，應該是小事一樁。因此，也許有可能盧克萊修曾斜倚在躺椅上，大聲朗讀目前殘存在我們手上的這份抄本。

如果盧克萊修曾經來這棟別墅與大家對話，那麼他會說什麼話應該不難猜到。他不會像西塞羅一樣，寫下無結論的結論，也不會帶有懷疑論的色彩。盧克萊修會熱情地表示，賓客提出的所有問題，都可以在某人的作品裡找到答案。這棟別墅的圖書館裡擺放著這個人的半身像，也收藏了這個人的作品，他就是哲學家伊比鳩魯。[38]

盧克萊修寫道，唯有伊比鳩魯才能挽救人類的悲慘狀況：在家裡感到窮極無聊，於是興沖沖地奔至鄉村別墅，卻發現自己的精神在這裡也同受壓迫。事實上，已經去世兩百多年的伊比鳩魯，在盧克萊修心中的地位不下於救世主。當「人類的生命可恥地匍匐在塵土之中，被迷信的巨磨壓得粉碎之際」[39]，盧克萊修寫道，一個勇敢大膽的人物挺身而出，「他是第一個敢大膽反對迷信之人」。（1.62ff）這名英雄——他完全不同於羅馬文化，羅馬文化傳統以剛強、實用與尚武為榮——是希臘人，他的勝利不是仰賴武力，而是憑藉智力。

《物性論》可說是以弟子身分自居而寫成的作品，作者企圖將幾百年前發展出來的觀念傳承下來。伊比鳩魯是盧克萊修的哲學彌賽亞。西元前三四二年年底，伊比鳩魯在愛琴海的薩摩斯島出生，父親是個貧窮的雅典校長，他以殖民者的身分移居薩摩斯島。許多希臘哲學家都來自富有的家庭，包括柏拉圖與亞里斯多德，他們擁有值得驕傲的偉大祖先。伊比鳩魯顯然沒有可誇耀的祖先。他的哲學敵人因擁有較高的社會地位而志得意滿，並且百般嘲弄他的背景。他們輕蔑地提到伊比鳩魯在父親的學校工作以換取微薄收入，平日則跟母親在農莊巡迴念咒。他們又說，伊比鳩魯有個兄弟是皮條客，跟妓女住在一起。體面的人絕不會想跟這樣的哲學家扯上關係。

然而，盧克萊修與許多人不僅跟伊比鳩魯扯上關係，他們甚至推崇伊比鳩魯擁有神一般的智慧與勇氣。他們這麼做當然不是因為伊比鳩魯的社會名望，而是因為認為伊比鳩魯的願景蘊含著拯救的力量。這種願景的核心可以追溯到一個單一的耀眼觀念：所有存在至今的事物，以及所有未來將繼續存在的事物，這些事物能彼此結合，是因為它們全是由不可摧毀的基礎單位所構成，這些單位從大小來看已不可能再細分，從數量來看則繁多到無法想像。希臘人用一個字來表示這些不可見的基礎單位，他們把這種無法再分割的事物稱為「原子」。

原子的觀念源自於西元前五世紀阿布德拉的留基伯[40]，以及他的重要弟子德謨克利特[41]。這個觀念只是個眩目的空想；不僅在當時無法取得任何經驗證明，在往後兩千多年也是如此。當時其他哲學家也提出理論與其一較長短：他們主張宇宙的核心物質是火或水或空氣或土，或這些物質的結合。還有人主張，如果你可以看見一個人身上最小的粒子，你會發現極小的小人；同樣地，馬、水滴或草葉，也都是如此。此外也有人再次提出，宇宙錯綜複雜的秩序，正可證明有一不可見的心靈或精神存在，這個心靈或精神根據既定的計畫，將諸多的微小部分組合成一個整體。德謨克利特的無限數量原子的概念，原子本身沒有性質，它只有大小、形狀與重量——這些粒子不是我們看到的物體的微縮版本，而是一種形式，藉由彼此結合而形成無窮盡的物體外形——這種概念對於古代智者殫精竭慮想解決的問題，提出了極為大膽的解答。

要了解這個解答的意涵，需要歷經好幾個世代的時間。（至今我們仍無法完全參透。）伊比鳩魯在十二歲時開始從事這方面的思索，因為他不能接受老師無法解釋混沌的意義。德謨克利特提出的原子說似乎最能說服他，於是他開始發展這方面的理論，準備好接受任何可能的結論。三十二歲時，伊比鳩魯已有能力建立自己的學派。於是，在雅典的花園裡，伊比鳩魯建立了完整的宇宙論與人類生命哲學。

伊比鳩魯認為，原子持續不斷運動，彼此碰撞，在某個狀況下，原子會構成愈來愈大的物體。最大的可見物體如太陽與月亮也是由原子構成，人體、水蠅與沙粒都是如此。世界上沒有範疇更高的物質，也沒有元素的階序。天體不是神明，自然也無從決定我們的命運，天體不是依照神的指示在虛無中運行：它們只是自然秩序的一環，是依照掌管宇宙萬物的生滅原則而組成的巨大結構。雖然自然秩序廣大與複雜到讓人無法想像，但我們仍有可能了解它的基本構成元素與普世定律。事實上，了解這些元素與定律乃是人生在世最愉快之事。

這種愉快或許正是掌握伊比鳩魯哲學[42]巨大影響的關鍵；彷彿他為追隨者解開了隱藏在德

謨克利特原子背後無可竭盡的快樂之源。對我們來說，這種衝擊是很難理解的。首先，這種愉快似乎太強調知性，因此恐怕只有極少數的專家才能體會；其次，我們對原子的感受與其說是喜悅，不如說是恐懼。雖然古代哲學絕非一種群眾運動，但伊比鳩魯提供給少數粒子物理學家的，卻不是極少數人才能領略的事物。事實上，伊比鳩魯避免使用內行人的專門語言，而堅持運用日常語言向廣大的聽眾發聲，甚至要求大家改變信仰。他所要求的啟蒙，並不要求持續的科學探索。你不需要鉅細靡遺地掌握物理宇宙實際的定律；你只需要知道在萬事萬物背後有一套自然解釋，它們會讓你感到驚訝，也會讓你感到困惑。這套解釋不可避免會引導你回到原子。如果你能信從並且反覆重申這個最簡單的存在事實——原子與虛無，別無他物；原子與虛無，別無他物；原子與虛無，別無他物——你的人生就會改變。當你聽見隆隆雷聲時，你將不再擔心朱比特的震怒，當流行性感冒爆發時，你也不會懷疑有人冒犯了阿波羅。你將從恐怖的苦惱中解放——也就是幾個世紀後哈姆雷特說的：「對死後世界的懼怕，那不可知的國度，從來沒有旅人回來過。」

這種苦惱——擔心死後會有一個世界對你施加可怕的懲罰——對於絕大多數現代男女來說根本不當一回事，但它顯然縈繞在伊比鳩魯時代的古雅典人心中，也糾纏著盧克萊修時代的古羅馬人，哪怕是波吉歐時代的基督教世界也未能逃脫。波吉歐當然看過這類恐怖形象，例如教堂大門上方三角楣的精美雕刻，或內牆裡的彩繪。而這些恐怖景象也依據異教想像的死後世界而加以固定下來。當然，無論在異教時代還是在基督教時代，並不是每個人都相信這些描述。西塞羅對話錄裡某個人物問道，你難道不害怕冥府嗎？那裡有著三頭犬、黑河與可怕的刑罰？「你以為我已經瘋狂到會去相信這種故事？」[43]他的同伴回道。對死亡的恐懼也無關薛西弗斯[44]及坦塔洛斯[45]的命運：「哪來的笨老太婆會害怕這種故意嚇人的故事？」西塞羅寫道，人們恐懼的就是痛苦與毀滅，因此我很難了解，為什麼伊比鳩魯學派會認為，這些嚇人的故事可以舒解人的心靈。[46]告訴大家人死後會消滅一空，無論肉體還是靈魂均無一留存，這麼做幾乎不可能讓一個人堅強起來。

伊比鳩魯的追隨者回應西塞羅的質疑，他們舉夫子臨終前的樣子為例。當時伊比鳩魯因膀胱阻塞而感到痛苦，但他回想此生經歷的愉快之事，精神因此能維持平靜。我們不知道這種做法是否適合每個人仿效——如莎士比亞筆下人物所言，「誰能心想高加索的寒霜／而能忍受手中火燄的煎烤？」——但我們也不知道，在沒有配西汀與嗎啡的世界裡，人如何更得體地面對死亡的痛苦。這位希臘哲學家提供的做法，雖然無從化解臨終的苦楚，卻對我們的人生有益。伊比鳩魯教導我們，從迷信中解放，我們就能自由地追尋快樂。

伊比鳩魯的敵人抓住他追求逸樂的論點，虛構他縱情酒色的故事來詆譭他的名聲，他們說伊比鳩魯宣洩欲望的對象不僅包括追隨者當中的女性，也包括當中的男性。這些故事還提到，伊比鳩魯「因為暴飲暴食，一天要嘔吐兩次」[47]，而他也虛擲金錢在大擺宴席上。事實上，這位哲學家過著極為簡樸的日子。「給我送一鍋乳酪來，」伊比鳩魯在給朋友的信上寫道，「如此，我有興致的時候，可以吃得好一點。」光從這點就可推知，他的餐桌不可能有多豐盛。伊比鳩魯也要求他的學生能以簡樸為尚。伊比鳩魯花園大門上刻了一句格言，希望陌生人能在此地駐足，「在這裡，我們的最高善就是愉悅。」但根據哲學家塞內卡的說法——塞內卡曾在一封著名書信裡引用這句格言，波吉歐與朋友知道並且讚賞這封書信——進去拜訪的路人可以吃到一餐簡單的大麥粥與水。[48]在少數留存至今的伊比鳩魯信件中，有一封寫道，「當我們說愉悅是目標時，我們指的不是奢華或感官上的愉悅。」[49]狂熱地滿足自己的欲望——「不斷喝酒狂歡……沉溺性愛……吃遍大魚大肉或美食佳餚」——無法帶來心靈的平靜，這種愉悅只是暫時的，而非永久的。

「人為了滿足最無用的欲望而落入最大的邪惡之中，」[50]伊比鳩魯的追隨者菲洛德莫斯在一本書裡提到，這本書後來在赫庫拉尼烏姆的圖書館中被發現。菲洛德莫斯又說，「他們居然失去了最必要的欲望，彷彿他們完全不屬於自然。」而這些使人愉悅的必要欲望又是什麼？菲洛德莫斯指出，「生活上不審慎、不重視榮譽與不正義，此外缺乏勇氣、不節制與不高尚，再加上沒有朋友與不愛人」，這些都將使你無法活得愉悅。

這是伊比鳩魯真實追隨者的聲音，是近代從被火山燒黑的莎草紙卷裡復原的聲音。但熟知「伊比鳩魯主義」一詞的人所預料的聲音卻不屬於此類。在一段令人難忘的怪誕諷刺文字中，與莎士比亞同時代的班・強森，完美描繪了人長期以來普遍這樣理解伊比鳩魯哲學。「我要給所有的床充氣，而不是填塞東西，」強森筆下的人物宣示，「絨毛太硬了。」

肉以印度貝殼盛裝，
選用鑲黃金的瑪瑙盤，
飾以綠寶石、藍寶石、風信子石與紅寶石……
小廝吃雉雞、活煮鮭魚、
濱鷸、黑尾鷸、七鰓鰻。我
不要沙拉，換上鬍鯰的觸鬚；
澆上油的蘑菇；從懷孕胖母豬上新切下來的
膨脹泛著油光的乳頭，
淋上精細濃郁的醬汁；

為此，我對我的廚子說，「金子在此，
去吧，擺出騎士的派頭。」[51]

強森為這名窮奢極欲者取名為伊比鳩魯．瑪門爵士。[52]

認為生命最終的目標是愉悅，這種哲學主張就算以最節制與最負責的方式界定愉悅，在異教徒與其敵對者（猶太人與日後的基督徒）眼中，依然不可接受。愉悅是最高級的善？崇拜神明與祭祀祖先又該排在哪兒？服務家人、城市與國家呢？恪守法律與誡命呢？實踐美德或實現神明的預言呢？這幾個彼此競爭的主張不可避免促成了自我否定、自我犧牲乃至於自我棄絕的禁欲形式。沒有任何一項主張同意追求愉悅是最高善。即使距離伊比鳩魯生存與教學的年代已有兩千年之久，伊比鳩魯引發的反感依然強烈到足以讓人狂熱地寫下諷刺的模仿劇，強森就是個顯例。

在這類滑稽戲碼的背後，隱約透露著一種恐懼。人擔心追求愉悅逃避痛苦本身就是個吸引人的目標，很可能成為理性安排人類生活的原則。如果追求愉悅獲得認同，那麼傳統的原則——犧牲、野心、社會地位、紀律、虔誠——將受到挑戰，而舊原則支持的體制也將為之瓦解。把伊比鳩魯追求愉悅的主張醜化成荒誕的縱情聲色與自我放縱——將其描繪成一意追求性、權力、金錢，乃至於（如強森所言）奢華與極其昂貴的飲食——將有助於排除這項挑戰。

在雅典僻靜的花園裡，伊比鳩魯吃著乳酪、麵包與水，過著寧靜的生活。事實上，唯一能更正當地指控他的理由是，他的生活「太」寧靜了：他勸告追隨者不要全心投入在城市事務上。「有些人企圖追逐更高的名聲與地位，」他寫道，「他們以為這麼做就可以免受他人的危害。」[53]如果安全真的伴隨名聲與地位而來，那麼追求名聲與地位的人就能達成「自然善」。但是，如果名聲實際上只是讓你更不安全，我們從許多例子都可以看到這點，那麼這樣的成就便不值得追求。伊比鳩魯的批評者認為，如果照伊比鳩魯的說法，那麼那些致力於讓城市更偉大的人，他們的努力與冒險豈不是毫無意義。

這類針對伊比鳩魯寂靜主義所做的批評，很可能也出現在陽光普照的赫庫拉尼烏姆花園裡：畢竟，莎草紙別墅的賓客當中，肯定有人在當時西方世界最大的城市裡追逐名聲與地位。然而，或許凱撒的岳父——如果皮索真是這棟別墅的主人——以及一些朋友喜歡伊比鳩魯學派，純粹是因為他們在追求名利的過程中承受了許多壓力，因此想找個宣洩的出口。羅馬的敵人在強大的羅馬軍團面前一一倒下，但羅馬無法從種種惡兆中看出共和國的未來。而那些看似安全無虞的人也無法反駁伊比鳩魯這句著名的警語：「我們也許可以從對抗中獲得安全，但面對死亡，我們全生活在不設防的城市裡。」[54]伊比鳩魯的追隨者盧克萊修寫下的美麗韻文提到，關鍵是放棄令人焦慮而注定失敗的嘗試，不要再豎立更高更厚的城牆，相反地，應致力於愉悅的培養。

注釋

1. 「寄一些盧克萊修或恩尼烏斯的作品給我」，富有文學涵養的羅馬皇帝安敦（86-161）在寫給朋友的信中提到：「他們的作品表現出和諧、力量與豐富的精神。」（羅馬早期最偉大的詩人恩尼烏斯的作品只有片斷殘存至今。）
2. "Lucreti poemata, ut scribis, ita sunt, multis luminibus ingenii, multae tamen artis"—Cicero, *Q. Fr.* 2.10.3.
3. Georgics, 2.490-92:

    Felix, qui potuit rerum cognoscere causas,
    atque metus omnis et inexorabile fatum
    subiecit pedibus strepitumque Acherontis avari.

   阿克隆河是冥府之河，維吉爾與盧克萊修把它當做人死之後的象徵。關於《農耕詩》裡的盧克萊修，見 Monica Gale, *Virgil on the Nature of Things: The Georgics, Lucretius, and the Didactic Tradition* (Cambridge: Cambridge University Press, 2000).
4. 《埃涅阿斯紀》的作者維吉爾陰鬱地看待權力的壓迫，並且嚴正地棄絕人生一切的逸樂，此時的他顯然要比撰寫《農耕詩》時更感到懷疑，他不認為人類有能力清醒而冷靜地捕捉到看不見的宇宙力量。儘管如此，在史詩中出現的盧克萊修所懷抱的願景與簡潔的詩句，卻提供了維吉爾及其筆下英雄從未有的寧靜與穩重。關於《埃涅阿斯紀》（與維吉爾其他作品，此外還包括奧維德與賀拉斯的作品）裡不斷出現的盧克萊修，見 Philip Hardie, *Lucretian Receptions: History, The Sublime, Knowledge* (Cambridge: Cambridge University Press, 2009).

5. Amores, 1.15.23-24. 見 Philip Hardie, *Ovid's Poetics of Illusion* (Cambridge: Cambridge University Press, 2002) esp. pp. 143-63, 173-207.

6. 門米烏斯是無情的貴族獨裁者蘇拉的女婿，他的政治事業在西元前五十四年告終。當時他正競逐執政官一職，卻因被迫揭露自己的財務醜聞，而使他失去了凱撒的奧援。西塞羅認為，就一名演說者而言，門米烏斯的演說技巧欠佳。但西塞羅坦承，門米烏斯有著過人的文采，只是他所擅長的是希臘文學而非拉丁文學。門米烏斯浸淫於希臘文化，這點或許可以解釋為什麼他在政壇失利後移居雅典，並且買下兩百多年前哲學家伊比鳩魯的故居，當時已成為一片廢墟。西元前五十一年，西塞羅寫了一封信給門米烏斯，希望他能幫個忙，將伊比鳩魯的故居交給「伊比鳩魯學派的帕特羅」。（這片廢墟即將因門米烏斯建造新居的計畫而毀滅。）西塞羅在信中提到，帕特羅懇求，「他有責任維護這塊神聖之地，維繫伊比鳩魯的名聲……保留偉人的故居，讓後人得以憑弔追思」——Letter 63 (13:1) in *Cicero's Letters to Friends* (Loeb edn.), 1:271。在提及伊比鳩魯的過程中，我們也朝盧克萊修更進一步，因為盧克萊修是伊比鳩魯門下最熱情、最聰明也最具創意的弟子。

7. 譯按：聖哲羅姆（St. Jerome, c.340-420），古代西方教會中最偉大的學者，以研究聖經和注釋經文聞名，一生足跡走遍大羅馬帝國。
8. 關於這起傳說的起源，見 Luciano Canfora's *Vita di Lucrezio* (Palermo: Sellerio, 1993)。最出名的引用者是 Tennyson's "Lucretius"。
9. Canfora 引人入勝的 *Vita di Lucrezio* 並非傳統意義下的傳記，而應該說是對哲羅姆的神話敘事所做的精采解說。Ada Palmer 顯示盧克萊修的傳記生平是個層累的過程，文藝復興時代的學者蒐羅一切與盧克萊修生平相關的線索，但絕大多數其實只是轉相傳抄與相互評論的結果，跟盧克萊修根本沒有關係。
10. Johann Joachim Winkelmann, 引自 David Sider, *The Library of the Villa dei Papiri at Herculaneum* (Los Angeles: J. Paul Getty Museum, 2005). 溫克爾曼這句有趣的話是一句義大利諺語。
11. Camillo Paderni, director of the Museum Herculanense in the Royal Palace at Portici, in a letter written on February 25, 1755，引自 Sider, *The Library*, p. 22.
12. Avrin, *Scribes, Script and Books*, pp. 83ff.
13. 相當幸運的是，遺址的調查工作交由瑞士陸軍工程師 Karl Weber 進行。他對於地下埋藏的古物悉心進行挖掘，而他本人也對這些事物懷抱著學術興趣。
14. 譯按：索福克勒斯（Sophocles, BC 496/496-BC 405/406），古希臘三大悲劇詩人之一，最知名的作品為《伊底帕斯王》（*Oedipus the King*）。
15. 羅馬人這種自豪感由來已久。西元前一四六年，當西庇阿攻陷迦太基時，這座北非大城的圖書館館藏以及其他掠奪物全落到他手上。他寫信給元老院，請示該怎麼處理他手上這些書籍。元老院的回覆是，只需將一本農書帶回來翻譯成拉丁文；其餘書籍全當成禮物分送給非洲各個小國的君主——Pliny the Elder, *Natural History*, 18:5.

16. 擄取希臘圖書館做為戰利品，成為相當常見的做法，不過征服者的戰利品不光只是書籍而已。西元前六十七年，蘇拉的盟友盧庫魯斯把他征服東方得到的珍貴藏書，連同其他珍寶一起運回羅馬，退休後，他潛心研讀希臘文學與哲學。在羅馬，以及在那不勒斯附近的圖斯庫倫的別墅與花園裡，盧庫魯斯慷慨資助希臘知識份子與詩人，而在西塞羅的對話錄《學院》中，盧庫魯斯成為書中一名主要的對話者。

17. 波利歐接受任命，擔任北義大利（Gallia Traspadana）的行政長官。波利歐運用自己的影響力，使維吉爾的財產免於沒收充公。

18. 奧古斯都的兩座圖書館分別命名為屋大薇與帕拉丁。前者建於西元前三十三年，用來紀念他的妹妹，這座圖書館位於屋大薇門廊，底層有寬大的步道，上層是閱覽室與書庫。後者緊鄰著帕拉丁丘阿波羅神廟，似乎分成兩部分，希臘文與拉丁文書庫。這兩座圖書館接連毀於火災。奧古斯都的繼任者維持設立圖書館的傳統：提庇留在位於帕拉丁的自宅設立提庇留圖書館（蘇埃托尼烏斯記載，提庇留把他喜愛的希臘詩人作品與雕像放在公立圖書館裡）。維斯帕先在和平神廟設立圖書館，和平神廟是尼祿時代羅馬遭祝融後建成的。圖密善也針對尼祿時代大火對圖書館造成的損壞進行重建，甚至派人到亞歷山卓蒐集抄本。最重要的帝國圖書館是烏爾皮烏斯圖書館，由圖拉真設立——一開始建於圖拉真廣場，之後遷移到戴克里先浴場。見 Lionel Casson, *Libraries in the*

Ancient World (New Haven: Yale University Press, 2002).

19. 其中有雅典、賽普勒斯、科摩、米蘭、斯米爾那、帕特雷、提布爾——這些地方的書籍甚至可以借閱。但看看在雅典廣場，看看在潘塔伊諾斯圖書館（西元二〇〇年）牆上發現的刻字：「書籍不許攜出，因為我們已經對此宣誓。開放時間從早上六點到中午」（引自 Sider, *The Library of the Villa dei Papiri at Herculaneum*, p. 43）。

20. Clarence E. Boyd, *Public Libraries and Literary Culture in Ancient Rome* (Chicago: University of Chicago Press, 1915), pp. 23-24.

21. 譯按：維特魯威（Vitruvius [Marcus Vitruvius Pollio], BC 80/70-BC 25），古羅馬作家、建築師和工程師，其著作《建築十書》（*De Architectura*）是目前西方古代唯一一部建築著作，於一四一四年由波吉歐發現。維特魯威在書中為建築設計了三個主要標準：持久、有用、美觀。

22. 參見 Arnaldo Momigliano, *Alien Wisdom: The Limits of Hellenization* (Cambridge: Cambridge University Press, 1975).

23. 譯按：塔西佗（Gaius Cornelius Tacitus, 55-117），羅馬帝國執政官，也是著名的歷史學家，最主要的著作有《歷史》（*Historiae*）和《編年史》（*Ab excessu divi Augusti*）。

24. Erich Auerbach, *Literary Language and Its Public in Late Latin Antiquity and in the Middle Age*, trans. Ralph Manheim (Princeton: Princeton University Press, 1965), p. 237.

25. 譯按：薩特是農村豐饒之神。

26. 譯按：潘是牧神。

27. Knut Kleve, "Lucretius in Herculaneum," in *Cronache Ercolanesi* 19 (1989), p. 5.

28. In Pisonem ("Against Piso"), in Cicero, *Orations*, trans N. H. Watts, Loeb Classical Library, vol. 252 (Cambridge, MA: Harvard University Press, 1931), p. 167 ("in suorum Gaecorum foetore atque vino").

29. 譯按：加梅里翁月相當於一月下半到二月上半。

30. *The Epigrams of Philodemos*, ed. and trans. David Sider (New York: Oxford University Press, 1997), p. 152.

31. 雖然不久之前曾有過劇烈地震，但火山最近一次大爆發大約是西元前一二〇〇年的事，所以他們不安的來源，應該不是火山。

32. 譯按：聖安東尼（St. Antony, 250-356），羅馬帝國時期的埃及基督徒，基督徒隱修生活的先驅，也是沙漠教父的著名領袖。

33. 譯按：聖西梅翁（St. Symeon Stylites, 390-459），基督徒禁欲派聖人，他在一根柱子上生活了三十七年。

34. Cicero, *De natura deorum* ("On the Nature of the Gods"), trans. H. Rackham, Loeb Classical Library, 268 (Cambridge, MA: Harvard University Press, 1933), 1.6, pp. 17-19.

35. 同前，p. 383.

36. Cicero, *De Officiis* ("On Duties"), trans. Walter Miller, Loeb Classical Library, 30. (Cambridge, MA: Harvard University Press, 1913), 1.37, p. 137.

37. 譯按：奧理略（Marcus Aurelius, 121-180），羅馬帝國五賢帝時代最後一個皇帝，一六一年至一八〇年在位，其統治時期是羅馬黃金時代的標誌。他不但是位有智慧的君主，也是很有成就的思想家。

38. Diogenes Laertius, *Lives of the Eminent Philosophers*, 2 vols., Loeb Classical Library, 184-85 (Cambridge, MA: Harvard University Press, 1925), 2:531-33.

39. 我接下來將討論這一點，翻譯成「迷信」的這個字，拉丁文是 religio，也就是「宗教」。

40. 譯按：留基伯（Leucippus），西元前五世紀古希臘哲學家，率先提出了原子論。

41. 譯按：德謨克利特（Democritus, BC 460-BC 370/356），古代唯物思想的重要代表，原子論的創始者。

42. 伊比鳩魯的 epilogismos，這個詞經常被解釋成「根據經驗資料做出推論」，但根據 Michael Schofield 的說法，這個詞的意思是「日常的評估程序」——Schofield, in *Rationality in Greek Thought*, ed. Michael Frede and Gisele Striker (Oxford: Clarendon Press, 1996). Schofield 認為，這些程序必須與伊比鳩魯談論時間時說的名言合看：「我們不可使用特殊的表達方式，以為這麼做是一種進步；我們必須使用現有的語言，」p. 222。伊比鳩魯要求追隨者在思考時，「必須以日常的方式讓所有人都能聽懂，不能採取只有少數人才懂的思想成果，例如數學家或辯證家。」p. 235。

43. Cicero, *Tusculanae disputationes* ("Tusculan Disputations"), trans. J. E. King. Loeb Classical Library, 141 (Cambridge, MA: Harvard University Press, 1927), 1.6.10.

44. 譯按：薛西弗斯（Sisyphus），薛西弗斯必須將一塊巨石推上山頂，但每次到山頂後巨石又會滾回山下，永無止境地重複著。

45. 譯按：坦塔洛斯（Tantalus），被宙斯打入冥界的坦塔洛斯站在沒頸的水池裡，當他口渴想喝水時，水就退去；他的頭上有果樹，肚子餓想吃果子時，卻吃不到，永遠要忍受飢渴的折磨；他頭上還懸著一塊巨石，隨時可以落下來把他砸死，因此永遠活在恐懼中。

46. 同前，1.21.48-89.

47. 指控者是「Timocrates，也就是 Metrodorus 的兄弟，Metrodorus 曾是伊比鳩魯的弟子，之後脫離了學派，」在 Diogenes Laertius, *Lives of Eminent Philosophers*, trans. R. D. Hicks, 2 vols., Loeb Classical Library, 185 (Cambridge, MA: Harvard University Press, 1925), 2:535.

48. Seneca, *Ad Lucilium Epistulae Morales*, trans. Richard Gummere, 3 vols. (Cambridge: Cambridge University Press, 1917), 1:146.

49. 給 Menoeceus 的信，in Laertius, *Lives*, 2:657.

50. Philodemus, *On Choices and Avoidances*, trans. Giovanni Indelli and Voula Tsouna-McKirahan, La Scuola di Epicuro, 15 (Naples: Bibliopolis, 1995), pp. 104-6.

51. Ben Jonson, *The Alchemist*, ed. Alvin B. Kernan, 2 vols. (New Haven: Yale University Press, 1974), II. Ii. 41-42; 72-87. 強森參與這樣的傳統，將伊比鳩魯視為酒館與妓院的守護聖人，這個傳統包括了喬叟筆下肥胖的富蘭克林，這個人物在《坎特伯里故事集》中被描述成是「伊比鳩魯的嫡嗣」。

52. 譯按：瑪門是財富與貪婪的代稱。

53. Maxim #7, in Diogenes Laertius, *Lives of Eminent Philosophers*, trans. R. D. Hicks, 2 vols. Loeb Classical Library, 185 (Cambridge, MA: Harvard University Press, 1925; rev. ed. 1931), 1:665.

54. Vatican sayings 31, in A. A. Long and D. N. Sedley, *The Hellenistic Philosophers*, 2 vols. (Cambridge: Cambridge University Press, 1987), 1:150.

第四章 時間的牙齒

除了在赫庫拉尼烏姆發現的一部分炭化莎草紙，以及在古埃及城市歐克西林寇斯的垃圾堆中發現的另一批殘餘紙卷，我們已找不到古希臘羅馬時代殘存的手稿。我們現在可以看到的每一份文獻都是副本，在製作的年代、地點與文化上都與原本有很大的差異。而且這些副本只占了古代作品的一小部分，就連上古時代最著名的作家作品也所剩無幾。埃斯庫羅斯[1]有八十到九十部劇作，而索福克勒斯有約一百二十部劇作，但現在兩人各只有七部劇作傳世；歐里庇得斯[2]與阿里斯托芬[3]的境遇稍微好些；前者九十二部劇作中有十八部留存下來；後者四十三部劇作則有十一部依然完好。

這些已是極為萬幸的例子。事實上，有更多上古時代著名作家的作品完全消失在歷史的洪流中，一點痕跡也未留下。科學家、歷史家、數學家、哲學家與政治家締造了許多成果，舉例來說，三角學的發明，或以經緯度來描述與計算位置，或對政治權力進行理性分析，但他們的作品卻無一留存。持續寫作不輟的學者亞歷山卓的狄迪莫斯，因為完成了三千五百本以上的作品，而被人取了青銅屁股（實際的意思應該是「黃銅腸子」）的綽號；[4]但除了少數殘存的作品，其他均已亡佚。五世紀末，野心勃勃的文學編輯斯托比爾斯將上古世界最優秀作者的散文與詩文編纂成冊，在一千四百三十條引文中，有一千一百一十五條引用的作品現在已經完全消失。[5]

在上古作品大量滅失的過程中，傑出的原子論創立者留基伯與德謨克利特的所有作品，以及他們的思想繼承者伊比鳩魯絕大部分的作品，同樣毫無例外地未能留存至今。伊比鳩魯是個極為多產的作家。[6]據說他與哲學上的主要對手斯多噶派的克律西波斯[7]，兩人寫了超過一千本書。即使這個數字過於誇張，或者，即使當時是把文章與書信也當成書籍計算在內，才造成如此驚人的數字，無論如何，這樣的寫作量仍然相當龐大。然而，再多的文字如今都已不存。除了古代哲學史家拉爾提烏斯引用的三封書信以及四十句格言，伊比鳩魯完全沒有任何作品留下。十九世紀以來，現代學者頂多只能增添些許零散的篇章。這些增添的部分有些來自赫庫拉尼烏姆焦黑的莎草紙卷；有些是費了一番工夫才從上古時代的斷垣殘壁中辨識出來。[8]俄諾安達是位於土耳其西南方崎嶇山地上的小鎮，二世紀初，一名老人在鎮裡的石牆刻下他獨特的伊比鳩魯派生活哲學——「一首優美的頌揚愉悅圓滿的讚美詩」。但，這些書都到哪去了？

書籍的消失主要是因為氣候與蛀蟲。雖然莎草紙與羊皮紙可以保存非常久的時間（遠超過我們使用的廉價紙張以及電腦資料），但經過數百年的時間，書籍不可避免會損耗消蝕，即使它們順利躲過了祝融與洪水的災害。墨汁是煤灰（來自燒盡的燈芯）、水與樹脂混合而成：這讓墨汁的價格便宜而且容易閱讀，但也使墨汁會遇水溶解。（寫錯的抄寫員可以用海綿將錯字抹去。）只要被酒噴濺到，或遭大雨淋溼，文字就會消失。而這還只是最常見的威脅。展開與捲上卷軸，或仔細判讀字跡，撫摸紙卷，不小心讓紙卷掉落，對著紙卷咳嗽，燭火靠得太近烤焦了紙卷，或者只是單純因為反覆不斷地閱讀，這些都會破壞紙卷。

仔細地避免書本過度使用也無濟於事，因為書籍就算未成為思想饑渴的對象，也會淪為名副其實的盤中飧。亞里斯多德提到，在衣服、羊毛毯子與奶油乳酪上可以看到微生物的蹤影。他說：「書裡可以發現其他的微生物，其中一些看起來跟衣服裡的很像，還有一些則像沒有尾巴的蠍子，只是小多了。」[9]將近兩千年後，科學家虎克在《顯微圖譜》（一六五五年）中驚訝地指出，他使用新發明的顯微鏡看到了許多不可思議的生物：

> 我在書籍與紙堆中發現經常看見的白色泛著銀光的小蟲子或蠹蟲，大概就是這些東西把書頁與封面蛀得坑坑洞洞。牠的頭大而鈍，身體由頭至尾愈來愈細，就像胡蘿蔔一

樣……牠的前方有兩根長而直的觸角，從根部到尖端由粗而細，最頂端呈奇妙的環狀或球形……牠身體的末端有三個尾巴，看起來跟頭部長的角沒什麼兩樣。蟲子的腿上長著鱗片與毛。這種動物可能靠著紙張與書籍的封面維生，書頁上的小洞想必就是牠們的傑作。[10]

一般讀者恐怕不太熟悉書蟲——虎克稱牠是「時間的牙齒」——但古代人卻很清楚這種生物。羅馬詩人奧維德流亡時曾將自己的心「被悲傷持續地啃咬」，比擬成書蟲的啃食——「就像擺著不看的書，被蟲子的牙齒一點一滴地啃食掉。」[11]與奧維德同時代的賀拉斯擔心自己的作品終將成為「粗鄙蛀蟲的糧食」[12]。而對希臘詩人艾維諾斯來說，書蟲象徵人類文化的敵人：「書頁的啃食者，令繆斯最感苦澀的敵人，潛伏的摧毀者，總是以偷來的學問做為食糧，為什麼黑色的書蟲要藏匿在神聖的話語之中，產生令人嫉妒的景象？」[13]有些防護措施可以有效驅蟲，例如在書頁灑上雪松油，但一般認為，最能保護書本使其免於蟲蛀的方法就是使用書本，等到書本因使用而耗損時，再多製作幾份副本。

在上古時代，販書這個行業主要是製作副本，但這個行業如何組織，我們擁有的資訊極少，幾乎難以推知。雅典與其他希臘城市以及希臘化世界一樣，都有抄寫員這個職業，但我們不清楚抄寫員是否要到特殊學校接受訓練，或者是在抄寫師傅底下擔任學徒，之後才獨立執業。有些人顯然因為字跡漂亮而獲得僱用；有些人則以書寫的行數（從殘存的手稿可以得知，作品末尾會記錄總行數）領取薪水。無論是哪種狀況，薪水都不是直接支付給抄寫員：許多，或許應該說是絕大多數希臘抄寫員很可能是為出版商工作的奴隸，他們要不是出版商的所有物，就是出版商跟別人租來的。[14]（一名富有的羅馬公民，他的財產目錄附隨了一份埃及地產，在五十九名奴隸中，有五名公證人，兩名文書，一名抄寫員與一名書籍修復員，此外還有一名廚子與一名理髮師。）我們不知道這些抄寫員是否一般待在大團體中，聆聽口授然後書寫成文字，抑或是獨自一人對照原本謄寫。如果原作者還活著，我們也不知道他是否會親自檢查或修正已經完成的副本。

我們只知道，羅馬的販書業對抄寫員的身分做了區分，一種是 librarii（copyists），另一種是 scribae（scribes）。librarii 一般來說是為書商工作的奴隸或薪資勞工。書商在柱子上張貼廣告，在羅馬廣場開店賣書。scribae 是自由的市民；他們擔任檔案管理員、政府官吏與個人祕書的工作。（凱撒身旁隨侍著七名 scribae，只要他一開口說話，他們就振筆疾書，把他的話記錄下來。）富有的羅馬人僱用（或擁有奴隸）私人的圖書館員與書記，由他們抄寫從朋友圖書館借來的書籍。「我已收到書籍，」西塞羅寫信通知他的朋友阿提庫斯，阿提庫斯借給他以弗所的亞歷山大以韻文寫成的地理作品。「身為詩人，亞歷山大的才華並不出眾，而且也對詩一無所知；然而，這個人還是有用處的。我會讓人抄寫下來，再把書歸還給你。」[15]

作者無法從販售自己的書籍獲得任何好處；他們的獲利來自於富有的資助者，也就是他們作品題獻的對象。（這種做法有助於解釋為什麼這些書籍的獻詞總是阿諛奉承。對我們來說，這種方式的確奇怪，但行之有年，直到十八世紀出現版權的概念才告終止。）如我們所見，出版商必須與朋友間廣泛傳抄的習慣對抗[16]，但生產與銷售書籍終究屬於可獲利的行業：書店不僅在羅馬出現，也遍及布林迪西、迦太基、里昂、蘭斯與帝國其他城市。

為數眾多的男女──根據記載，除了男性抄寫員，也有女性抄寫員[17]──一輩子伏案工作，使用墨池、直尺與硬蘆葦筆，以滿足大眾對書籍的需求。十五世紀活字印刷術的發明使生產規模呈指數成長，[18]但上古世界的書籍並非稀罕的商品：訓練有素的奴隸對著滿屋子訓練有素的抄寫員大聲朗讀手稿，[19]如此便能大量生產書籍。經過數世紀的時間，數萬本乃至於數十萬本的書籍就這樣製作銷售出去。

上古時代有一段時間（而且為期相當長），人肯定面臨書籍不斷生產流出的核心文化難題。這些書要擺在哪裡？如何在塞滿的書架上對這些書籍進行分類？如何讓一個人的腦袋能保有這些大量知識？對於這些與書籍朝夕相處的人來說，如果沒有書籍，他們無法想像日子要怎麼過下去。

書籍的大量毀損不是一次事件造成的，而是經年累月導致的，整個書籍事業因此走上終結。看起來穩定的事物變得脆弱，原本以為可以傳之久遠的東西只存在於當下。

最早察覺這一點的一定是抄寫員，因為他們的工作愈來愈少。大多數抄寫工作被迫叫停。毛毛細雨從屋頂腐朽的小洞滴落下來，在大火中倖免於難的書籍，此時卻逃不過雨水的洗刷，而蛀蟲——時間的牙齒——已準備好要啃食剩餘的書本。但蛀蟲只是書籍大消失層次最低的促成者。還有其他力量也推促著書籍消失，使書架傾頹化為塵土。波吉歐與其他書籍獵人能在這種狀況下找到書籍，可以說是極其萬幸。

大量書籍的命運，具體而微地反映在上古世界最大的圖書館的命運上。這座圖書館不在義大利，而在埃及首都與東地中海商業樞紐亞歷山卓。[20]亞歷山卓有許多吸引人的觀光景點，包括令人印象深刻的劇場與紅燈區，但遊客總是留意更為特殊的事物：在市中心，在一處被稱為繆斯神廟的奢華地點，希臘、拉丁、巴比倫、埃及與猶太文化的思想遺產不惜成本地聚集到此地，並且細心地予以建檔分類，以做為研究之用。早在西元前三〇〇年，統治亞歷山卓的托勒密諸王已經產生了這個絕妙想法，為了招徠頂尖學者、科學家與詩人前來，國王願意給予他們終身職，讓他們一輩子都在繆斯神廟從事研究，提供他們豐厚的薪水、免稅、免費的飲食與住宿，以及讓他們無限制地利用圖書館。

這些接受慷慨款待的學者建立了成就極高的思想標準。歐幾里得在亞歷山卓發展幾何學[21]；阿基米德對圓周率做了極精確的估算，而且為微積分奠定基礎[22]；埃拉托斯塞尼斯假定地球是圓的，他計算的地球圓周誤差不到百分之一[23]；蓋倫對醫學做出革命性的貢獻[24]；亞歷山卓的幾何學者推論一年的長度是三百六十五又四分之一天，並且建議每隔四年增設「閏日」；地理學家推斷從西班牙往西航行也許可以抵達印度；工程師研發水力學與氣體力學；解剖學者首次清楚了解腦與神經系統是一個單元，研究心臟與消化系統的功能，而且進行了營養實驗。這些成果的水準驚人。

亞歷山卓圖書館的收藏並未局限於特定學說或哲學學派，而是廣納眾說，接受所有的思想探索。[25]它懷抱全球世界主義的志向，決心蒐羅全世界既有的知識，並且完善與增益這些知識。亞歷山卓圖書館不僅努力蒐集數量龐大的書籍，也致力取得或建立最完整的書籍版本。亞歷山卓學者以執著於文本的精確聞名於世。經歷好幾個世紀，這些抄寫與再抄寫的工作絕大多數由奴隸進行，中間不可避免出現脫漏訛誤，如何可能去除這些錯誤？每個世代的學者無不努力發展精微的技術進行比較分析，投身於注解評釋以求貼近原文。此外，他們也追求與研究希臘語世界以外的知識。據說，亞歷山卓的統治者托勒密二世費爾阿迭耳弗斯因此推動了一項昂貴而深具野心的計畫，他召集七十名學者將希伯來文聖經翻譯成希臘文。這個譯本——稱為Septuagint，拉丁文「七十」的意思——成為許多早期基督徒接觸舊約的主要依據。

繆斯神廟在極盛時期，收藏了至少五十萬份莎草紙卷。這些紙卷都經過有系統的組織、分類與上架，而這個巧妙的新圖書分類似乎是由圖書館的第一任館長，也就是研究荷馬的學者澤諾多托斯發明的，每一本書都依照字母的順序予以排列。圖書館不斷擴展，超越了繆斯神廟的巨大容量，於是另尋第二個藏書地點，最後選定當時的建築奇觀塞拉皮翁，也就是朱比特・塞拉皮斯神廟儲藏。塞拉皮翁有著高雅的柱廊式庭院、演講廳、「栩栩如生的雕像」，以及其他許多珍貴藝術品。被波吉歐重新發現的四世紀史家阿米亞努斯表示，塞拉皮翁的雄偉華麗，僅次於羅馬的卡皮托。[26]

這座圖書館遭到摧毀的過程有助於我們理解，曾經引發熱烈爭論並因此產生數千部著作的思想學派，何以最後只剩下一件作品，也就是一四一七年發現的盧克萊修手稿。首先出現的是戰爭的打擊。[27]部分館藏——或許是一些存放在港口倉庫的書籍——在西元前四十八年凱撒出兵控制亞歷山卓時意外遭到焚毀。然而，還有比軍事行動更嚴重的威脅，這類威脅與圖書館屬於神廟建築的一部分有關。神廟內部充滿了神像、祭壇與異教崇拜的祭器。繆斯神廟正如其名，是一座祭祀繆斯的神壇，九位繆斯女神象徵人類創造力的成就。塞拉皮翁，也就是第二個藏書處，裡面供奉了一尊巨大的塞拉皮斯神像——這是由希臘著名雕刻家布里亞克希斯以象牙與黃金雕成的傑作——結合了羅馬神祇朱比特與埃及神祇歐西里斯及阿皮斯兩種崇拜儀式。

亞歷山卓擁有為數不少的猶太人與基督徒，他們對於這種多神崇拜感到極為不安。他們並不懷疑其他神祇存在，但這些神祇毫無例外全是惡魔，會惡意引誘容易受騙的人類遠離唯一而普世的真理。堆積如山的莎草紙卷記載的啟示與祈禱文全是謊言。救贖存在於聖經之中，而基督徒選擇以新的形式來閱讀聖經：不是舊式的莎草紙卷（猶太人與異教徒仍維持這種形式），而是簡明、輕便、容易攜帶的抄本。

在異教統治下，持續了幾個世紀的宗教多元主義——三種信仰同時存在，在敵對中融合，不僅容忍彼此，也吸收對方的長處——走到了盡頭。四世紀初，皇帝君士坦丁開啟了讓基督教成為羅馬國教的過程。不久，出現了一名充滿熱忱的後繼者。[28]西元三九一年即位的狄奧多西大帝下詔禁止公開獻祭，並且封閉重要的異教崇拜地點。國家開始著手毀滅異教。

在亞歷山卓，基督教社群的精神領袖提歐菲洛斯宗主教挾皇帝詔令進行報復。好爭論而無情的提歐菲洛斯縱容狂熱的基督徒暴民，任他們在大街上侮辱異教徒。面對這樣的挑釁，異教徒想必充滿了驚恐與焦慮，兩個宗教社群間的緊張因此升高。現在只差引發衝突的火種，而這樣的導火線俯拾皆是，隨時可能引燃。負責整修基督教巴西利卡的工人發現了一座地下聖殿，裡頭放著異教的祭祀物品（這類聖殿今日在羅馬可以得見，如米特拉祭壇，就位在聖克雷門特聖殿的地底深處）。提歐菲洛斯認為這是個好機會，可以讓異教的「神祕」象徵物公諸於世，接受大眾的嘲弄，於是他下令讓所有異教的祭祀物品遊街示眾。

虔誠的異教徒群情激憤：當時一名基督教觀察者挖苦說，「他們彷彿喝了蛇毒製成的毒酒似的。」[29]憤怒的異教徒暴力攻擊基督徒，然後撤退到塞拉皮翁，深鎖廟門。基督徒同樣陷於狂暴，他們帶著斧頭與鐵鎚，打破廟門，衝入神廟之中。他們壓制異教徒，將著名的塞拉皮斯大理石、象牙與黃金神像砸個粉碎。碎片被帶往亞歷山卓的各個區域摧毀；被砍掉頭顱、四肢，只剩下軀幹的神像被拖到劇場，在眾目睽睽下放火燒燬。提歐菲洛斯下令讓僧侶進駐異教神廟，昔日的美麗建築都將改變為教堂。原本矗立塞拉皮斯神像的地方，勝利的基督徒在此放置了聖骨盒，安置以利亞與施洗約翰的珍貴遺骸。

塞拉皮翁陷落後，異教詩人帕拉達斯表達了他對這場破壞的感受：

> 我們這樣難道還不能算是死亡，雖然活著

不過是行屍走肉

我們希臘人，在災難中毀滅，

人生如夢，我們依然活著

但我們的生活方式已一去不復返。30

這場毀滅的意義，如帕拉達斯所理解的，不僅僅是宗教崇拜意象的喪失而已。在這場暴亂中，圖書館是否遭到破壞，我們不得而知。但圖書館、博物館與學校是脆弱的機構；它們無法在暴力攻擊下長期存在。在這個過程中，過去曾經存在的生活方式將因此逐漸凋零。

幾年後，提歐菲洛斯宗主教的繼任者，也就是他的外甥西里爾，又擴大攻擊的規模，這次他把信眾的憤怒轉移到猶太人身上。暴力衝突發生在戲院裡，大街上，以及教堂與猶太會堂前面。猶太人奚落基督徒，並且朝他們丟擲石塊；基督徒則闖入並且掠奪猶太人的店鋪與住家。五百名沙漠僧侶加入基督徒進行街頭暴動，在他們的助威下，西里爾要求將亞歷山卓為數可觀的猶太人口驅逐出去。亞歷山卓總督歐瑞斯特斯是個溫和派基督徒，他拒絕這麼做，他的想法也獲得城內異教知識菁英的支持，其中最傑出的代表就是具影響力而博學的希帕提亞。

希帕提亞是數學家的女兒，也是著名的博物館駐館學者。據說她的美貌與年輕女子不相上下，而她在天文學、音樂、數學與哲學的成就更是名聞遐邇。學生不遠千里而來，為的是希望她傳授柏拉圖與亞里斯多德的作品。她的崇高權威甚至使其他學者爭相寫信給她，焦急地想獲得她的認同。有人在信中寫著：「如果妳裁定應該出版，我將把這本書獻給演說者與哲學家。」相反地，如果「妳認為不值得出版，那麼深沉的黑暗將籠罩這本書，此後將不再有人提起它」。[31]

裹著傳統哲學家披的斗篷（又稱為tribon），搭乘戰車在城內巡行，希帕提亞可說是亞歷山卓最顯眼的公眾人物。女性在古代世界多半過著不問世事的生活，但希帕提亞並非如此。當時的人這麼說：「她的沉著穩重與泰然自若，源自於她內心的優雅與修養，而她也經常出現在公共場合，與行政官員面對面交談。」[32]希帕提亞可以輕易地接近統治菁英，但這不表示她處處干預政治。當亞歷山卓掀起搗毀偶像的熱潮時，希帕提亞與她的追隨者顯然抱持著袖手旁觀的態度，他們或許認為，這些無生命的偶像被搗毀並不會傷害偶像背後所蘊含的意義。然而，當騷動延燒到猶太人身上時，顯然城內的狂熱之火已失去控制，難以熄滅。

希帕提亞支持總督歐瑞斯特斯，反對驅逐猶太人，此決定與日後她的遭遇息息相關。城內開始謠傳，希帕提亞精通天文學、數學與哲學[33]——對當時的人來說，一名女性精通這麼多門知識是很奇怪的事——是件不祥之事：她一定是一名女巫，會使用黑魔法。四一五年三月，群眾在西里爾支持者煽動下開始鬧事。希帕提亞才剛返家，就被群眾從戰車上拖下來，帶到教堂裡，這座教堂原先是用來尊崇皇帝的神廟。（這個場景並不讓人意外，顯示了當時正處於異教過渡到唯一真神的階段。）希帕提亞在神廟裡被脫光衣服，暴民用碎瓦片剝掉她的皮。然後將她的屍首拖到城外焚燒。暴民的英雄西里爾最後還因此受封為聖人。

希帕提亞的死，不只是她個人的死，也表示亞歷山卓思想生活的傾覆。波吉歐數百年後發現的文獻，其基礎就在此時敲起了喪鐘。[34]博物館，曾夢想蒐羅所有的文獻、學派與觀念，此時卻不再受到市民社會的保護。往後的歲月裡，圖書館未再被人提起，彷彿大量的藏書——實際上等同於古典文化的總和——就這麼消失無蹤。這些書籍當然不是一口氣完全不見，這種大規模的毀損行為一定會載諸史冊。然而如果有人問起，這些書到哪兒去了？答案將不只是短促毀滅性的兵燹之災，還包括了長期、緩慢而且不知不覺的侵蝕力量，那就是書蟲的蛀咬。亞歷山卓圖書館的毀滅，至少從象徵的角度來看，始於希帕提亞的殞命。

古代世界其他圖書館的下場也好不到哪兒去。四世紀初的統計顯示，羅馬有二十八座公立圖書館，此外還有無數藏於貴族宅邸裡的書籍。到了四世紀末，史家阿米亞努斯抱怨羅馬人已經不再認真讀書了。阿米亞努斯哀悼的不是蠻族入侵或基督教的狂熱。無疑地，這兩個因素不能忽略，但對阿米亞努斯來說，這兩個原因只算是背景因素。阿米亞努斯認為，隨著帝國緩慢崩解，羅馬社會喪失的是文化的支柱，並且汲汲營營於瑣碎之事。「歌手取代了哲學家，劇作老師取代了演講家，圖書館像墓穴一樣永遠封閉起來，人們熱心於製作水琴以及像馬車一樣大的豎琴。」[35]此外，他尖酸地說道，有人會公然駕駛戰車以驚人的速度在車水馬龍的大街上奔馳。

在經歷長期而緩慢的死亡煎熬後，西方的羅馬帝國終於崩潰了，最後一任皇帝羅穆魯斯靜靜地在四七六年退位，缺乏識字傳統的日耳曼部落開始一個省接著一個省地奪取吞併。蠻族衝進公共建築，洗劫別墅，他們也許並不敵視學問，但他們沒有興趣保存這些東西。這些別墅的前屋主被俘為奴，送往遙遠的農莊工作，他們遭遇危急時最想搶救的恐怕是別的物品，而不是書籍。此外，由於征服者絕大多數是基督徒，這些人就算懂得讀寫，也不會想閱讀古典異教作者的作品。與戰爭或信仰釋放出來的力量相比，維蘇威火山似乎對古代遺產仁慈多了。

然而，一個曾經充滿威望的文化傳統，在形塑了菁英的內在生命之後，絕不可能輕易地從歷史上消失，即使是那些歡呼其死亡的人，也不可能一下子擺脫它的影響。三八四年，哲羅姆——這位崇尚學問的聖人曾講述盧克萊修瘋狂與自殺的故事——在信裡提到他內心的掙扎。他回憶十年前，在從羅馬前往耶路撒冷的路上，他原本想擺脫一切的俗務，卻發現自己仍牽掛著寶貴的古典時代典籍。他已決心規訓自己的肉體，以挽救自己的靈魂，但他無法戒除心靈對愉悅的依戀：「我會禁食，之後只讀西塞羅。我在夜裡會閱讀維吉爾，我會藉由回想自己過去的罪行而衷心流下苦澀的淚水；然後，我將再度拿起普勞圖斯。」[36]哲羅姆知道西塞羅是異教徒，對於所有的武斷主張（包括宗教主張）都徹底予以懷疑，但西塞羅散文的優美似乎讓人難以抗拒。如果還提到普勞圖斯[37]，那就更糟了：他的喜劇充滿了皮條客、妓女與逢迎拍馬者，但他們插科打諢式的機智卻令人愛不釋手。令人喜愛，但也充滿毒性：每當哲羅姆讀完這些文學作品，回頭來看聖經時，神聖的經文似乎變得粗鄙無文。哲羅姆對於拉丁文學的優雅是如此地欣賞，以至於當他決定學習希伯來文時，他一開始甚至覺得渾身不舒服：他於四一一年寫道：「我從昆提里安[38]的睿智格言，西塞羅豐富而優雅的修辭，弗朗托[39]的雄渾與普林尼[40]的流暢，突然一變而接觸這種發出噓噓聲，令人呼吸急促的語言。」[41]

哲羅姆寫道，將他救出苦海的是一場惡夢。他染上重病，在恍惚中，他夢見自己被帶到了上帝審判席前。當問起了自己的狀況，他回答自己是個基督徒。但審判官嚴厲地回道，「你說謊；你是西塞羅的信徒，你不是基督徒」（Ciceronianus es, non Christianus）。[42]這幾句恐怖的話也許預示著他將被打下永恆的地獄，但天主大發慈悲，下令哲羅姆只需受到鞭刑。罪人受到赦免，「但如果我敢再閱讀異教徒的作品，我將遭受最嚴重的懲罰」。哲羅姆醒來時，發現自己的肩膀黑一塊紫一塊。

哲羅姆在伯利恆住下，並且在此地設立兩間修道院，一間供他與其他修士使用，另一間供陪他前來的虔誠婦女使用。他在伯利恆住了三十六年，研讀、處理重大的神學爭議，最重要的是，他把希伯來聖經翻譯成拉丁文，而且修正了《新約》的拉丁文譯本。他的成果，偉大的聖經拉丁文譯本，又稱武加大譯本，在十六世紀被天主教會認定為比原本的聖經「更接近原初樣貌」。

從哲羅姆的惡夢可以看出，在他的虔誠裡存在著一種毀滅性的元素。或者應該說，從他的虔誠來看，他從異教文學中獲得的強烈愉悅正在毀滅他。光是花更多時間在基督教文本上是不夠的，哲羅姆必須徹底地放棄異教作品。他以神聖的誓約來約束自己：「喔，主啊，如果我再擁有世俗的書籍或閱讀它們，那麼就表示我拒絕了祢。」[43]哲羅姆放棄自己喜愛的作者，純粹是為了自己：他是為了戒除自己對這些書籍的癮頭，以拯救自己的靈魂。然而有這種癮頭的——因此需要予以戒除——不只是他而已。對他充滿誘惑力的異教作者，[44]也同樣引誘著其他人。哲羅姆因此奉勸他人要做出跟他一樣的犧牲。「賀拉斯[45]與聖詠經有什麼關係呢？」他在寫給某個追隨者的信中提到，「維吉爾與福音書有什麼連繫嗎？西塞羅與保羅又有什麼瓜葛呢？」[46]

許多世代以來，有學識的基督徒（如哲羅姆）浸淫的文化，其價值乃是異教經典形塑出來的。柏拉圖主義幫助基督教建立了靈魂模式；亞里斯多德主義為基督教提供了創世的原動力；斯多噶主義樹立了基督教的神意模式。基督徒不斷重述的苦行與棄絕異教經典的故事，本身也來自於異教傳統。透過講述這些故事，基督徒企圖（彷彿自己是在夢境之中）放棄自己、自己的父母與自己的祖父母賴以長養的豐富文化土壤，直到有一天他們醒來，發現自己終於擺脫異教的影響為止。

棄絕異教的騎士，宛如暢銷羅曼史的男主角一般，幾乎都是一些深具魅力的人物，他們為了自己深愛的宗教而拋棄最能代表自己身分地位的象徵——亦即，不再與菁英教育緊密連繫。這些遭拋棄的菁英教育包括了文法與修辭學的嚴謹訓練，鑽研文學經典，以及浸淫於神話當中。到了六世紀，基督徒終於開始讚揚完全拋棄教育的英雄，即使這些人仍心存猶豫或妥協。以下這段話是大額我略對聖本篤的讚頌之詞：

> 他出生於諾爾恰一戶好人家，父母送他去羅馬接受人文教育。然而，當他看見許多學生一頭栽進邪惡之中，他便在俗世的門前停住腳步。他害怕自己一旦習得了學問，日

後恐將——無論是肉體還是靈魂——墜入無底的深淵。他只想取悅上帝，於是他拒絕學習，拋棄家人與遺產，決心擁抱宗教生活。他知道自己無知，然而他的表現是睿智的，儘管他完全未受過任何教育。[47]

放棄學習古典學問，唯一的疑慮是擔心遭到嘲笑。此時的威脅已不再是迫害——因為基督教已是帝國的官方宗教——而是嘲弄。這個命運無疑比丟去餵獅子要好得多，然而，在古代世界，眾人的嘲笑對於聽者來說仍具有極大的殺傷力。在有教養的異教徒眼中，基督教的荒謬之處不只在於語言，如福音書的希臘文風格相當鄙陋，帶有希伯來語與阿拉姆語的蠻族氣味，也在於它把神聖的羞辱與疼痛說成是崇高之事，而且帶有一種傲慢的勝利主義。

基督教一站穩腳跟，便開始摧毀這類帶有敵意的嘲笑聲。然而，還是有少許聲音殘留在基督教護教者的引文與摘要中。有些嘲弄相當常見，與基督教論爭的人經常有這種說法，認為耶穌是通姦生下的孩子，他的父親是無名小卒，或者以耶穌的貧困與可恥的死亡來否定他的神聖。不過，還有一些護教者文獻提及的嘲弄來自於伊比鳩魯學派，從中可以看出伊比鳩魯學派在遭遇巴勒斯坦的彌賽亞宗教時的反應。伊比鳩魯學派對於早期基督徒的嘲弄與挑戰，種下了它日後逐漸消失的遠因——柏拉圖與亞里斯多德，這兩位相信靈魂不朽的異教徒，他們的學說最終能與勝利的基督教融合；[48]伊比鳩魯學派則做不到。

伊比鳩魯不否認神的存在。更精確地說，他認為如果神的概念是合理的，那麼神大概只會關心自己的愉悅。不管是宇宙的創造者還是毀滅者，祂們在乎的只有自己，對於任何生物都漠不關心，對於我們的祈禱與儀式也視若無睹。對於道成肉身，伊比鳩魯認為這個觀念尤其愚蠢。人類憑什麼認為現在或未來的人類比蜜蜂、大象、螞蟻或任何已知的物種更高等，並且狂妄地認為神的外貌像人而不是其他生物？而且為什麼，在人類諸民族中，神偏偏是猶太人？為什麼其他人沒有資格稱自己的意念為神意，這種幼稚的想法顯然違背了有理性的人的經驗與觀察。基督徒就像一群在池塘旁開會的青蛙，扯開喉嚨大聲呱呱地叫著，「這個世界是為我們創造的。」

當然，基督徒也可以反唇相譏。如果道成肉身與死而復活的教義是愚蠢的——有異教徒說，這是「對死者的虛構想像，是詩人徒勞捏造的童話」[49]——那麼異教徒相信的故事又該怎麼說：

伏爾坎跛足而行；阿波羅無論經過多少歲月，臉上依然無鬚……尼普頓的雙眼如海一般墨綠；米涅瓦的眼珠跟貓一樣是灰色的，朱諾長了一對牛眼……雅努斯有兩張臉，隨時可以後退行走；黛安娜穿著短褶裙打獵，但在以弗所，她卻擁有許多乳房與奶頭。

這種「以其人之道還治其人之身」的做法並不令人愉快，因為指控對方的信仰荒謬，並無法讓自己的信仰更具說服力。

此外，基督徒知道，許多異教徒並不相信異教神話的真實性，有些人（當中包括伊比鳩魯派的重要學者）甚至全盤懷疑所有的宗教系統與承諾。這類信仰之敵認為，死後復活的教義特別可笑，因為它不僅違背科學的原子論，也與感官得到的證據矛盾：腐爛的屍體已經用令人作嘔的方式充分顯示了血肉的分解。

早期的教父特圖里安極力堅持，儘管人體外觀已然腐爛，但一切都會在來生回復原狀，屆時肉體的每個部分都會恢復舊觀。他很清楚他會從懷疑者口中得到什麼樣的回應：

如果有一天，連要吃什麼都不需要煩惱的時候，手、腳還有身體其他可活動的部位還有什麼用處呢？當性交、懷孕與成長的過程永遠停止，腎臟……以及男人與女人的生殖器，子宮以及分泌乳汁的乳房，還有什麼用處呢？最後，整副軀體還能幹嘛？反正已無事可做。[50]

「群眾嘲弄著，」特圖里安寫道，「認為人死之後什麼都沒有，」但他們恐怕無法笑到最後：「當這些群眾遭到無情焚燒時，屆時就輪到我取笑他們。」在審判日，每個人都要被帶到天上法庭面前，他不是碎片，不是影子，不是象徵物，而是完整的他，如同他在塵世時一樣。這意謂著他又擁有了牙齒、腸子與生殖器，無論這些器官是否仍繼續運作。「是的！」特圖里安對異教聽眾說。「我們也會有笑的日子。我們也會跟你們一樣死而復生。基督徒是造就的，不是與生俱來的！」[51]

有些批評者嘲弄地指出，基督教許多說法是從更遠古的異教故事裡偷來的：審判靈魂的法庭，在地底的監獄裡遭受火刑，以及只有神聖的靈魂才能進入的聖潔而美麗的樂園。但基督徒卻回道，這些古代信仰只是反映了真實基督教的神祕，再加以扭曲而成。基督徒這種說詞確實獲得成功，從今日我們以某個詞彙來指稱那些多神信仰者就可看出這點。信仰朱比特、米涅瓦與戰神的人，不會認為自己是「異教徒」（pagans）：這個詞彙出現在四世紀晚期，語源來自於「農民」（peasant）。這是個侮辱性的詞彙，基督徒以嘲笑農人無知的字眼來指稱古代信仰者，顯示這兩種信仰已經主客易位。

對基督徒來說，被指控剽竊教義要比被指控荒誕容易處理。畢達哥拉斯學派相信死後復活，這個觀念大體無誤，只需稍做修正。但伊比鳩魯學派卻全盤否定復活的觀念，認為這種說法與我們所知的自然界有矛盾，而這項指控顯然不是那麼容易反駁。基督徒可以跟畢達哥拉斯學派論辯，但面對伊比鳩魯學派卻只能保持沉默。

不過，早期基督徒（教父特圖里安也包括在內）認為，伊比鳩魯學派也有值得讚賞之處，例如對友誼的讚頌，對慈悲與寬容的重視，以及對世俗野心的懷疑。[52]到了四世紀初，基督徒的任務變得相當單純：必須讓原子論者消失。伊比鳩魯的追隨者已經在基督教社群外引發普遍的敵意。當羅馬皇帝背教者尤里安（約 331-363）企圖恢復異教以對抗基督教的攻擊時，他擬了一份書目，全都是異教教士必須閱讀的重要作品。皇帝也明白提到一些他想排除的書籍：他寫道：「讓我們禁止伊比鳩魯學派的作品吧。」[53]無獨有偶，猶太人也用 apikoros（伊比鳩魯學派）來形容那些悖離拉比傳統的人。[54]

基督徒認為伊比鳩魯學派的威脅特別致命。如果你同意伊比鳩魯的主張，認為靈魂會死，[55]特圖里安寫道，那麼基督教的道德根基將被連根拔起。在伊比鳩魯眼中，人世的苦難是有限的：「如果只是輕微的挫折，他〔伊比鳩魯〕說，你可以視若無睹，如果是極大的痛苦，那麼它終究會結束。」然而，身為基督徒，特圖里安反駁說，必須相信折磨與痛苦是無止境的：「伊比鳩魯完全摧毀了宗教，」有一名教父寫道；且當神意被移除，「混亂與失序將主導人的生命」。[56]

基督教論戰者必須想辦法逆轉這股嘲弄的潮流，使其不利於伊比鳩魯及其追隨者。斥責異教神祇是無稽之談，對於伊比鳩魯學派沒有任何影響，因為伊比鳩魯學派早已明言，向神祇獻祭毫無意義，而且也不相信古代的神話故事。唯一可行的做法，是改寫伊比鳩魯的事蹟，使他不再是眾人眼中強調節制、追求適度愉悅的賢者，相反地，基督徒將伊比鳩魯醜化成法斯塔夫式[57]的人物，毫無節制地放縱自己的欲望。他是個笨蛋，豬，狂人。至於他在羅馬時代的重要門徒盧克萊修，當然也要在他的傳記上動手腳。

然而，光是汙蔑伊比鳩魯與盧克萊修的名聲，不斷重述他們的愚蠢、如豬玀般的暴食狂飲、瘋狂與最後的自我了斷，這樣是不夠的。即使不准其他人閱讀他們的作品，羞辱對他們感興趣的人，禁止製作他們的副本，如此也仍然力有未逮。伊比鳩魯認為，世界僅由原子與虛無構成，這個理論固然是基督教急欲剷除的對象，但更具威脅性的還是伊比鳩魯學派的核心倫理觀念：人世間最大的善，是尋求愉悅與減少痛苦。基督徒必須處理的難題是，如何讓這種理智且符合自然的說法——所有有知覺的生物都會有的生理衝動——成為真理之敵。

要完成這項偉大計畫，需要數世紀的時間，而這項計畫從未充分實現。但這項計畫的梗概卻見於三世紀末與四世紀初一名北非人的作品中，此人曾是異教徒，之後改信了基督教，他的名字叫拉克坦提烏斯。拉克坦提烏斯被羅馬皇帝君士坦丁延攬，令其擔任兒子的家庭教師。君士坦丁讓基督教成為帝國的合法宗教，拉克坦提烏斯因此寫了一系列論戰文章反對伊比鳩魯學派。他承認伊比鳩魯的哲學有許多追隨者，「但不是因為它宣揚任何真理，而是因為愉悅本身吸引許多人的注意」。[58]基督徒必須拒絕誘惑，而且要了解，任何愉悅都是邪惡的代稱。

拉克坦提烏斯的任務不僅要喚醒追尋愉悅的信徒，他還必須讓他們相信，上帝並非如伊比鳩魯學派所言，只沉溺在自己的神聖愉悅中，對人類的命運漠不關心。相反地，拉克坦提烏斯在三一三年完成的名著中寫道，上帝關心人類，就像父親關心任性的孩子。上帝關心人類的證據，他認為，就是憤怒。上帝對人類感到憤怒——這是祂愛人的明證——祂恨不得一次又一次地啃咬人類，甚至無情地施加暴力。

痛恨人追求愉悅，而且認為神恩以憤怒的形式展現。這些觀點為伊比鳩魯學派敲響了喪鐘，基督徒也在他們身上烙上了「瘋子」的印記。盧克萊修極力主張，人只要感受到性欲的驅使，就應該滿足它：「只需些許的愉悅，就能緩和不快。」（4.177）額我略曾講過一則故事，顯示基督教有著完全不同的想法。虔誠的本篤發現自己想著先前見過的女子，腦子還來不及思索，他的欲望已經被撩撥起來：

他注意到身旁有一塊厚厚的蕁麻布與歐石南。他把身上的衣物脫在一旁，然後縱身躺到滿是棘刺的蕁麻布上。他翻來覆去，直到全身流血痛苦不堪。然而，一旦他藉由受苦克服了愉悅，滿是傷口且不斷流血的肌膚就可以讓誘惑之毒排出體外。不久，全身燒灼難當的疼痛感，就能澆熄發自內心的邪惡之火。藉由這兩種火燄的交換，他終於戰勝了罪惡。[59]

修院的戒律明白表示，這種方法對六世紀初的聖人管用，對其他人也管用。這是西方歷史一次巨大的文化轉變，追求疼痛勝過了追求愉悅。

施予疼痛在盧克萊修時代並不罕見。[60]羅馬人可說是施予疼痛的專家，他們花費鉅資營建龐大的競技場，提供暴力的場面給民眾觀賞。不僅競技場能讓羅馬人滿足觀看受傷、疼痛與死亡的欲望。以古代神話為藍本的劇作與詩也不乏流血的描述，繪畫與雕刻亦然。暴力是日常生活的一部分。[61]校長與奴隸主會鞭打人，而鞭刑通常是羅馬人處決犯人前施加的刑罰。因此福音書記載耶穌在釘十字架前，先被綁在柱子上鞭打一頓。

但對異教徒來說，在看到這麼多痛苦的景象時，他們對疼痛的詮釋不會是正面的，他們不認為疼痛是邁向救贖的踏腳石，他們也不像虔誠的基督徒會故意鞭打自己。異教徒認為疼痛是一種邪惡，是加諸在違法者、罪犯、俘虜、不幸者與士兵（加諸在軍人身上的疼痛是一種例外，只有這種疼痛能被視為尊嚴的象徵）身上的東西。羅馬人尊崇自願忍受疼痛的勇敢士兵，但這種忍受與數百間女修道院與修道院裡讚揚的苦行大異其趣。羅馬故事裡的英雄自願面對他們無法（基於良善）避免的，或他們自覺必須忍受的待遇，以此向敵人證明自己擁有大無畏的勇氣。除了英雄的義務，還有一種特殊的哲學紀律，使古典時代的哲人能以平靜的心面對不可避免的疼痛，例如腎結石。而對每個人來說，無論是最崇高的哲學家還是最卑微的工匠，追求愉悅是再自然不過的事。

在信仰異教的羅馬時代，追求愉悅最登峰造極的表現在角鬥場裡，這裡會出現最血淋淋的疼痛與最具毅力的忍受。如果盧克萊修描述的是合於道德且淨化過的羅馬愉悅原則，那麼基督教提供的便是合於道德且淨化過的羅馬疼痛原則。早期的基督徒總是憂傷救世主的苦難、人類的原罪與正直教父的憤怒，他們認為明目張膽地追求愉悅是荒謬的，也是危險的。愉悅的好處頂多是微不足道的消遣，但壞處卻可能是惡魔的圈套。中世紀藝術經常描繪誘人的女子，人可以從她的裙底瞥見爬蟲類的爪子。唯一值得效法的人生是耶穌的人生，然而我們看到他終將一死的生命充滿了不可避免的悲傷與疼痛，毫無愉悅可言。耶穌最早的肖像清一色呈現出憂鬱的樣子，但神色充滿平靜。每個讀過《約翰福音》的讀者都知道耶穌曾經哭泣，但沒有任何文字描述他大笑或微笑，更甭說他曾做過什麼愉快之事。

五到六世紀的基督徒不難找到理由哭泣：城市分崩離析，田野浸泡在戰死將士的血肉裡，強盜與強姦隨處可見。人類持續這麼多世代，不斷重複災難性的行為，彷彿人類無法從歷史學到教訓似的。於是神學提供了更深刻與更根本的解釋，來說明人類與制度為什麼充滿瑕疵：人性是腐敗的。人類繼承了亞當與夏娃的原罪，他們遭遇這麼多可悲的災難是罪有應得；人類需要被懲罰；人類需要遭受無止境的痛苦。事實上，唯有痛苦才能讓少數人找到救贖的窄門。

相信這種解釋的熱忱信徒，他們的狂熱混合了恐懼、希望與強烈的熱情。這些人決心要製造疼痛，並且認為人類注定要接受這些疼痛。他們希望憤怒的上帝在公平而無情下施予應有的痛苦給他們。他們擁有某種尚武堅毅的特質，是傳統羅馬文化所欣賞的，但除了極少數例外，[62]他們的目標並不像斯多噶派，是為了標榜自己對疼痛視若無睹。與此相反，他們其實是要讓自己更深刻感受到饑餓、口渴與寂寞。當他們用帶刺的樹枝或鋸齒狀的石頭鞭打或擊打自己時，他們並不壓抑自己的痛苦，而是放聲大叫。他們的叫聲是一種代價，如果他們成功的話，這可以做為一種贖罪，使他們在死後能重新獲得亞當與夏娃失去的幸福時光。

到了六〇〇年，在義大利與高盧一共有三百座以上的修道院與女修道院。[63]這些修道院絕大多數都很小——頂多就像一座堡壘化的別墅，搭配上附屬建築物——但它們在精神上有所依歸，而且建立了一貫的制度，這使得它們能在亂世裡過著穩定的生活。院裡居民多半是些想改頭換面的人物，他們要不是想為自己贖罪，就是想為別人贖罪，或者是為了確保自己能獲得永恆至福，因此決意拋棄塵世的愉悅。經過一段時間之後，前來修道院的人已不再是先前那些懷抱宗教熱忱的人物，事實上，他們絕大多數是被父母或監護人送過來，交給教會看管照顧的。

在修道院裡，眾人普遍相信唯有貶抑自己才能獲得救贖，無怪乎每當院內成員犯了戒律時，院方總是以體罰的方式加以懲戒，典型的方式如用棍棒責打或毆打。在異教社會，紀律懲戒是一種恥辱，只用在社會地位較低的人身上，但修道院裡一視同仁，毫無社會階層的差異。一般的做法是違反戒律者拿著用來責罰的棍子，坐在地上，嘴裡不斷念著 Mea culpa，然後接受責打，直到院長滿意為止。

受懲戒者必須主動接受懲罰——具體表現在受懲戒者要親吻棍棒——這種堅持反映出基督教一直努力想壓制伊比鳩魯學派的信條，即人總是追求愉悅避免疼痛。[64]畢竟，疼痛的體驗不完全只是懲罰；它也是一種虔誠的仿效。基督教隱士想到救世主遭受的苦難，因此對於自己的血肉之軀感到羞愧，他們想讓自己的身體經歷耶穌曾遭受的折磨。雖然這種自我鞭笞的行為在上古時代晚期已時有所聞——一開始，這種新奇的行為確實吸引了許多人的注意——但一直要到十一世紀，才由一名修道院改革者，義大利本篤會的達米安建立起自願的自我鞭笞，並成為教會接受的核心苦行。

這場鬥爭經過了一千年才獲勝，追求疼痛終於確保了戰果。「我們的救世主無法忍受鞭笞嗎？」對於質疑這種做法的人，達米安這麼反問他們。使徒、許多聖人與殉道者，他們未受過鞭打嗎？有什麼方法比承受他們曾遭受的苦，更能追踵他們的步履，更能仿效基督？達米安坦承，這些偉大的前輩是由別人鞭打他們。但在基督教已經獲勝的世界裡，我們必須自己鞭打自己。否則的話，仿效基督的夢想與教義將不得不放棄。「要把肉體當成木頭來形塑，」達米安之後的許多作品這麼表示，「利用打罵與鞭笞，利用棍棒、鞭子與戒律。肉體必須予以折磨挨餓，如此它才能順從靈魂的指揮，成為完美的形貌。」[65]在追尋精神目標的過程中，所有的界線、拘束與禁令一點一滴地消失。羞於在眾人面前赤裸，這點大可不必，也不需要因顫抖、號叫或哭泣而感到困窘。

以下是一段描述，十三、十四世紀之交，一個自小在女修道院長大，名叫馮．格伯斯魏勒的修女，描述另一名修女科瑪的生活：

在四旬齋來臨前與期間，姊妹們會在晨禱後魚貫進入大廳或其他地方。她們用各種鞭笞的工具以最嚴厲的方式虐待自己的身體，直到流血為止。院裡到處都可聽見鞭打的聲音，對天主來說，這是最美妙的樂音。66

這不是一種施虐與受虐的幻想：許多證據證實，這種疼痛戲碼其實是繼承了聖本篤在刺人的蕁麻布上翻滾而加以儀式化的結果，這種做法在中世紀晚期開始廣泛傳布，而且一再被提起，日後遂成為一種獨特的神聖象徵。聖德蘭「雖然日漸消瘦，卻還是用最疼痛的鞭子折磨自己，經常用新編好的蕁麻布來磨擦自己的身體，甚至赤身裸體在荊棘上打滾。」亞西西的聖嘉勒「四十二年來一直用鞭子將自己的身體打得遍體鱗傷，她的傷口散發著天堂般的芬芳，瀰漫整座教堂。」聖道明每晚用頂端裝了三個鐵鏈的鞭子鞭打自己。聖依納爵．羅耀拉建議用細皮帶當鞭子，「可以讓疼痛的感覺滲入血肉之中，但不傷及骨骼。」蘇索在自己的胸前刻了耶穌的名字，他有個鐵十字架，上面裝了釘子，他用十字架甩打自己的背，直到血流滿地為止。歐伊的伊莉莎白是與蘇索同一時期的人，是位蘇黎世的修女，她非常用力地鞭打自己，就連參觀禮拜堂的人也被她濺得滿身血。

一般俗人自我保護與追求愉悅的衝動，無法與這些精神領袖的熱情信仰與崇高威望相抗。原本由宗教人士——無論男女都不用與「俗世」的粗俗日常瑣事接觸——壟斷的信仰與儀式終於成為主流，並且在大量的自我鞭笞者當中獲得發展，這些人每隔一段時間就會爆發大規模的歐斯底里。原本激進的反文化卻在成功之後，反過來堅持自己代表所有虔誠基督徒的核心價值。

當然，一般人還是繼續追求愉悅——老亞當的本性可不是這麼容易就能根除。在農民的茅草房與大人物的大廳，沿著鄉間的小路，在高級教士的宅邸裡，以及在修道院的高牆後，總會有人喝酒、大吃大喝、發出喧鬧的笑聲，快樂地跳舞，以及做著淫蕩的事。但沒有任何具有道德權威的人，沒有任何在公眾面前發聲的人，敢大聲為這些事辯解。沉默不是膽怯或恐懼的結果，或者說，沉默不光只是這些理由造成的。追求愉悅在哲學上愈來愈站不住腳。伊比鳩魯已長眠九泉之下，他的作品也幾乎完全被毀。在四世紀聖哲羅姆簡短指出盧克萊修是自殺身亡之後，幾乎就不再有人攻擊這位伊比鳩魯的重要羅馬弟子。他已經遭到遺忘。

這名弟子曾轟動一時的詩集能夠保存下來，完全是命運之神的安排。在偶然間，《物性論》的副本進入好幾座修道院圖書館裡，但伊比鳩魯對愉悅的追求很可能長埋於此，無人聞問。在偶然間，九世紀一名僧侶在某處的抄寫室工作，在詩集腐朽之前抄寫了副本。在偶然間，這本副本在往後五百年逃過了水災與火災，也在時間的牙齒下倖免於難。終於，在一四一七年的某一天，這本書落到某個人文主義者的手裡，這個人自豪地稱呼自己是佛羅倫斯的波吉歐。

注釋

1. 譯按：埃斯庫羅斯（Aeschylus, BC 525-BC 456），古希臘悲劇詩人，與索福克勒斯和歐里庇得斯一起被稱為是古希臘最偉大的悲劇作家，有「悲劇之父」美譽。
2. 譯按：歐里庇得斯（Euripides, BC 480-BC 406），古希臘悲劇詩人，希臘三大悲劇大師之一。
3. 譯按：阿里斯托芬（Aristophanes, BC 448-BC 380），古希臘喜劇作家，有「喜劇之父」美稱。
4. 參見 Moritz W. Schmidt, *De Didymo Chalcentero* (Oels: A. Ludwig, 1851) 和 *Didymi Chalcenteri Fragmenta* (Leipzig: Teubner, 1854).
5. 參見 David Diringer, *The Book Before Printing* (New York: Dover Books, 1982), pp. 241ff.
6. 拉爾提烏斯：「伊比鳩魯是最多產的作家，作品數量超邁前代：不僅多達三百卷，而且完全未引用其他作家的作品；所有內容全出自伊比鳩魯一人的手筆」——*Lives of Eminent Philosophers*, 2:555. 拉爾提烏斯列出三十七本伊比鳩魯作品的書名，但這些書籍都已亡佚。
7. 譯按：克律西波斯（Chrysippus, BC 280-BC 207），斯多噶學派哲學家，西元前二六〇年移居雅典，並於西元前二三二年繼任為斯多噶學派領袖。
8. 參見 Andrew M. T. Moore, "Diogenes's Inscription at Oenoanda," in Dane R. Gordon and David B. Suits, eds., *Epicurus: His Continuing Influence and Contemporary Relevance* (Rochester, NY: Rochester Institute of Technology Cary Graphic Arts Press, 2003), pp. 209-14. 見 *The Epicurean Inscription [of Diogenes of Oinoanda]*, ed. and trans. Martin Ferguson Smith (Naples: Bibliopolis, 1992).

9. Aristotle, *Historia animalium*, trans. A. L. Peck, Loeb Classical Library, 438 (Cambridge, MA: Harvard University Press, 1965-91), 5:32.

10. 引自 William Blades, *The Enemies of Books* (London: Elliot Stock, 1896), pp. 66-67.

11. Ovid, *Ex ponto*, trans. A. L. Wheeler, rev. G. P. Goold, 2nd edn. (Cambridge, MA: Harvard University Press, 1924), 1.1.73.

12. Horace, *Satires. Epistles. The Art of Poetry*, trans. H. Rushton Fairclough, Loeb Classical Library, 194 (Cambridge, MA: Harvard University Press, 1926), Epistle 1.20.12.

13. In *Greek Anthology*, trans. W. R. Paton, Loeb Classical Library, 84 (Cambridge, MA: Harvard University Press, 1917), p:251.（阿斯卡隆的艾維諾斯，活躍於西元前五〇年到西元五〇年之間）。

14. Kim Haines-Eitzen, *Guardians of Letters: Literacy, Power, and the Transmitters of Early Christian Literature* (Oxford: Oxford University Press, 2000), p. 4.

15. 引自 Lionel Casson, *Libraries in the Ancient World* (New Haven: Yale University Press, 2001), p. 77.

16. Leila Avrin, *Scribes, Script and Books: The Book Arts from Antiquity to the Renaissance* (Chicago: American Library Association, 1991), p. 171. 也可見 pp. 149-53.

17. 關於女性抄寫員：見 Haines-Eitzen.

18. 據估計，一四五〇年以前生產的書籍總數，約略等於一四五〇年到一五〇〇年生產的書籍總數；而相同的數量從一五〇〇年到一五一〇年又再度達成；下一個十年，生產的書籍數量達到了兩倍。

19. 關於抄寫員，見 L. D. Reynolds and N. G. Wilson, *Scribes and Scholars: A Guide to the Transmission of Greek and Latin Literature*, 2nd edn. (London: Oxford University Press, 1974); Avrin, *Scribes, Script and Books*; Rosamond McKitterick, *Books, Scribes and Learning in the Frankish Kingdoms, 6th-9th Centuries* (Aldershot, UK: Variorum, 1994); M. B. Parkes, *Scribes, Scripts, and Readers* (London: Hambledon Press, 1991). 關於抄寫員的象徵意義，參見 Giorgio Agamben, *Potentialities: Collected Essays in Philosophy*, ed. Daniel Heller-Roazen (Stanford: Stanford University Press, 2000), pp. 246ff. 舉例來說，阿維森納「完全潛在性」的數字，指目前未從事抄寫的抄寫員。

20. 亞歷山卓南方的巨大糧倉，持續不斷有平底船運來滿載的穀物，這些全是從尼羅河畔的氾濫平原收成來的。這些穀物都要經過官員的仔細檢查，他們必須確保穀物「未受到攙雜，未混有泥土或大麥，未受到踩踏或篩選」——Christopher Haas, *Alexandria in Late Antiquity: Topography and Social Conflict* (Baltimore: Johns Hopkins University Press, 1997), p. 42. 然後，數千袋穀物藉由運河運往港口，運穀船正在港口等候著。從港口出發，這些滿載穀物的船隻四向而出，開往各個城市。這些城市不斷增長的人口早已超過城市周圍農村生產的糧食所能承載的數量。在古代世界，亞歷山卓是個關鍵要地，掌握此城便能掌握麵包，掌握麵包便能維持穩定，進而掌握權力。穀物不是亞歷山卓唯一的商品；當地的商人也從事葡萄酒、亞麻、掛毯、玻璃以及莎草紙（這是本書最感興趣的部分）的貿易。亞歷山卓附近的廣大溼地種滿了蘆葦，可以製成品質最好的莎草紙。在整個古代世界裡，從羅馬帝國時代到法蘭克王國時期，「亞歷山卓莎草紙」一直是人們眼中上等的書寫工具，官員、哲學家、教士、商人、皇帝與學者均仰賴它來頒布命令、記錄債務與內心的思想。

21. 譯按：歐幾里得（Euclid, BC 323-BC 283），古希臘數學家，被稱為「幾何之父」。他最著名的作品《幾何原本》（*Elements*）是歐洲數學的基礎。

22. 譯按：阿基米德（Archimedes, BC 287-BC 212），古希臘哲學家、數學家、物理學家、發明家、工程師、天文學家。阿基米德對物理學的影響深遠，後世稱他為「物理之神」；他對數學的貢獻則使他成為有史以來最偉大的三位數學家之首（其餘兩位分別是牛頓和高斯）。

23. 譯按：埃拉托斯塞尼斯（Eratosthenes, BC 276-BC 194），希臘數學家、地理學家，他設計了經緯度系統，並計算出地球的直徑。

24. 譯按：蓋倫（Claudius Galen, 129-200），古希臘醫學家。他的許多知識來自於對活體動物的解剖。直到十六世紀，蓋倫在歐洲都是醫學權威的代表。

25. 據說托勒密三世（BC 246-221）曾遣使到已知世界的所有統治者面前，希望他們能提供所有書籍供他抄寫謄錄。官員把來往船隻攜帶的書籍全沒收充公。這些沒收來的書籍在抄寫之後，副本還給原所有人，正本則收藏於大圖書館（目錄上標明，「來自於船上」）。皇家特使在地中海各地購買或借取書籍，數量與日俱增。借出者開始感到疑慮，因為借出去的書有時會一去不回，所以便要求更高的押金。在經過百般的引誘之後，雅典同意將埃斯庫羅斯、索福克勒斯與歐里庇得斯的珍貴權威文獻——這些文獻原本保存在城市的檔案館裡，把守十分嚴密——借給亞歷山卓，但雅典堅持高額的十五金塔倫做為保證金。托勒密繳了保證金，收下書籍，把副本送回雅典，收回保證金，把原本收藏在博物館裡。

26. Ammianus Marcellinus, *History*, Loeb Classical Library, 315 (Cambridge, MA: Harvard University Press 1940), 2:303. 參見 Rufinus：「整座雄偉的建築物以許多的拱門與拱形建物組成，每個拱形建物上都挖了一扇巨大的窗戶。建築物內部隱藏的祕室各自獨立，主要提供各種宗教儀式與祕密戒律之用。會客廳與小禮拜堂最高層的邊緣上繪著神明的圖像。建築物高聳入雲，但教士們……似乎已習慣這樣的景象。在建築物的後方，獨立的門廊被眾多的圓柱抬起，門廊面朝內，將整個庭院圍繞起來。當中矗立著神廟，巨大而華麗，外壁裝飾著大理石與珍貴的圓柱。裡頭供奉的塞拉皮斯神像非常巨大，他兩手一張，剛好碰觸到廟裡的兩面牆」——引自 Haas, *Alexandria in Late Antiquity*, p. 148。編注：卡皮托指卡皮托利歐山的朱比特神廟，是古羅馬最重要的神廟。

27. 如我們所見，亞歷山卓是一座戰略地位重要的城市，一旦羅馬社會內部出現衝突與撕裂，亞歷山卓也不可避免受到衝擊。西元前四十八年，凱撒一路追擊龐培來到亞歷山卓。埃及國王下令殺死龐培，當他的頭被獻給凱撒時，凱撒還一副悲傷的樣子。而凱撒所帶的兵雖然不到四千，他還是決定留下來控制這座城市。往後九個月，凱撒必須應付當地層出不窮的動亂，但數量居於劣勢的羅馬人發現，埃及的皇家艦隊即將進入亞歷山卓港，他們將因此腹背受敵。凱撒的部隊點燃沾有樹脂的松樹枝，然後放火燒船。火燒得又快又旺，因為船身都塗上了易燃的瀝青，而甲板也用蠟來填補空隙。（古代船艦著火的細節，見 Lucan, *Pharsalia*, trans. Robert Graves [Baltimore: Penguin, 1957], p. 84, III:656-700）。大火從船隻延燒到碼頭，而後波及到圖書館，或者至少燒到了倉房，裡面存放了一些書籍。書籍本身雖然不是羅馬軍隊攻擊的目標，但卻是可燃物。縱火者原先並未計畫燒書。凱撒把征服的亞歷山卓交給被罷黜國王的姊姊，機智而富有魅力的克麗歐佩特拉。圖書館的少量損失很快就彌補過來——幾年後，昏聵的馬克・安東尼把他在佩加姆掠奪的二十萬本書籍送給了克麗歐佩特拉。（佩加姆圖書館的圓柱至今仍屹立不搖，它位於土耳其地中海海岸的佩加姆遺址。）然而，隨機地從別的圖書館偷竊書籍，實在無法彌補原本費心蒐集的藏書。當然，圖書館館員仍熱心地修復損壞，而圖書館仍擁有大量學者與資源，它的威名依然不減。但有一點是不容否認的：戰爭是書籍的大敵。

28. 到了四〇七年，帝國各地的主教就被賦予了合法權威，以封閉或毀壞異教的神廟——Haas, *Alexandria in Late Antiquity*, p. 160.

29. Rufinus，引自同前，pp. 161-62.

30. *Greek Anthology*, p. 172.

31. *The Letters of Synesius of Cyrene*, trans. Augustine Fitzgerald (Oxford: Oxford University Press, 1926), p. 253. 希帕提亞不僅獲得學者敬重，亞歷山卓的民眾也尊敬她。經過兩代之後，一個來自大馬士革的年輕人來亞歷山卓攻讀哲學，仍時常聽到大家稱頌她的事蹟：「全城的人都喜愛她，並且尊敬她，就連當權者也要禮讓她三分」——Damascius, *The Philosophical History*, trans. Polymnia Athanassiadi (Athens: Apamea Cultural Association, 1999), p.131. 參見詩人帕拉達斯對希帕提亞的讚美：

> 尋找黃道帶，凝視處女宮，
> 妳的成就，令人五體投地，
> 舉目所見，任何學門，均有妳設立典範，

向妳致敬，可佩的希帕提亞，

妳教育眾人，如同高懸明星，潔白無瑕，永不黯淡……

Poems, trans. Tony Harrison (London: Anvil Press Poetry, 1975), no.67.

32. Socrates Scholasticus, *Ecclesiastical History* (London: Samuel Bagster & Sons, 1844), p. 482.

33. 見 *The Chronicle of John, Bishop of Nikiu* [c. CE 690], trans. R. H. Charles (London: Text and Translation Society, 1916):「她整天都將心力投入巫術、星盤與樂器，而她也以撒旦的詭計來矇騙眾人。亞歷山卓總督極為推崇她；因為他早已中了希帕提亞的巫術」（84:87-88）, p. 100。

34. 兩百多年後，阿拉伯人征服亞歷山卓，他們顯然發現了書架上的書籍，但這些絕大多數為基督教神學作品，而非異教的哲學、數學與天文學。當哈里發歐瑪爾（Caliph Omar）被問起該怎麼處置這些書籍時，據說他給了一個令人不寒而慄的回答：「如果這些書的內容與阿拉的神聖經典一致，那麼我們不需要這些書籍，因為我們有阿拉的書就已足夠。如果這些的內容與阿拉的書不一致，那麼我們也不用保存這些作品。直接摧毀它們吧！」引自 Roy Macleod, ed., *The Library of Alexandria: Centre of Learning in the Ancient World* (London: I. B. Tauris, 2004), p. 10。如果這則故事是真的，那麼這些莎草紙卷、羊皮紙與書籍最後全分配給公共浴池，用來當成燒水的燃料。據說，這些紙卷與書籍一共供浴池焚燒了六個月之久。也可見 Luciano Canfora, *The Vanished Library: A Wonder of the Ancient World*, trans. Martin Ryle (Berkeley: University of California Press, 1989) 和 Casson, *Libraries in the Ancient World*。關於希帕提亞，見 Maria Dzielska, *Hypatia of Alexandria* (Cambridge, MA: Harvard University Press, 1995).

35. Ammianus Marcellinus, *History*, trans. Rolfe, I:47 (xiv. 6.18).

36. Jerome, *Select Letters of St. Jerome*, Loeb Classical Library, 2362 (Cambridge, MA: Harvard University Press, 1933), Letter XXII (to Eustochium), p. 125.

37. 譯按：普勞圖斯（Plautus, BC 254-BC 184），古羅馬劇作家，他的喜劇是現在仍保存完好的拉丁語文學最早的作品。

38. 譯按：昆提里安（Aristides Quintilian, 約西元二世紀到三世紀），古希臘作家之一，其音樂論文為現代有關古希臘音樂知識的主要來源。

39. 譯按：弗朗托（Marcus Cornelius Fronto, 100-170），羅馬修辭學家與文學家，被認為是僅次於西塞羅的演說家之一。

40. 譯按：普林尼（Pliny the Elder, 23-79），古羅馬作家、博物學者，以《自然史》（*Naturalis Historia*）一書留名後世。

41. 「我年輕時，雖然受到無人沙漠的保護，但我無法抵擋罪與我的本性中帶有的熾熱欲望誘惑。為了擊潰它們，我進行禁食，但我的心智卻充滿了騷動的想像。為了壓制它們，我決定向另一名弟兄求助，他在改信前原是希伯來人，我要求他教我他的語言。因此，我從昆提里安的睿智格言，西塞羅豐富而優雅的修辭，弗朗托的雄渾與普林尼的流暢，突然一變而接觸這種發出噓噓聲，令人呼吸急促的語言」——Jerome, *Selected Letters*, p. 419。在同一封信裡，哲羅姆奉勸一名僧侶，「扭曲的線條也能捕到魚，抄寫手稿，讓你的手為你賺取食物，讓你的靈魂因閱讀而感到滿足，」p. 419。如我們所見，在修院社群裡抄寫手稿，成為盧克萊修與其他異教作品得以存續至今的關鍵。

42. Jerome, *Select Letters*, p. 127.

43. 同前，p. 129.

44. 「對一個高尚的人，一個口才便給的人，一個有錢的人來說，避免與街頭強梁相遇，與群眾相混，與貧民雜處，與農民來往，乃是至關重要之事。」Ep. 66.6, 讚揚 Pammachius，引自 Robert A. Kaster, *Guardians of Language: The Grammarian and Society in Late Antiquity* (Berkeley: University of California Press, 1988).

45. 譯按：賀拉斯（Horace, BC 65-BC 8），羅馬帝國奧古斯都統治時期著名的詩人、批評家、翻譯家，是古羅馬文學「黃金時代」代表人物之一。

46. Jerome, *Select Letters*, Letter XXII (to Eustochium), p. 125.

47. Pope Gregory I, *Dialogues*, trans. Odo John Zimmerman (Washington, DC: Catholic University of America Press, 1959), 2:55-56.

48. 不是每個人都同意柏拉圖與亞里斯多德的學說能與基督教相容。參見 Tertullian, "Against the Hertics," ch. 7：

> 哲學是俗世智慧的素材，是上帝本質與神意的草率詮釋者。事實上，異端就是哲學煽動出來的……雅典與耶路撒冷有什麼關係？學園與教會又有什麼關聯？異端與基督徒會有什麼瓜葛？我們得到的指示來自所羅門的門廊，所羅門自己獲得的教導是，應該從簡明的內心追尋天主。遠離斯多噶派、柏拉圖派與辯證派的基督教！我們既然擁有耶穌基督，就不該從事稀奇古怪的

爭論，我們既然已經獲得福音，就不該汲汲營營地探究！我們相信神，我們無需更進一步的證據。因為上帝是我們唯一信仰的對象，除了祂，我們不需要再信仰別的事物。

見 *Ante-Nicene Fathers*, ed. Alexander Roberts and James Donaldson, 10 vols. (Grand Rapids: Wm. B. Eerdmans Publishing Co., 1951), 3:246. 我們將會看到，十五世紀之際出現完全相反的做法，人們開始將基督教與修正的伊比鳩魯學派融合為一。

49. Minucius Felix, *Octavius*, trans. T. R. Glover and Gerald H. Rendall, Loeb Classical Library, 250 (Cambridge, MA: Harvard University Press, 1931), p. 345（對基督徒的嘲弄）, p. 385（對異教徒的嘲弄）。類似的部分見同卷 Tertullian, *Apologeticus* (“Apology”)，「我閱讀你們的文學，你們就是從中獲得了智慧與人文技藝；但我發現極其虛妄的東西！我看見支持特洛伊人與亞該亞人的眾神彼此爭鬥，就像角鬥士一樣……，」p. 75.

50. Tertullian, *Concerning the Resurrection of the Flesh*, trans. A. Souter (London: SPCK, 1922), pp. 153-54.

51. 同前，p. 91.

52. 見 James Campbell, “The Angry God: Epicureans, Lactantius, and Warfare,” in Gordon and Suits, eds., *Epicurus: His Continuing Influence and Contemporary Relevance.* Campbell 認為，基督教對伊比鳩魯學派的態度變得強硬，發生於四世紀，這與基督教在羅馬世界變得愈來愈有權力與愈來愈顯赫有關。在此之前，基督教其實與伊比鳩魯的態度較為接近，而且也對伊比鳩魯的學說較為同情。「事實上，特圖里安、亞歷山卓的克雷芒，以及雅典那哥拉都認為，伊比鳩魯學派有許多可取之處，因此 Richard Jungkuntz 提醒說，『認為教父全厭惡伊比鳩魯學派，這種過於概括的說法必須加以明辨，裡頭不一定完全正確。』伊比鳩魯學派對社會美德的實踐，對寬容與互助的強調，以及對俗世價值的懷疑，這些都與基督徒的態度頗為類似……DeWitt 因此認為，『伊比鳩魯學派的人要成為一名基督徒，相對來說要容易得多』──同樣地，基督徒要變成伊比鳩魯學派份子也是一樣。」p. 47.

53. 然後他又說：「不過，既然在他們的想法裡，神已經摧毀他們的作品，那麼他們的書籍絕大多數也已不可得」──Floridi on Sextus, p. 13. 除了伊比鳩魯，尤里安也想除去皮隆學派，亦即，哲學上的懷疑論者。

54. 嚴格來說，伊比鳩魯學派這個詞指的並不是無神論者。邁蒙尼德解釋說，apikoros 指一個人否定天啟，堅稱上帝不知道人世之事，也對人世之事毫無興趣。

55. Tertullian, *Apologeticus*, 45:7 (Loeb, p. 197).

56. 見 Lactantius, *De ira* (“A Treatise on the Anger of God”), in Ante-Nicene Christian Fathers, ed. Roberts and Donaldson, vol. 7, ch. 8.

57. 編按：莎士比亞劇中角色，一個嗜酒好鬥自負的士兵。

58. 見 Lactantius, *Divine Institutes*, 3-1.

59. Pope Gregory I, *Dialogues*, 2”60.

60. 在上古時代，鞭打廣泛運用在懲罰上面，而且不僅限於羅馬：《申命記》（25:2），「惡人若該受責打，審判官就要叫他當面伏在地上，按著他的罪照數責打。」關於鞭打的歷史，見 Nicklaus Largier, *In Praise of the Whip: A Cultural History of Arousal*, trans. Graham Harman (New York: Zone

Books, 2007).

61. 公開懲罰當然未隨著異教消滅或上古時代結束而消失。莫里內提到，蒙斯民眾重金買下一名強盜，為的是觀看此人被大卸八塊，「民眾從中得到的樂趣，似乎遠比觀看神聖之軀死裡復活來得興致勃勃」——（Molinet, in Jean Delumeau, *Sin and Fear: The Emergence of a Western Guilt Culture, 13th-18th Centuries*, trans. Eric Nicholson (New York: St. Martin's Press, 1990; orig. 1983), p. 107. 瑞士日記作家普拉特一輩子都無法忘記他幼年時看見的景象：

> 一名罪犯，他強姦了一名七十歲婦人，人們用燒紅的鉗子活活把他的皮剝下來。我親眼看見鉗子上夾著他的肉，上頭竄起了濃煙。行刑者是伯恩的處刑官尼古拉師傅，他專程為此事前來。這名犯人是個孔武有力之人。在跨越萊因河的橋邊，他們扯開他的胸膛，然後他被帶到了斷頭臺。此時，他已極為虛弱，鮮血不斷地從他手中流出。他一直站不穩，不斷地倒下。最後，他的頭被砍下。他們用木樁穿過他的身體，把屍體丟在溝裡。我親眼目睹整個折磨的過程，父親緊緊抓著我的手。

62. 其中一個例外是聖安東尼，根據聖徒傳的說法，「他擁有極為高度的 apatheia，亦即完美的自制力，情感毫不浮動……基督是他的模範，因為基督在情感上毫無弱點也毫無瑕疵」——Athanasius [attr.], Life of Anthony, section 67, 引自 Peter Brown, "Asceticism: Pagan and Christian," in Averil Cameron and Peter Garnsey, eds., *Cambridge Ancient History: Late Empire, A.D. 337-425* (Cambridge: Cambridge University Press, 2008,), 13:616.

63. 見 Peter Brown, *The Rise of Western Christendom: Triumph and Diversity, A.D. 200-1000* (Oxford:

Blackwell, 1996), p. 221; R. A. Markus, *The End of Ancient Christianity* (Cambridge: Cambridge University Press, 1990) 和 Marilyn Dunn, *The Emergence of Monasticism: From the Desert Fathers to the Early Middle Ages* (Oxford: Oxford University Press, 2000).

64. 其實這並無新意可言。藉由主動追求疼痛來仿效神明受苦的做法，早有前例，伊西絲（Isis）、阿提斯（Attis）與其他神祇崇拜都是著例。

65. 引自（還有其他證據）Largier, *In Praise of the Whip: A Cultural History of Arousal*, pp. 90, 188.

66. 同前，p. 36. Largier 也排演了以下的故事。

第五章 誕生與重生

十五世紀初，佛羅倫斯並不像現在，擁有這麼多優雅美麗、使人發思古幽情的建築。布魯內雷斯基[1]為聖母百花大教堂建造的雄偉圓頂——羅馬時代之後首次出現的巨大圓頂，至今仍是佛羅倫斯天際線的顯著特徵——當時尚未出現，就連他設計的、擁有高雅拱頂涼廊的孤兒院，以及他依照上古時代建築原則細心完成的其他建築物，當時也還不存在。主教座堂的洗禮堂少了吉貝爾蒂[2]設計的著名古典風格大門，新聖母教堂沒有阿爾貝爾提[3]和諧、優雅對稱的正面。建築師米開羅奇[4]尚未為聖馬可修道院設計美麗、樸素的建築。佛羅倫斯最富有的家族——梅第奇家族、皮提家族、盧切萊家族——尚未建造他們的華麗宮殿，這些宮殿的圓柱、拱門與雕飾柱頭特別著重古典的樣式與比例。

四周築牆的佛羅倫斯外觀充滿中世紀風格，看起來不僅封閉而且陰暗。在人口稠密的市中心區，密集興建了高塔與堡壘式的石砌建築，曲折狹窄的巷弄因往上增建的樓層以及遮蔽日光的陽臺而更顯陰暗。就連橫跨在阿諾河老橋上的店鋪也櫛比鄰次地緊挨著，幾乎不可能瞥見開敞的風景。從空中鳥瞰，佛羅倫斯似乎有許多空曠地，但這些地方絕大多數都屬於彼此敵對的宗教教團興建的巨大修院，所謂的空地其實就是修院高牆圍起來的庭院，這些修院包括道明會的新聖母修道院，方濟會的聖十字修道院，奧斯定會的聖靈修道院，加爾默羅會的卡爾米內聖母修道院，以及其他修道院。世俗的開放公共空間非常稀少。

一三九〇年代晚期，年輕的波吉歐看到的，正是這麼一座陰暗、狹窄而擁擠的城市，而且每隔一段時間還會爆發鼠疫。一三八〇年，波吉歐在特拉努歐瓦出生，[5]這是佛羅倫斯治下一處名不見經傳的小地方。數年後，一個經常與波吉歐論戰，名叫莫洛尼的人，他說波吉歐是靠種地過活的農民私生子。這類陳述毋需當真，文藝復興時代的人文學者（波吉歐也是其中一員）彼此謾罵是司空見慣之事，你可以把他們當成已經打得暈頭轉向的拳擊手。不過，波吉歐畢竟是在托斯卡尼長大成人，無論他是否曾親自下田耕作，對於當地的農村生活肯定一點也不陌生。要波吉歐詳列他的歷代祖先恐怕是強人所難，因此他在成名之後，為了讓自己能在大家面前堂而皇之地追溯家系，他不惜重金購買宣稱已有三百五十年歷史的假盾形家紋。

比較合理的說法，波吉歐自己曾一度坦承，他的父親古奇歐是一名公證人，不過當時的稅務紀錄卻顯示他是一名 spetiale，亦即藥房老闆。或許古奇歐身兼這兩種身分。公證人的地位不是很高，但在重視契約與好興訟的文化裡，公證人多如過江之鯽。佛羅倫斯的公證人馬澤伊提到，市政廳裡擠進六、七百名公證人，大家腋下夾著一堆文件，「每份文件幾乎有半部聖經那麼厚」[6]。公證人擁有的法律知識，使他們有能力草擬地方法規，舉辦村里選舉，撰寫訴狀。村鎮裡負責司法的官員不知如何主持訴訟，公證人會在耳邊提示他們該說什麼，並且撰寫必要的書狀。這些官員身邊少不了這些幹練的辦事員。

無論如何，波吉歐家族與某個公證人有著無可置疑的關係，那就是他的外祖父富魯提。值得一提的是，一三四三年，也就是波吉歐出生前許多年，富魯提曾在公證人登錄簿留下美麗的簽名。書法因此在他外孫的故事裡扮演異常吃重的角色。一連串偶發事件使波吉歐發現了盧克萊修的詩集，而波吉歐的字跡正是其中關鍵。

古奇歐與妻子賈科芭育有其他子女——兩個女兒（其中一個很早就死了）與另一個兒子，身為兄長的波吉歐日後對這個弟弟有著憤懣的怨言。從他父親的稅捐紀錄來看，波吉歐早年應該過著舒適的生活；但到了一三八八年左右，也就是他八歲的時候，家境突然惡化。古奇歐必須賣掉房子與土地，躲避債主，並且與家人搬到鄰近的阿雷佐。根據莫洛尼的說法，年幼的波吉歐被叫到田裡為一個名叫盧卡魯斯的人工作。莫洛尼又說，波吉歐欺騙盧卡魯斯，東窗事發後原本應該要釘十字架，但念在他年幼無知，所以饒他一命。還是一樣，我們毋需認真看待這類毀謗言論，它們只是學者彼此爭吵的怨恨之詞。在阿雷佐，波吉歐一定上過學，學習基本的拉丁文與熟習書法藝術，而非在某人田裡耕作或逃避劊子手的毒手。但波吉歐晚年曾坦言他在這段時期極為窮困，他回憶自己抵達佛羅倫斯時，口袋竟只有五分錢。

一三九〇年代，這名未滿二十歲的貧困年輕人來到佛羅倫斯。他或許帶了阿雷佐學校老師為他寫的推薦信，他可能在波隆那短期攻讀過法律，因此懂了一點零碎的法律知識。過了一段時間之後，貧困的父親及其他家人也來到佛羅倫斯與他團聚。但當波吉歐初次來到領主廣場，或首次仰望聖母百花大教堂旁由喬托興建的美麗鐘樓時[7]，他還只是個沒沒無聞之人。

佛羅倫斯人口大約五萬左右，其政治、社會與商業生活全掌握在一小撮有權有勢的商人與貴族家族手裡：阿爾比奇家族、斯特羅奇家族、佩魯奇家族、卡波尼家族、皮提家族、布翁德蒙提家族與其他一些家族。這些大家族過著奢侈的生活，藉此彰顯他們的尊貴與重要。「花錢要比賺錢開心多了」[8]，盧切萊寫道，他的家族靠著染羊毛與開設銀行致富；「花錢更能讓我滿足。」有錢人身邊有一群人伺候著，如侍從、管家、簿記、抄寫員、書記、信差、家庭教師、音樂家、藝術家、僕役與奴隸。一三四八年黑死病造成的勞工短缺大幅增加了市場對奴隸的需求[9]，奴隸來源除了穆斯林西班牙與非洲，也包括巴爾幹、君士坦丁堡與黑海沿岸。即使這些奴隸是異教徒而非基督徒，仍然允許交易，而波吉歐肯定看過不少異教徒奴隸，如北非人、賽普勒斯人、韃靼人、希臘人、俄羅斯人、喬治亞人與其他民族。

佛羅倫斯是寡頭政體，掌握政權的一小群人都是出身名門的富人。財富源自銀行與土地，這是積攢金錢最常見的方式，此外財富也來自於紡織與布料加工，佛羅倫斯因這些產業而聞名於世。布料生意需要了解世界潮流，擁有過人膽量，以及對細節的異常專注。這個時代某個大商人——達提尼，他住在普拉托，就在佛羅倫斯附近，不過此人還不能算是近代初期的大資本家——遺留下來的檔案庫，裡面收藏了十五萬封信，五百本帳冊或分類帳，三百份合夥契約，四百份保單，數千份貨物帳單、通知書、匯票與支票。翻開達提尼分類帳的前幾頁，可以看到上面印了一行字：「以上帝與獲利之名。」[10]

在佛羅倫斯，崇拜上帝的教堂數量驚人，在車水馬龍的街上，可以看到一間間教堂彼此緊挨相鄰。崇拜上帝的方式也表現在漫長而熱情的布道上，講道往往能吸引大批群眾前來，此外還有巡遊的化緣修士熱烈演說，加上祈禱文、誓詞、供物以及對宗教恐懼的表達，這些事物不斷地出現在絕大多數的文字作品中，無論是正式還是非正式。這些現象深刻影響了民眾每日的言談，因此每隔一段時間就會掀起虔敬拜神的熱潮。

蓬勃的國際布料產業則以利潤為崇拜對象，[11]它需要大量訓練有素的工人。一些技術最優秀的工人被納入強大的同業公會組織，由同業公會照顧工人的利益，不過還有一些工人僅能靠微薄的薪資維生。一三七八年，也就是波吉歐出生前兩年，這些悲慘的日薪勞工長久累積的憎恨終於爆發，他們發動大規模的流血叛亂。工匠在大街小巷穿梭奔跑，嘴裡喊著，「人民與手工藝萬歲！」這場暴亂短暫推翻了統治家族，建立了民主政府。但舊秩序不久便重新建立起來，新政權再度鞏固了同業公會與領導家族的力量。

Ciompi（梳毛工）——這群工人階級革命份子的名稱——起事失敗後，重建的寡頭政體持續掌權了四十多年，他們的統治構成波吉歐對佛羅倫斯整體的認識與經驗，而他決心在此賺取財富。波吉歐必須想辦法打進保守的社交世界。幸運的是，他學得的技藝與受過的訓練，使他這種出身平庸而資力寡少的人，能以罕見的才華打進上流圈子。而他克服第一道關卡的關鍵，正是近代世界最重要的一項技藝：美麗的字跡。

波吉歐的字體不同於錯綜複雜、稜角分明的哥德體。在他之前，在同一個世紀，佩脫拉克（1307-1374）已經疾呼要使用容易閱讀的字體。佩脫拉克抱怨當時絕大多數手稿使用的字體使文章難以判讀，「使用這種字體似乎不是為了供人閱讀，而是為了別的目的」[12]。為了讓文章更容易閱讀，每個字母應該避免連寫，每個字彙應保持距離，行距應該擴大，同時避免縮寫。這就像打開窗戶，讓空氣流進密不透風的房間一樣。

波吉歐與一些人合作獲得的成果，至今仍令人驚訝。他們使用卡洛林王朝的小寫體，這是九世紀查理曼宮廷發明的字體，然後將其轉變成用來抄寫手稿與撰寫書信的書寫體。書寫體進一步發展成斜體字以及我們所謂「羅馬字體」的基礎。而他們因此成為這些字體的發明者，至今我們仍認為這些字體是最清楚、最簡單也最優雅的字體。舉例來說，佛羅倫斯羅倫佐圖書館收藏的抄本，當我們閱讀這些手稿時，很難不把目光停留在字體上：裝訂得美輪美奐的羊皮紙手稿，在經過五百多年後，依然呈現出優雅的乳白色，每一頁都書寫上工整美麗的字體，說是巧奪天工也不為過。頁緣有小孔，用來固定空白紙張，讓整本書不輕易脫落散亂。頁面上畫著淺淺的橫線，讓書寫時能夠對齊，每頁有二十六行。然而，這些輔助措施雖然能讓書寫的字體維持乾淨清爽，卻無法說明這些字體是怎麼發明出來的。

要發明一種字體，既要讓人一眼就能辨識，又能獲得六百年後眾人的青睞，這的確是很了不起的成就。而波吉歐設計字體的過程，顯示的不只是傑出的平面設計技巧；它也顯示出面對當時佛羅倫斯與整個義大利翻騰的強大文化潮流，波吉歐必須做出創意的回應才行。波吉歐似乎發現到，要求新草寫字體的呼聲，其實只是更大計畫裡的一小部分，而這個大計畫包括了新事物的創造與舊事物的追尋。把這項追尋說成是一項計畫，可能會讓它聽起來像例行公事而讓人覺得毫無新意。事實上，這是一種分享的狂熱，它的起源可以上溯到佩脫拉克。佩脫拉克比波吉歐早一個世代，是他開啟了恢復古典羅馬文化遺產的風潮。

現代學者發現這股風潮有合理的地方，也有不合理的地方。佩脫拉克的支持者認為，上古歷史原已遭到遺忘，佩脫拉克則英雄式地將其帶回人間。但事實上，佩脫拉克的觀點並不如想像中新穎。除了十五世紀的文藝復興，還有其他時代對上古有著濃厚興趣，例如中世紀的義大利，以及位於北方的王國，包括九世紀偉大的卡洛林王朝文藝復興。而且也不只這些時期保存了古代思想遺產的生命力。中世紀的手冊與古典時代思想的連續性，遠比受佩脫拉克影響的人認為的來得密切。在中世紀極盛時期，經院哲學家透過卓越的阿拉伯評釋家魯世德的詮釋來理解亞里斯多德，並且構築一套繁瑣而高度理性的陳述來說明宇宙萬物。即使佩脫拉克大張旗鼓地投入古典拉丁文的審美探索——他希望追踵古人的步履——但事實上，至少在他出生前七十年就已經有人從事這方面的鑽研。佩脫拉克及其追隨者宣稱自己的取向是新穎的，但這其實是一種偏頗、自我貼金的誇大其詞。

但是，光從佩脫拉克以及同時代人陳述的經驗來看，似乎不足以解釋佩脫拉克何以能引發這樣的浪潮。至少佩脫拉克一行人並不認為自己輕鬆地走在前人鋪好的道路上，相反地，他們認為自己是探險者，他們不僅探索外在世界——翻山越嶺，調查修院，挖掘廢墟——同時也追尋內在的欲望世界。他們如此急切地追尋，顯示他們的內心已然認定，當前顯而易見必須進行的就是恢復或模仿遠古的語言、物品與文化成就。從事這項工作確實有點古怪，尤其與數百年來人們習慣的生活相比，更顯怪異。但他們卻覺得，與這些傾頽、沉默的古代遺跡相處，似乎來得更為愜意。

這些遺跡不僅散布於義大利，在歐洲各地也到處可見：一千年前建造的橋樑道路，至今仍在使用，毀壞的浴場與市集還殘存著牆壁與拱門，神廟的立柱成為教堂結構的一部分，上面刻著古老文字的石塊成了新建築物的建材，此外還有殘缺的人像與花瓶。然而，留下這些遺跡的偉大文明早已滅失殆盡。遺留下來的牆壁融入新屋之中，提醒我們萬事萬物終有消亡遺忘之日。它無聲見證了基督教戰勝異教，它也成了文學的採石場，任人撿拾珍貴的石頭與礦物。無論在義大利還是歐洲其他地區，世代相傳，發展出有效回收古典遺物的技術，在文學與建築上加以發揮。這些技術既能融合異教文化的遺跡，卻又絲毫不感到焦慮：無論是石頭還是語言，只要將其視為殘骸加以廢物利用，就不會構成任何威脅。誰會覺得一千年來眾人踩在上面來來去去的瓦礫堆會有什麼特別之處？

堅持探索這些瓦礫堆原初與獨立的意義將招來麻煩，也會造成道德的困惑。對上古的熱情，顯然不能以好奇自圓其說，因為好奇長久以來一直被視為是一種塵世罪惡[13]。人們一般認為異教是一種魔鬼崇拜，此外，撇開恐懼不論，基督教信徒將因為接觸異教文化而對古希臘羅馬（典型的俗世與人類王國的代表）文化心生嚮往，如此將與超驗的、永恆的上帝之國產生對立。

佩脫拉克是一名虔誠的基督徒[14]，終其一生，他一直嚴肅思考著自己的靈魂狀況。然而，他在歷經長期的旅行、從事外交事務、追索自己的靈魂與強迫自己寫作這一連串複雜的事業之後，他早已完全傾心於異教的上古文化，只是他自己從不自覺。雖然佩脫拉克大半生總是形單影隻，但他對上古文化的迷戀不只局限於一身。他以傳教士的熱忱，四處宣揚這些被埋藏在廢墟底下遭人遺忘的事物所具有的表達力、美麗與挑戰。

佩脫拉克是天分很高的學者，他開始探索這些被遺忘的古代文獻。佩托拉克雖非從事此類探索的第一人，但他的心態充滿嶄新的、幾乎帶有情欲的急切與愉悅，他把這件事置於所有珍寶之上：

> 金銀、財寶、紫袍、大理石宅邸、美麗莊園、宗教畫像、披著華服的駿馬，與其他珍貴之物，這些都是變化無常的身外之物；書本才是快樂的真正泉源。書本對我們說話，與我們商量，而且成為我們的一部分，密不可分。[15]

佩脫拉克抄寫、比對與更正自己發現的上古拉丁文作品，然後將其流通到與自己通信的許多人手中。他總是午夜起身，坐在書桌前，精力充沛地從事這項工作。他回應上古作家的說法，彷彿他們是交遊圈裡活生生的人物，是親密的朋友，是他可以分享想法的家人。佩脫拉克發現西塞羅有厚厚一疊寫給富有的朋友阿提庫斯的書信，信裡坦誠不諱地顯露西塞羅的自我中心、野心與憎恨。佩脫拉克二話不說，立刻寫信給西塞羅，指責他未能遵守自己設下的崇高原則。

對於自己別無選擇下身處的時代，佩脫拉克流露出輕視之意。[16]他埋怨自己生在一個骯髒汙穢的時代，充滿了粗野、無知與膚淺，後世的人將不會記住這個時代的一切。但他的輕蔑之語反而更增添了他的魅力與人氣。他的名聲，連同他對上古文化的癡迷，持續地水漲船高。在佩脫拉克之後的數個世代，這種癡迷逐漸例行化成為具影響力的新教育大綱：人文學科，強調精通希臘文與拉丁文以及這兩種文學，並且特別著重修辭學。不過，佩脫拉克自己協助創設的，以及他與親密的好友和門徒——其中最知名的如薄伽丘[17]與薩魯塔提[18]——討論的人文主義，則還未成為嚴格的學院科目。

早期的人文主義者心中同時充滿著自傲、困惑與恐懼的複雜情緒，他們覺得自己正從事一場劃世代的運動。某方面來說，這場運動是為了認清原本看似存活的事物其實已經死了。數世紀以來，王侯主教都宣稱自己承襲了古代世界的傳統，並且採用了過去的象徵與語言。但佩脫拉克與受他啟發的追隨者卻堅稱，這種隨意的採用其實是個謊言：羅馬帝國並不存在於阿恆[19]，但阿恆的統治者卻自稱是「神聖羅馬帝國皇帝」，並且獲得加冕；曾經界定西塞羅與維吉爾世界的制度與觀念早已被砸成碎片，過去六、七百年來哲學家與神學家書寫的拉丁文不過是醜陋扭曲的圖像，就像不平整的鏡面反射出來的東西，再也無法回復過去的美麗修辭。最好的做法是不要再佯裝下去，而是承認現在與過去並無連續性。事實上，過去早已成了我們腳下的屍體，在長期掩埋下早就分解無存。

但這項承認只是必經的第一步。一旦承認事物已經消逝，一旦為悲劇性的失去感到哀悼，接下來我們才能為死亡的另一端鋪路：形同死而復生。當然，這種模式是每位虔誠的基督徒所熟悉的——受過聖秩聖事的佩脫拉克也是非常虔誠的基督徒——只是這個例子裡的復活是在此世而不是在彼世。而且復活的事物基本上是文化與世俗的。

波吉歐抵達羅馬是佩脫拉克去世二十五年後的事，佩脫拉克當時如火如荼發起的運動，此時已趨於衰微。過去的創造進取精神，逐漸轉變成古物研究，企圖建立學科，更正與規範和上古時代的關係。波吉歐這個世代的人逐漸專注於避免在拉丁文法上犯錯，或是極力想找出別人的錯誤。然而，恢復古典時代文化的渴望依然在人心中逡巡著，而眾人對上古時代仍感到陌生，正因如此，波吉歐字體的出現才產生了一定的衝擊。波吉歐創造的字體並非直承自古羅馬時代：古羅馬人並未留下任何書寫字體的遺跡，剩下的只有刻在石頭上的碩大大寫字母，以及偶爾可見的潦草塗鴉。他的字體卻是一種圖像表現，能滿足人對不同風格的美的深切渴望，這種文化形式足以讓已經喪失的珍貴事物死而復生。波吉歐的字體源自於卡洛林朝抄寫員的手稿風格。但波吉歐與當時的人並不知道這種字體來自於查理曼宮廷；他們稱之為 lettera antica，並且以為這是西塞羅與維吉爾時代的字體，渾然不知這是查理曼的老師阿爾庫因所創。

為了謀生，年輕的波吉歐從事抄寫書籍與文件的工作，而且數量可能非常多。他的筆跡與抄寫技巧——這成了他終身知名的絕技——很可能從一開始就名震一時，使他得以賺取學費。波吉歐繼續加強他已經十分精通的拉丁文，他從學於一位來自拉溫納的優秀老師馬爾帕基諾。此人精力旺盛而且好爭論，年輕時擔任過佩脫拉克的祕書與抄寫員，而且曾在威尼斯、帕都瓦、佛羅倫斯與其他地方講授西塞羅與羅馬的詩，以此為生。波吉歐用賺來的錢支付參與公證人訓練[20]的費用，成為公證人所需的課程要比成為律師來得便宜，而且時間也比較短。

二十二歲時，波吉歐參加考試，地點不在大學，而是在一群律師與公證人組成的委員會面前應試。他努力擺脫貧困童年時期異想天開的想法，設法讓自己規規矩矩地開展公證人業務。他第一個經手的案子就是為自己的父親寫推薦信，當時他為了逃債，從佛羅倫斯跑到了里米尼。我們不知道波吉歐振筆疾書時腦子裡在想什麼。或許他更在意的是這封推薦信是以某人的名義寄出去的：寇魯奇歐．薩魯塔提，佛羅倫斯共和國偉大的執政官。

佛羅倫斯共和國的執政官，實際上是一國的外交大臣。佛羅倫斯是一個獨立國家，控有義大利中部廣大的領土，並且與義大利半島其他強大國家有著牽一髮而動全身的利害關係，特別是北方的威尼斯與米蘭，南方的那不勒斯與羅馬教宗國。佛羅倫斯雖然因內部鬥爭而削弱，但依然是富有、危險與喜歡干涉他國的國家。這些國家每個都小心翼翼，一旦自己的地位受到威脅，就會採取冒險的步驟向外求援，可能是討救兵也可能是借錢，而歐陸的君主早已虎視眈眈想介入此地。義大利諸國君主全是充滿野心、狡詐、善變、無情與準備用武之輩，執政官在外交上的折衝，包括與教會的關係，十分關鍵，不僅將影響城市的福祉，也將決定國家面對法國、神聖羅馬帝國與西班牙的威脅時是否能夠存活。

當波吉歐於一三九〇年代末期抵達佛羅倫斯時，薩魯塔提——他從低層的地方公證人開始幹起——擔任執政官已有二十五年之久，他玩弄陰謀，僱用傭兵領軍出征，頻下指令給遊走四方的外交人員，折衝樽俎，看穿敵人的詭計，締結同盟，發布宣言。實際上每個人——包括城市的死敵以及最愛國的市民——都知道，這位執政官是佛羅倫斯最不尋常的人物，他不僅擁有法律知識、政治詐術與外交才能，他也有看穿人心的能力，建立公共關係的才能，以及不尋常的文學技巧。

薩魯塔提與和他通信的佩脫拉克一樣，他感受到遭掩埋的過去的力量，於是讓學者研究古典文化的遺跡。同樣地，跟佩脫拉克一樣，薩魯塔提也是虔誠的基督徒，但在此同時他也發現，從六世紀的卡西歐多魯斯到十三世紀的但丁，其間出現的作品毫無值得稱述之處，至少就風格來說是如此。最後，與佩脫拉克一樣，薩魯塔提嘗試模仿維吉爾與西塞羅的風格，雖然他知道自己不像佩脫拉克那麼有才氣——Ego michi mon placeo（「我不喜歡我自己」），他悲傷地說——但他的散文還是令當世為之驚豔。

最重要的是，薩魯塔提與佩脫拉克都相信，想恢復過去不能只局限於古物研究。即使今人有可能模仿古人，但閱讀的目的不是為了讓人完全與古人相同。「我希望我的風格完全來自於我，」佩脫拉克寫道，「雖然缺乏教養而且粗魯，但就像合身的衣服一樣，符合我的心靈，而非符合別人的心靈。雖然別人的心靈也許較為優雅、具有野心而且受人喜愛，但這樣的才情恐怕不是我卑微的才智能承接得來，最終只會貽笑大方。」[21]雖然這樣的自謙之語有些華而不實，但當中確實透顯出一種嶄新而原創的聲音，那就是不希望自己只能拾人牙慧，而是能自出機杼。佩脫拉克在給薄伽丘的信中寫道，上古作者「已經吸收成為我的一部分，不僅植入我的記憶之中，也沁入我的心脾之內，他們已與我合一，即使我這輩子不會再閱讀他們的作品，他們的根柢也已深入我的靈魂」。[22]薩魯塔提也說過相同的話，「我一直相信，我模仿古人並非為了複述他們的說法，而是為了寫出新的東西……」[23]

佩脫拉克與薩魯塔提都堅定認為，人文主義的價值不只在於為古典風格設定可穿越的界線，也為了實現更高的倫理目的。[24]為了實現這點，我們必須充分而有活力地活在當下。但就在這裡，弟子與導師出現了差異。佩脫拉克一出生就四處流亡，他沒有認同的故鄉，終其一生他總是不斷遷徙——從皇宮到城市，從城市到教廷，從教廷到鄉間隱僻之處，他希望找到穩定的地方，而且想從俗世抽身而出，專心從事冥想。薩魯塔提恰恰相反，他希望在自己喜愛的城邦裡創造出新的事物。[25]

佛羅倫斯有著堡壘化的塔樓與高牆隔絕的修道院，在這擁擠的城市景象當中，有一座領主宮殿，它是共和國的政治中心。對薩魯塔提來說，這裡就是城市榮耀的源頭。[26]佛羅倫斯的獨立地位——它不是任何國家的藩屬，不仰賴教廷，不受國王、僭主或主教統治，而是由自己的市民組成機關進行統治——是薩魯塔提最關心的事物。他的書信、急件、議定書與宣言，都是以佛羅倫斯的統治機關為名而寫，這些文件激動人心，在義大利各地都有人閱讀傳抄。它們證明古代的修辭依然能振奮人心，並且能有力地攪動政治情感，喚醒已逝的夢想。薩魯塔提是極有才能的外交家與政治人物，對於許多主題提出了自己的看法，因此很難簡單地化約他的意見，但一三七六年二月十三日他寫給安科納鎮的信，似乎可以捕捉到他精神的真髓。安科納就像佛羅倫斯一樣，是個獨立的共同體，薩魯塔提鼓勵安科納民眾起而反對教廷政府的干涉：

「你們要一直站在奴役的陰影中嗎？你們這些了不起的人物難道沒有想過自由有多甜蜜？我們的祖先，事實上是全體義大利人，奮鬥了五百年的時間……這才保住了自由。」[27]他企圖煽動這場叛亂——當然是為了佛羅倫斯的戰略利益——但他也喚起了自由的精神，因此從這點看他並非只會損人利己。他似乎真的認為佛羅倫斯是共和主義的繼承者，而共和主義正是古羅馬偉大的基礎。古羅馬的偉大，驕傲宣示著人類的自由與尊嚴，然而這份偉大早已在破敗、骯髒的羅馬街頭，在卑劣、可恥的教士陰謀中消失。但這份偉大還存在著，薩魯塔提說，它存在於佛羅倫斯。而他便代表了佛羅倫斯的聲音。

薩魯塔提知道自己不可能永遠為佛羅倫斯喉舌。當他七十多歲時，宗教帶給他的不安不斷加深，而他也對於自己所愛的城市面臨眾多威脅感到憂心，於是他找了一群優秀的年輕人做為他的派系。波吉歐就是其中一位，但我們無法確知薩魯塔提如何選拔，或他如何訓練其他人，只知道他希望這些人當中有人能繼承他的衣缽。其中最被看好的學生是阿雷佐的里奧納多．布魯尼，他比波吉歐年長十歲，而且與波吉歐一樣家境清寒。布魯尼原本攻讀法律，但是與當時其他才智之士一樣，特別是薩魯塔提派系的人，他很快就受到古典學問的吸引。以布魯尼來說，決定性的因素是攻讀古希臘文，一三九七年，薩魯塔提邀請大名鼎鼎的拜占庭學者克里索洛拉斯前來佛羅倫斯，傳授這種幾乎已被完全遺忘的語言。「當克里索洛拉斯來的時候，」布魯尼回憶，「我不得不停下來重新思考我的人生，我認為放棄法律是錯的，但我也認為錯過學習希臘文學的機會是一種罪惡。」希臘文的誘惑令他難以抗拒：「最後我還是被說服了，我決定抱著這股熱情去上克里索洛拉斯的課。白天我向他學習，晚上在睡夢中我也繼續神遊在希臘文世界。」[28]

在這個圈子裡，大家都競相吸引偉大的薩魯塔提的注意，或許有人認為波吉歐應該會認同辛勤學習、充滿野心的布魯尼，因為他來自貧困的偏鄉，唯一能讓他出頭的就只剩下他的聰明才智。然而，雖然波吉歐欽佩布魯尼——布魯尼最後終於當上了佛羅倫斯的執政官，傑出並熱愛這座城市，他也是第一位寫下佛羅倫斯史的作者——但他真正的好友其實是薩魯塔提另一名學生尼科里，一個極為敏銳、善於議論的美學家。

尼科里比波吉歐大十六歲，出身佛羅倫斯最富有的家族之一。他的父親因為生產羊毛、放貸、穀物期貨與其他事業而致富。一三九〇年代的稅捐紀錄顯示，尼科里與他的五個兄弟要比市內同區的絕大多數居民都要來得富有，包括統治階級布蘭卡奇家族與皮提家族。（大家到佛羅倫斯觀光時可以留意一下皮提宮的雄偉華麗，不難窺見皮提家族有多麼富有。這座宮殿是在尼科里死後二十年興建的。）

波吉歐結識尼科里的時候，尼科里與他兄弟的財富似乎正在不斷流失。雖然他們仍然算是富人，但兄弟鬩牆，加上家族似乎無意或沒有能力參政，因此使他們喪失了佛羅倫斯保護與積聚財富的必要手段。唯有積極參與城市政治並隨時留意自身利益的人，才能避免賦稅的打擊與報復，從而保全他們脆弱的財產。史家貴恰迪尼在一個世紀後精明地提到，佛羅倫斯的賦稅就像一把匕首一樣。[29]

尼科里花費了大量金錢讓自己躋身於統治階級之列，從而避免了重稅，使家族得以保住部分財產。但羊毛貿易與商品投機顯然不適合尼科里，在領主宮殿擔任公職，成為政府與重要委員會（稱為十二好人與十六民兵旗手）成員之一也非其所願。尼科里比他的導師與朋友更癡迷於古羅馬遺跡，因此無暇處理政務。他可能很早就決定放棄事業與政府職位，決心將自己繼承的財富全用來與上古的鬼魂相伴，他認為這才是美麗而充實的人生。

在尼科里那個時代的佛羅倫斯，家族是最核心的制度，具有社交、經濟與心理意義，未選擇進入教會這個特殊世界的人——特別是那些繼承大批財富的人——會有龐大的壓力要求他結婚、生子與擴大家族的財富。「婚姻帶來豐富的各種愉悅與愉快，」比尼科里年紀稍小的阿爾貝爾提寫道，他總結了當時的主流觀念，

如果親密關係可以增加善意，那麼沒有人比妻子更能給予你如此緊密而持續熟悉的關

係；如果緊密的紐帶與結合為一體的意志是透過你的情感與欲望的呈現與溝通而產生，那麼沒有人比妻子更能與你充分溝通與顯露你的心靈，妻子是你長久的同伴；如果，一種榮耀的結合最終將導向友誼，那麼沒有任何關係會比婚姻的神聖結合更值得你投以完全的尊重。此外，每加深一次愉悅與利益的紐帶關係，就更能確認我們心靈的善意。[30]

如果這裡描繪的景象過於美好，那麼它將被另一種悲慘的警告所加強。當時最受歡迎的傳道者聖貝納迪諾吟詠說，沒有妻子的男人有禍了：

如果他很富有而且還有些其他的東西，那麼麻雀會吃了這些錢財，再加上老鼠……你知道他的床是什麼樣子嗎？他睡在溝渠裡，當他鋪了張床單在床上，他從此不會再收拾它，直到床單破爛為止。在他飲食的房間裡，地板滿是果皮、骨頭與菜葉……他掃光盤子裡的食物：狗舔食盤裡的剩菜，這樣盤子也不用洗了。你知道他怎麼活的嗎？就像個野獸一樣。[31]

尼科里不理會這些引誘與警告。他選擇單身，據說這樣就不會有女性耽誤他研讀了。「研讀」的確是恰如其分的詞——尼科里是個學者型的博學之士——但這似乎還不足以形容尼科里一大早起身，隨即專心致志閱讀古代典籍那種不顧一切的生活模式。至於其他與追求幸福有關之事，他似乎都淡然處之：「他有個管家，」他初期的傳記作家維斯帕西安諾寫道，「可以滿足他的需要。」[32]

尼科里是最早蒐集古物，把古物當成藝術品與珍貴財產的歐洲人，這些物品幾乎堆滿他位於佛羅倫斯的公寓。如今，收藏古物已成為鉅富的時尚，但我們不能忽略這種行為在當時是相當新穎的觀念。中世紀，到羅馬朝聖的人，在前往他們崇敬的基督教聖人與殉道者神龕的路上，看見了更令他們瞠目結舌的東西，那就是龐大的競技場與其他異教時代的「建築奇蹟」。尼科里在佛羅倫斯的收藏呈現出完全不同的動機：他不蒐集古希臘、羅馬的勝利紀念碑，反而喜歡欣賞與審美有關的物件。

消息傳開，大家聽說有個怪人願意以高價買下古代的頭像與軀幹雕塑。農民原本挖掘大理石殘片，焚燒後提煉出裡頭的石灰，或者把古老的雕刻石塊當做蓋豬舍的地基，現在他們轉而把這些東西全拿去賣給收藏家。尼科里高雅的房間展示著古羅馬的酒杯、古代玻璃器皿、紀念章、雕刻的貝殼與其他寶物，此外，各種雕刻也激起了眾人收藏的興趣。

波吉歐無法想像他的朋友使用古羅馬的盤子盛裝菜餚，以及他的朋友偶然間在街上看到有孩子脖子上掛著一串雕貝，當下便用金幣購入的行徑。[33]但他可以了解而且也擁有尼科里收藏這些東西背後的欲望，他想知道製作這些美麗事物的文化世界是什麼樣子，他希望被這些物品簇擁著，藉由想像的方式重新進入那個世界。波吉歐與尼科里一起研究，交換彼此知道的羅馬共和國與帝國時期的軼事，思索諸神與英雄雕像所代表的宗教與神話，測量古代別墅廢墟，討論古城的地勢與配置，更重要的是，更仔細地學習他們喜愛的拉丁文，他們書信來往時使用拉丁文，或許私底下對話時也使用拉丁文。

從這些信件可以清楚看到，尼科里對某種事物的關切程度遠超過從地底掘出的古代雕像：那就是，他的人文主義同好從修道院圖書館裡找到的古典與教父作品。尼科里很想擁有這些文獻，他喜歡研究它們，慢慢地抄寫它們，甚至盡可能放慢速度，設法用比波吉歐更美的字跡來抄寫。或許波吉歐與尼科里的友誼不僅建立在對上古思想形式的喜愛上，也建立在對字母形式的熱中上——尼科里創造了人文主義字體，而他也不吝於與波吉歐分享他的成果與名聲。

上古文獻的抄本極為昂貴，但對求書若渴的收藏家來說，再高的價錢也不是問題。尼科里的圖書館不僅在義大利的人文主義學者圈子相當知名，就連義大利以外的地方也流傳著他的名聲。尼科里雖然隱遁不出、性格古怪而且說話尖酸，但對於想參觀他收藏的學者，他卻極為慷慨，來者不拒。一四三七年，尼科里去世，享年七十三歲，他留下了八百份手稿，是佛羅倫斯當時數量最龐大的收藏。

在薩魯塔提觀念的影響下，尼科里發展了一套處理文獻的方法。佩脫拉克與薄伽丘都曾思索如何在死後仍能將他們收藏的手稿集中於一處，然而事與願違，他們的藏書最終還是無法逃過出售、四散或遭到忽視的命運。（佩脫拉克悉心蒐集以及攜往威尼斯的珍本，原本要做為他夢想中的新亞歷山卓圖書館的重要收藏，但最後還是遭到冷落遺忘，任由這些書籍在潮溼的屋內與塵土一同腐朽毀壞。）尼科里不願見到他一生的心血走上相同的命運。他擬了遺囑，要求手稿必須收藏於一處，禁止售出和分散，設下借還書的規定，設立受託人委員會，並且留下一筆錢來興建圖書館。圖書館與藏書將位於修道院裡；但尼科里顯然不願自己的圖書館變成修道院的圖書館，亦即世人無法接觸，只讓僧侶使用。尼科里明確表示，這些書籍不只宗教人士可以使用，所有博學的市民都可以借閱。[34]在最後一座羅馬圖書館遭到關閉遺棄的數世紀之後，尼科里讓公立圖書館的觀念再度重現於世。

一三九〇年代晚期，當波吉歐結識尼科里時，收藏書籍的狂熱尚在萌芽階段，但這幾個朋友已然心有定見，認定上古之物（不包括與信仰有關的物品）遠比上古以後之物來得重要。佩托拉克特有的驚人文學野心與創意，在他們身上已難以得見，鼓舞薩魯塔提人文主義前進的愛國熱忱與對自由的追求，也已完全消失。取而代之的是愈來愈狹隘的精神追求，這種追求看起來更為艱難，也更讓人筋疲力竭：對模仿的崇拜與對精確的渴望。或許這是因為繼起的一代缺乏上一代的曠世才氣，但就連薩魯塔提底下幾個頗有才華的弟子，也放棄了創新的大膽渴望。他們輕視創新，只是夢想著返歸古代。這種夢想既狹隘又缺乏生氣，注定不可能成功；然而它還是帶來了令人吃驚的成果。

對於那些不屬於年輕人文學者圈子的人來說，這種新興的語言與文化態度令他們感到厭惡。「為了讓那些無知無識的傢伙也能閱讀，」一名對於這種做法感到作嘔的人士寫道，「他們在廣場上大喊，上古人使用多少雙元音，為什麼現代人只使用兩個。」[35]就連薩魯塔提也感到不安，而且他的理由不難理解。雖然波吉歐與尼科里對古典主義的狂熱是他帶起來的，但他們走的路線畢竟與他不同，而他似乎不太贊同他們的主張。

一三七四年七月十九日，佩脫拉克去世，悲傷的薩魯塔提宣稱，佩脫拉克是比西塞羅更偉大的散文家，是比維吉爾更偉大的詩人。到了一三九〇年代，這種讚美聽在波吉歐與尼科里耳裡十分荒謬，他們要求薩魯塔提改變見解。他們認為，從上古至今，沒有人的風格能比偉大的古典作家更為完美。那是不可能的。根據他們的觀點，上古文采粲然大備，如今的文化早已經過漫長而悲慘的毀壞流失。不管是無視還是無知，即使是最有學養的中世紀作家也已經忘了如

這是波吉歐年輕時的肖像，出現在他翻譯的色諾芬《居魯士的教育》拉丁文譯本序言上，該書談的是理想統治者的教育。

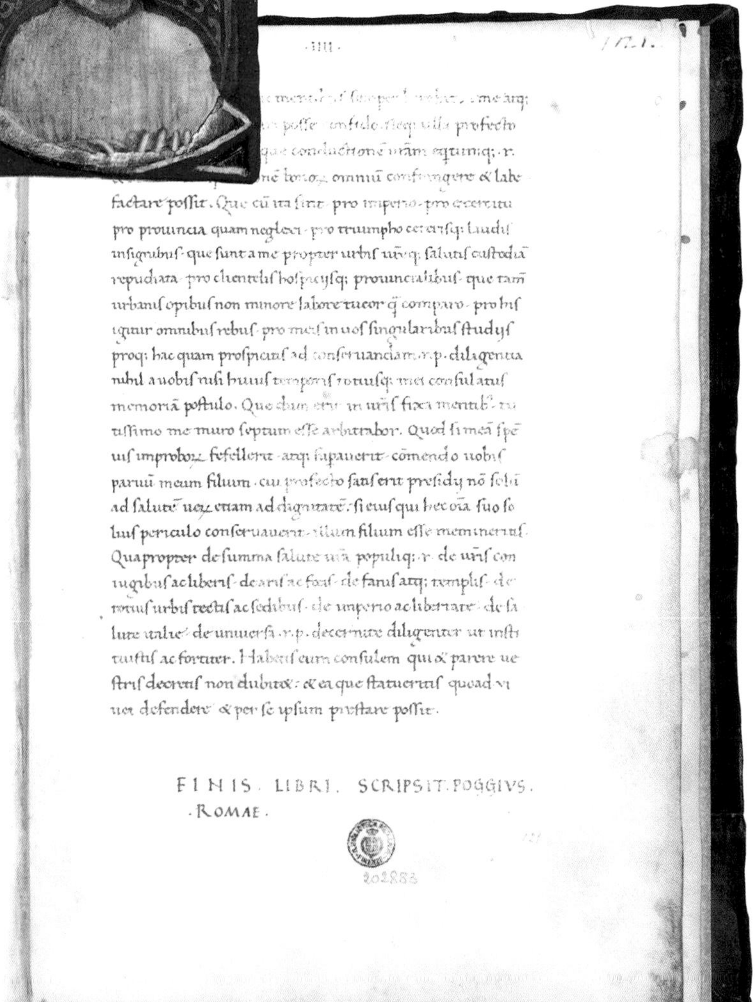
FINIS. LIBRI. SCRIPSIT. POGGIVS.
·ROMAE·

波吉歐自豪地表示自己是教宗馬丁五世的祕書，並且在他以高雅字跡抄寫的西塞羅作品上清楚署名，時間是一四二五年，地點羅馬，最後並祝福讀者一切順心。波吉歐終其一生，字跡一直受人珍視，他之所以能獲得晉陞，高雅的字跡是關鍵之一。

這座赫米斯青銅坐像於一七五八年在赫庫拉尼烏姆的莎草紙別墅被發現，當時銅像是處於四分五裂的狀態。從帶有雙翼的涼鞋可以看出，他的身分就是信使之神赫米斯。在伊比鳩魯學派眼裡，這個銅像的優雅與安適，正顯示諸神並無訊息要傳遞給人類。

伊比鳩魯學派的敵人無法將伊比鳩魯聯想成坐著思索的赫米斯，反而聯想到喝得爛醉如泥的西勒努斯。只見他伸展四肢躺在獅皮上，酒袋早已乾癟低垂。這座銅像也是在莎草紙別墅發現的，就位於赫米斯銅像附近。

伊比鳩魯的小型半身像，它原初的底座仍在，上面以希臘文刻著哲學家的名字。赫庫拉尼烏姆的莎草紙別墅裝飾著三座半身像，這是其中一座。羅馬作家老普林尼（BC 23-79）在《自然史》第三十五章提到，當時有一股製作伊比鳩魯半身像的風潮。

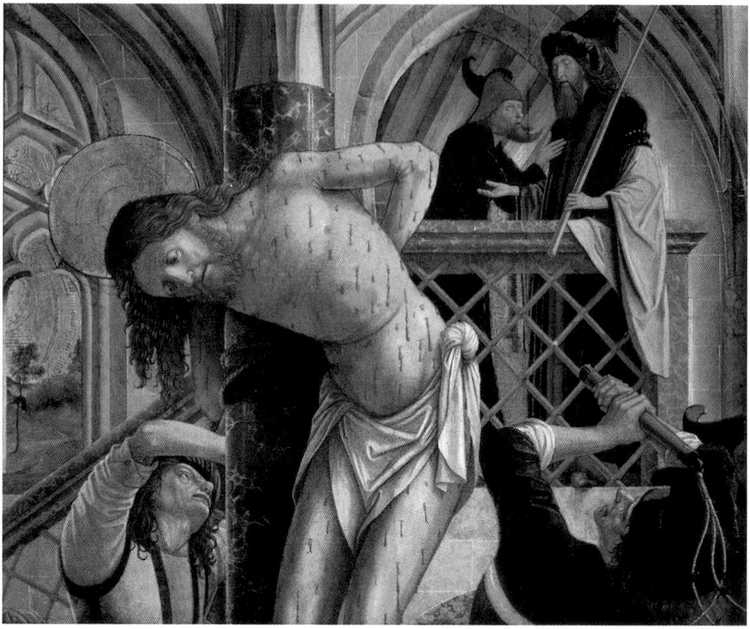

「當下彼拉多將耶穌鞭打了」（《約翰福音》19:1）。這段聖經文字給予人們作畫的靈感，例如這幅奧地利畫家帕赫的畫作，不僅讓大家對遭受殘酷對待的彌賽亞感到同情與憤怒，同時也激勵出仿效耶穌受苦的渴望。

異端胡斯被迫戴上嘲諷他的紙王冠，上面寫滿他的罪狀，然後綁在火刑柱上燒死。之後，為了避免同情的旁觀者撿拾他的遺骨，當局將他的骨灰丟入了萊因河。

波吉歐的肖像，出現在他的作品《論財富的榮枯》手稿上。這部作品完成於波吉歐六十八歲那年，他以優美的文字考察古羅馬由盛而衰的關鍵。

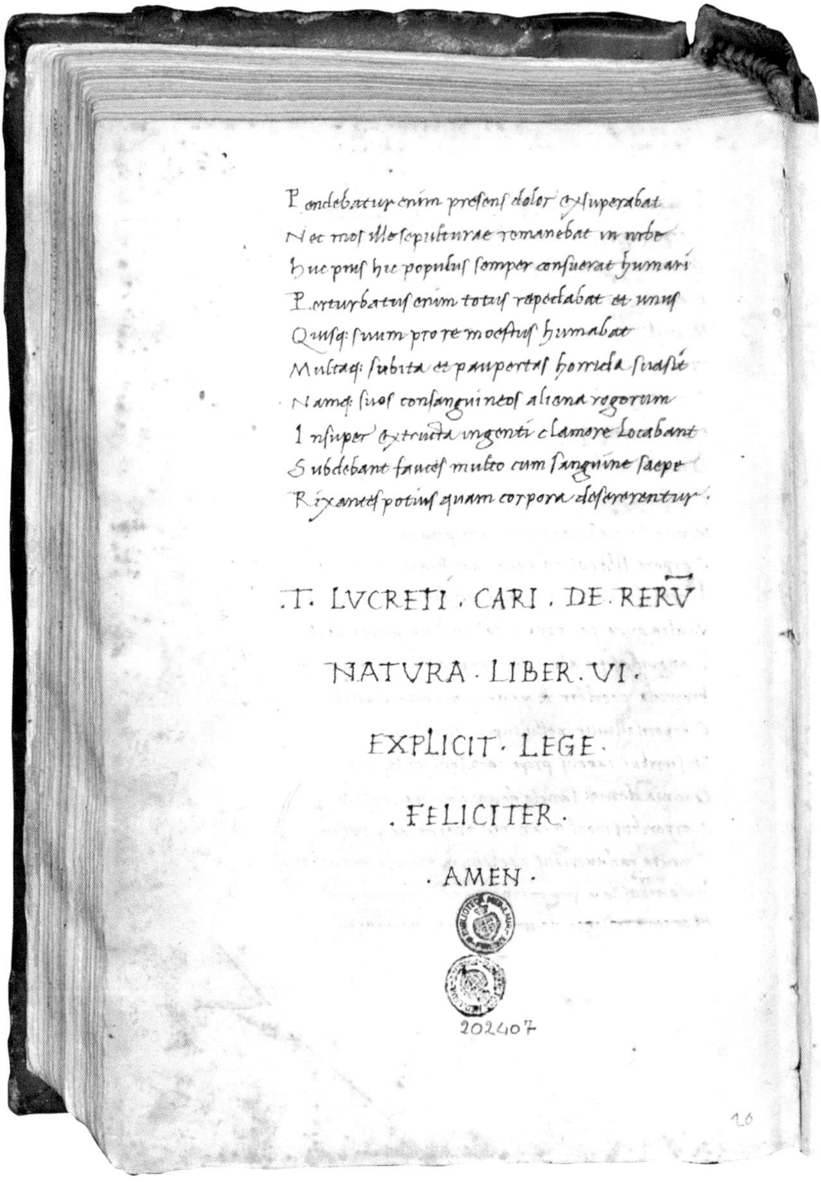
Pendebatur enim presens dolor exsuperabat
Nec mos ille sepulturae remanebat in urbe
huc prius hic populus semper consuerat humari
Perturbatus enim totus repedabat et unus
Quisque suum pro re moestus humabat
Multaque subita et paupertas horrida suasit
Namque suos consanguineos aliena rogorum
Insuper extructa ingenti clamore locabant
Subdebant fauces multo cum sanguine saepe
Rixantes potius quam corpora desererentur.
.T. LVCRETI . CARI . DE . RERV
NATVRA . LIBER . VI .
EXPLICIT . LEGE .
. FELICITER .
. AMEN .
202407

波吉歐的朋友尼科里抄寫《物性論》的工作終於來到了尾聲，他使用當時習慣的用語「Explict」（拉丁文「開卷」的意思），並且希望讀者「Lege feliciter」（閱讀愉快），最後還附上一句虔誠的「阿們」（某方面來說與盧克萊修作品的精神有點衝突）。

維納斯站在波提切利畫作的中央，身邊圍繞著古代的春神。她們繁複的律動姿態，源自於盧克萊修對於大地重獲生機的描述：「春天到來，長著翅膀的小信差引領著維納斯，母親芙蘿拉緊跟著西風之神澤菲洛斯。只見澤菲洛斯在前方開路，每到一處，便遍撒豐富的色彩與香氣。」（5:737-40）

TITI
LVCRETII CARI
DE RERVM NATVRA
LIBRI SEX.
A DIONYSIO LAMBINO Monstroliensi litterarum Graecarum in urbe Lutetia doctore Regio, locis innumerabilibus ex auctoritate quinque codicum manu scriptorum emendati, atque in antiquum ac natiuum statum ferè restituti, & praeterea breuibus, & perquam utilibus commentariis illustrati.
PARISIIS,
Et Lugduni habentur.
In Gulielmi Rouillij,
Et Philippi G. Rouillij Nep.
ædibus, via Iacobæa sub Concordia.
CVM PRIVILEGIO REGIS.

蒙田在寫滿注解的盧克萊修作品標題頁留下簽名，卻被之後的主人「迪斯帕涅」覆寫上去，直到二十世紀，人們才知道他是這本書原來的主人。這部作品是絕佳的版本，一五六三年出版，由蘭邦編輯。

布魯諾的青銅像，由費拉里雕刻，於一八八九年豎立在羅馬的鮮花廣場，地點就位於他當初受火刑的位置。銅像底座有面牌匾，紀念過去被天主教會處決的所有哲學家。比真人來得巨大的布魯諾銅像，面向著梵蒂岡，看起來若有所思。

何正確地寫出句子，他們無法寫出像古典拉丁文大師一樣道地的文章，也無法高雅、正確與精準地使用詞彙。此外，殘存的古典文獻也已經受到破壞，即使有人有此野心想學習完整的拉丁文，這些文獻也無法充當正確的範本。尼科里認為，中世紀經院學者引用的「古代人」，「恐怕也認不出這些是他們的作品，因為這些文獻早已遭到損壞，而翻譯的文字又極為粗鄙無理。」[36]

佩脫拉克不斷堅稱精通古典文學風格無助於真實文學造詣或道德內涵，而他的地位曾一度入祀朱比特神殿，受封為桂冠詩人——他彷彿成了上古精神的化身。但從年輕世代激進而頑固的古典主義角度來看，但丁、佩脫拉克或薄伽丘的成就根本不值一哂，更遑論其他名氣較小的作家：「由於上古的文學遺產處於如此悲慘的狀態，現在的我們根本談不上有真正的文化，就算要爭論，兩方立論的基礎也相當薄弱。」[37]

這些話不是尼科里說的，但確實是他的觀點。布魯尼在對話錄裡，假借尼科里之口說了這段話。事實上，尼科里除了寫給好友的信外，幾乎未曾留下任何作品。他對於其他人寫的古典風格作品總是不留餘地批評且尖酸刻薄，他對古典拉丁文的要求可說是狹隘且不容變化，在這種狀況下，他自己要如何動筆寫作？朋友把自己寫的拉丁文作品寄給尼科里，然後焦慮地等待他的更正，而尼科里總是一如以往地費盡心力、嚴肅且不留情面地評論。但尼科里最苛待的，恐怕是他自己。

薩魯塔提曾說尼科里是「另一個」波吉歐。[38]但波吉歐不像尼科里那樣，因為過度嚴苛而一個字都寫不出來。在波吉歐漫長的生涯中，他寫了不少書籍，主題包括偽善、貪婪、真正的高尚、老人是否該娶妻、財富的榮枯、人世間的苦難與佛羅倫斯史。「他非常會說話，」比他年輕的維斯帕西安諾曾這麼說他，並且表示，「他尤其特別會罵人，大家在他面前都有所忌憚。」[39]這位愛罵人的大師不願遵從老師的說法，認為過去千年來沒有任何作家可以與古代作家的文章並駕齊驅，超越那是更不用說了。儘管如此，波吉歐卻認為佩脫拉克有其貢獻。他承認佩脫拉克是第一個「努力、勤勉，而且專注於挽救即將遭毀滅的上古文化的人，他為後世開啟了一條上古研究之路。」[40]

而尼科里最終拋棄了一切，走上了這條路。波吉歐很樂意加入他的行列，但他自己還有營生的工作要做。他是個技術高超的抄寫員，但抄寫員工作顯然無法讓他過著想過的生活。他的古典拉丁文素養足以讓他擔任老師，但老師的工作還是無法讓他舒服度日。大學普遍缺乏建築物、圖書館與資金；大學由學者與老師構成，而人文主義學者的薪水往往低於法學與醫學教授。絕大多數的人文學老師必須巡迴各地，從一個城市旅行到另一個城市，講授少數幾個受歡迎的主題，然後繼續前進，希望找到新的金主。波吉歐有機會親自體驗這樣的人生，但這顯然不是他要的。他希望有更穩定的生活。

在此同時，波吉歐也缺乏愛國熱忱——熱愛城市與熱情追求共和國的自由——同樣的熱忱卻激勵了薩魯塔提，並且讓布魯尼熱血沸騰。此外，波吉歐也缺乏天職的召喚感，他因此無法加入任何宗教宗派，也無法成為教士或僧侶。他的精神顯然是世俗的，他的欲望完全繫於此世。此外，他也有事要做。一四〇三年秋，他拿著薩魯塔提的推薦信，動身前往羅馬。

注釋

1. 譯按：布魯內雷斯基（Filippo Brunelleschi, 1377-1446），義大利文藝復興早期頗負盛名的建築師與工程師，主要建築作品都在佛羅倫斯。
2. 譯按：吉貝爾蒂（Lorenzo Ghiberti, 1378-1455），義大利文藝復興初期雕塑家。代表作「天堂之門」（*Gate of Paradise*）。
3. 譯按：阿爾貝爾提（Leon Battista Alberti, 1404-1472），義大利建築師、建築理論家。他是一位通才，被譽為是文藝復興時期的代表建築師。代表作為佛羅倫斯的魯切拉宮（Palazzo Rucellai）。
4. 譯按：米開羅奇（Michelozzi, 1396-1472），文藝復興時期歐洲義大利建築師。代表作為佛羅倫斯的美第奇宮（Palazzo Medici）。

5. Ernst Walser, *Poggius Florentinus: Leben und Werke* (Hildesheim: Georg Olms, 1974).
6. Iris Origo, *The Merchant of Prato: Francesco di Marco Datini, 1335-1410* (Boston: David Godine; 1986, orig, 1957).
7. 譯按：喬托（Giotto di Bondone, 1267-1337），義大利畫家與建築師，被認為是義大利文藝復興時期的開創者，有「歐洲繪畫之父」之譽。代表畫作為「哀悼耶穌」（*Lamentation*）。
8. Lauro Martines, *The Social World of the Florentine Humanists, 1390-1460* (Princeton: Princeton University Press, 1963), p. 22.
9. 「到了十四世紀末，托斯卡尼幾乎每個富有人家至少蓄有一名奴隸：新娘會帶著奴隸到夫家充當嫁妝，醫生會接受病人以奴隸代替醫藥費——神職人員蓄奴也非罕見之事」——Origo, *Merchant of Prato*, pp. 90-91.
10. 同前，p. 109.
11. 上等羊毛購自馬約卡島、加泰隆尼亞、普羅旺斯與科茨沃爾德（科茨沃爾德的羊毛最昂貴，品質也最好），然後跨越邊境，經過一群貪婪稅吏的盤剝之後運到買主手裡。染色與加工需要進口其他物品：黑海的明礬（用來製作媒染劑以固定染料）、橡樹五倍子（用來製造品質最好的紫黑色油墨）、倫巴底的大青（用來製作深藍色的染料與其他顏色的基底）；低地國的茜草（用來製作淺紅色的染料，或與大青混合，製作深紅色與紫色的染料）。上述這些只是例行性的進口物品。更罕見的染料，也就是在當時貴族的肖像畫裡，被自豪地穿在身上的昂貴衣物所展現出來的顏色，包括地中海東部骨螺殼製成的深緋紅色染料；用微小的胭脂蟲製成的洋紅色染料，又叫

grana：紅海沿岸發現的結晶物質製成的硃砂；極為昂貴奢華，用已經化為粉末的東方跳蚤遺骸製成的珍貴克爾米斯紅色染料。

12. Martin Davis, "Humanism in Script and Print," in *Cambridge Companion to Renaissance Humanism*, ed. Jill Kraye (Cambridge: Cambridge University Press, 1996), p. 48. 佩脫拉克說，閱讀這種書籍，感覺比較像是看畫，不像是在看書。

13. 虔誠的基督徒必須壓抑內心的衝動，一腳將這些受汙染的果實踢開。雖然但丁的詩對於尤利西斯決心航越赫拉克勒斯之柱致予崇高的敬意，卻在《地獄》中明確表示這種決心正代表他已是墮落的靈魂，他將永遠待在地獄的最內圈。

14. 尤其見 Charles Trinkaus, *"In Our Image and Likeness": Humanity and Divinity in Italian Humanist Thought*, 2 vols. (Chicago: University of Chicago Press, 1970).

15. "Aurum, argentum, gemmae, purpurea vestis, marmoreal domus, cultus ager, pietae tabulae, phaleratus sonipes, caeteraque id genus mutam habent et superficiariam voluptatrem: lbiri medullitus delectant, coloquuntur, consulunt, et viva quadam nobis atque arguta familiaritate junguntur." 引自 John Addington Symonds, *The Renaissance in Italy*, 7 vols. (New York: Georg Olms, 1971; orig. 1875-86), 2:53 (translated by SG).

16. 「在各種學科中，我對上古時代特別感興趣。我非常討厭自己身處的時代，要不是還有讓我掛心的親友，我倒很希望能出生在其他時代。為了忘記自己的時代，我一直嘗試著要把自己的精神投射在別的時代裡。」 *Posteritati*, ed. P. G. Ricci, in Petrarch, *Prose*, p. 7, 引自 Ronald G. Witt, *In the*

Footsteps of the Ancients: The Origins of Humanism from Lovato to Bruni (Leden: Brill, 2000), p. 276.

17. 譯按：薄伽丘（Giovanni Boccaccio, 1313-1374），義大利作家、詩人，以故事集《十日談》（*il Decameron*）留名後世。

18. 譯按：薩魯塔提（Coluccio Salutati, 1331-1406），義大利文藝復興時期人文主義者，曾任佛羅倫斯共和國執政官。他深受古典文學傳統影響，其俸祿大多用來蒐集圖書，擁有八百冊藏書。

19. 編按：阿恆（Aachen），查理曼出生地，西元九至十五世紀有三十二位神聖羅馬帝國皇帝在此加冕。

20. *The Doctor utriusque juris* (DUJ)（教會法與民法學位）要花十年。

21. Witt, *In the Footsteps*, p. 263.

22. *Rerum fam*. XXII. 2 in *FAmiliari*, 4:106, 引自 Witt, *In the Footsteps*, p. 62. 這封信的完成時間或許是一三五九年。

23. 引自 Martines, *Social World*, p. 25.

24. 對佩脫拉克來說，有些價值比風格更重要：「如果你完全浸淫在西塞羅的泉水裡，而且通曉希臘人或羅馬人的作品，這會為你帶來什麼好處？你會說出一口華麗的、有魅力的、甜蜜的與崇高的話；你當然不會把話說得嚴肅、拘謹、審慎，以及最重要的——千篇一律。」——*Rerum fam*. I.9, in Witt, *In the Footsteps*, p. 242.

25. 薩魯塔提不像這裡說的這麼簡單：在一三八〇年代初，在朋友的敦促下，薩魯塔提寫了一篇長文為修院生活辯護，即使他讚揚積極入世，但他也承認，至少原則上應該給出世的冥想生活一些優越地位。

26. 見 Salutati to Gaspare Squaro de' Broaspini in Verona, November 17, 137‥「在這座高貴的城市裡——托斯卡尼之花與義大利之鏡，最榮耀的羅馬的勁敵，它源自於羅馬，並且在古老羅馬的陰影下競逐義大利的救贖與全義大利的自由——在此，在佛羅倫斯，我要投入無止境的勞動，而我也要格外地致以感謝。」見 Eugenio Garin, *La Cultura Filosofica del Renascimento Italiano: Ricerche e Documenti*（Florence: Sansuni, 1979）, esp. pp. 3-27.

27. Witt, *In the Footsteps*, p. 308.

28. Symonds, *Renaissance in Italy*, pp. 80-81.

29. 「稍微想像一下，」尼科里在晚年寫信給財政官員，他說，「我那些可憐的商品上面承受了各種債務與急於付清的費用，現在它還能承受哪一種稅。所以在此容我懇求諸位，有點人性，發點慈悲，我祈禱希望這能讓各位歡喜，不要用稅逼得我老來無法在故鄉善終，我可是在這裡付出了所有的財產。」引自 Martines, *Social World*, p. 116.

30. Alberti, *The Family in Renaissance Florence* (Libri della Famiglia), trans. Reneé Neu Watkins (Columbia: University of South Carolina Press, 1969), 2:98. 有時會有人主張這種同伴式的婚姻觀念是新教引進的，但有許多證據顯示，早在新教之前，就已存在這種婚姻觀念。

31. Origo, *Merchant of Prato*, p. 179.

32. Vespasiano da Bisticci, *The Vespasiano Memoirs: Lives of the Illustrious Men of the XV Century*, trans. William George and Emily Waters (London: Routledge, 1926), p.402.

33. 「一天，尼科里離開家，看見一個男孩脖子上戴著玉髓，上面刻的人像出自波留克雷特斯之手，這是一件美麗的藝術品。他問男孩他父親的姓名，得知之後，便派人去問是否願意賣這顆石頭；這個父親馬上就答應了，就跟一般人一樣，他不知道那是什麼，也不曉得它的價值。尼科里付給那人五弗洛林，而那個好人還認為尼科里花的價錢是那顆石頭的兩倍以上」——同前，p. 399。至少就這個例子來說，尼科里付的錢是個很好的投資。「在尤金教宗時代，佛羅倫斯有個知名的人物，人稱魯伊吉先生，他對古物很有興趣。他派人捎信給尼科里，希望能看看這枚玉髓。尼科里把玉髓送去，魯伊吉很喜歡這件東西，對它愛不釋手，竟不願歸還了。他出價兩百金杜卡特，並且一直希望尼科里能割愛，尼科里正好缺錢，於是就答應了。魯伊吉死後，玉髓輾轉來到教宗保羅手上，然後被羅倫佐．德．梅第奇所擁有，」同前，p. 399. 這枚古雕貝的歷史，其奇妙的追溯歷程，見 Luca Giuliani, *Ein Geschek für den Kaiser: Das Geheimnis des grossen Kameo* (Munich: Beck, 2010)。

34. 事實上，尼科里的財產不足以執行他的遺囑。他去世時已揹負大量債務。但他的朋友科西摩．德．梅第奇卻將債務一筆勾消，以換取處置他藏書的權利。他的手稿有一半送進了新蓋的聖馬可圖書館，並且收藏在米開羅奇華麗的建築物裡；另一半則成為佛羅倫斯偉大的羅倫佐圖書館的重要館藏。雖然公立圖書館的理念是由尼科里首倡，但這項理念的實現並不是光靠尼科里就能完成。還需歸功於薩魯塔提的倡導。參見 Berthold L. Ullman and Philip A. Stadter, *The Public Library of Renaissance Florence: Niccolò Niccoli, Cosimo de' Medici, and the Library of San Marco* (Padua: Antenore, 1972), p. 6.

35. Cino Rinuccini, *Invettiva contro a cierti calunniatori di Dante e di messer Francesco Petrarcha and di messer Giovanni Boccacio,* 引自 Witt, *In the Footsteps*, p. 270. 見 Ronald Witt, "Cino Rinuccini's *Risponsiva alla Invetirra di Messer Antonio Lusco,*" *Renaissance Quarterly* 23 (1970), pp. 133-49.
36. Bruni, *Dialogus* I, in Martines, *Social World*, p. 235.
37. 同前。
38. Martines, *Social World*, p. 241.
39. *Vespasiano Memoirs*, p. 353.
40. Martines, *Social World*, p. 265.

第六章　謊言工廠

波吉歐從鄉野村夫一下子躋身上流社會，充滿野心的他，想必對教宗平步青雲的過程深感興趣，但羅馬還有其他發展機會。擁有權勢的羅馬貴族家族，其中最顯赫的是科隆納家族與歐爾西尼家族，這些家族總是需要精通拉丁文與字跡美麗的人才。此外，居住在羅馬的主教與樞機主教大多擁有自己的小宮廷，能草擬與書寫法律文件的公證人在這些小宮廷裡頗為吃香。波吉歐剛抵達羅馬，就在巴里樞機主教的小宮廷裡找到工作。但這只是他朝服務教宗——無論是在教宗的宅邸還是在教廷——這個崇高目標邁進的一個短暫中途站。這一年還沒過完，堅定的共和派人士薩魯塔提已經動用他在教宗博義九世教廷裡的人脈關係，協助愛徒取得了他最想要的，同時也是所有文書最夢寐以求的職位——教廷祕書。

教宗底下的官員絕大多數來自羅馬與羅馬鄰近地區；許多人就像波吉歐一樣，曾接受過一點法律訓練。雖然文書每天工作前也要參加彌撒，但他們的職位是世俗的——他們主要從事的是教廷一般事務，需要運用理性、計算、行政技巧與法律智識。教宗是義大利中部地區的絕對統治者（至少宣稱如此），他的領土往北延伸到羅馬涅與威尼斯共和國控制的區域。教宗統治的城市，許多長久以來一直不聽教宗的號令，而鄰近國家的好鬥、背信與貪婪也與教宗如出一轍。外國勢力虎視眈眈，隨時準備入侵義大利半島。為了捍衛自己的領土，教宗需要運用一切的外交手段、金錢與軍事暴行，因此他需要維持龐大的政府體制。

當然，教宗還是更龐大的精神王國的絕對統治者，這個王國可以擴及——至少原則上如此——整個人類，並且形塑人類此世與來世的命運。教宗單方面地宣稱某些人是他的臣民，這些人對於教宗的自以為是感到吃驚，例如新世界的民族，十五世紀晚期，教宗煞有介事地簽下文件，認定這些民族是西班牙與葡萄牙國王的臣民；至於另一些人，如猶太人或東正教基督徒，則頑強地反對教宗的主張。不過，西方絕大多數的基督徒，即使他們住在偏遠地區，或對於教宗主持宗教事務時使用的拉丁文一無所知，或知道教宗犯下許多嚴重違反道德的罪行，他們仍相信自己與教宗的獨特權威有著特殊關係。基督徒仰賴教廷決定教義要旨，在重視教條的宗教裡，這些要旨是決定靈魂命運的關鍵，並且有賴火與劍來執行。他們希望教宗在結婚、廢婚與其他上千種細微的社會關係上赦免他們——亦即，從教會法的規定中豁免。他們用欺詐的手段讓自己獲得各種職位，並且取得貴重的有俸聖職。他們期望得到一切眾人希望得到的事物，例如，希望極富有與極有權力的立法者、地主與精神領袖授予他們某些事物，並且拒絕讓他們的對手擁有這些事物。十五世紀初波吉歐開始在羅馬大展身手時，每星期湧進教廷尋求解決的案件竟多達兩千件。

處理這些案件——其數量遠超過歐洲任何法院審理的案件——需要一批技術人員：神學家、律師、公證人、辦事員與祕書。請願書必須依照一定的格式填寫與提出申請。會議紀錄必須仔細保存。決定必須記錄。命令必須謄抄與製作副本。教宗的詔令，亦即教令、專利證書與特許狀，全都要製作副本與用印。詔令的節縮本在製作完成後對外發放。羅馬主教家中有大批辦事員，以符合他王侯般的身分地位；他底下有眾多廷臣、顧問、職員與僕役，反映了他的政治地位與他在宗教典禮上的重要性；他擁有數量龐大的法官，以搭配他的司法權力；他擁有眾多的宗教官員，以符合他的精神權威。

這是波吉歐進入的世界，也是他希望飛黃騰達的地方。在教廷內取得職位是在教會內部逐步晉陞獲得豐厚報酬的第一步，但渴望獲得拔擢的人往往必須成為一名教士。波吉歐當然知道聖職是通往財富與權力的路徑，而且他未婚，因此少了一層阻礙。（他也許已經有了情婦與私生子，但這不構成問題。）儘管如此，波吉歐並未成為一名教士。

波吉歐很了解自己，他知道自己缺乏宗教熱忱。[1]當然，對當時的人來說，這點並不構成不加入教會的理由，但波吉歐看到缺乏宗教熱忱的人參加教會後的行徑，感到很不滿意。「我決心不從事神職工作，」他在寫給朋友尼科里的信上表示，「因為我看到許多我認為秉性良善而心地光明的人，在成為教士之後，變得貪婪、怠惰而且放蕩。」他認為自己一旦成為教士，幾乎可以確定自己會步上墮落一途，因此他必須想辦法避免：「我擔心這種事會發生在我身上，因此我決定接下來的朝聖之旅要以俗人的身分完成。」[2]在這個不安定的世界裡，教士是個極為舒適與安定的職位，但波吉歐卻拒絕了，因為他認為獲得安定的代價太高：「我不認為教士職位如許多人想的那麼自由，」他在給尼科里的信上寫道，「相反地，我認為它是最嚴酷與最壓迫的服侍形式。」[3]波吉歐選擇的生命歷程——教宗底下的世俗官僚——以我們來看是局限很大的一條路，但對他來說，拒絕聖職顯然讓他感到自由，彷彿他成功守住了內心的獨立。

波吉歐希望獲得他所能獲得的最大自由。從道德的角度來看，羅馬教廷是個極為危險的地方，當時的一句拉丁諺語巧妙地描述了這種危險：Curialis bonus, homo sceleratissimus（好教廷主義者是最邪惡的）。[4]一部在一四三〇年代寫成的奇怪作品最能表現出波吉歐的心境，而波吉歐當時仍位居教廷核心。這部作品題為《論羅馬教廷的卓越與尊貴》，作者是當時一名年輕的人文主義者，佛羅倫斯人拉波。這是一篇仿照西塞羅風格寫成的對話錄，當時的作家特別喜歡這種寫作形式，因為他們可以發表具爭議性乃至於危險的觀點，卻又不用對此負起完全責任。在拉波想像對話的開頭，一個名叫安傑羅的人物——當然不能以拉波自己的名義發言——猛烈抨擊教廷的道德破產，「這個地方以美德為名，行犯罪、不道德、詐欺與欺騙之實，並且享有聲譽。」[5]明明是最偽善的藏汙納垢之所，卻以宗教信仰來加以美化，這的確相當荒誕：「還有什麼地方比教廷更悖離宗教呢？」[6]

拉波在作品中以自己的名義起而為教廷辯護。這個地方吸引了許多請願者前來，我們知道上帝希望獲得民眾崇拜。因此，上帝一定會因為身穿華服的教士以榮耀祂為名舉行隆重的崇拜儀式而滿足。對一般民眾來說，教廷這個地方最能實現審慎這項美德，因為有這麼多來自四面八方的人來此崇拜上帝。放眼望去，許多異地的服裝、口音與鬍子樣式，反映出各地的風土民情。教廷也是最適合學習人文學科的地方。拉波寫道：「教宗的祕書（一個非常具影響力的人物）佛羅倫斯人波吉歐，不僅極為博學而口才便給，而且行事莊重，不時展現出他的機智與優雅。」[7]

他坦承，在教廷的核心確實存在著賄賂與腐敗，但這只不過是一小撮可悲的盜賊與不法者的惡行，他們使教廷蒙羞。或許有一天教宗能發現這些醜聞，然後清理門戶。無論如何，大家必須牢記在心的是教廷侍奉上帝的心意，而非實際上做了什麼。

安傑羅顯然被拉波說服了，他開始亢奮地說著教廷律師的狡詐，以及他們巧妙地抓住每個人的弱點與私密之事，然後利用這點榨取錢財。此外，蓋上教宗印璽的文件可以高價出售，從中可以牟取巨利！教廷簡直是個金礦。沒有人想過基督的貧困生活：頂多一開始裝個樣子以避人口實。時代已經變了，任何重要的事業追求的都是財富，每個人都努力想讓自己有錢。教士們也獲准積聚財富，此舉只是讓他們的精神更加貧困。希望高級教士過著貧困的日子，而非他們目前所過的富足生活，無異緣木求魚。[8]

對話繼續，除了面無表情的嚴肅，也有睜大眼睛的熱情。朋友們同意，教廷不只是個從事嚴謹研究的地方，也是個提供輕鬆消遣的地點，例如賭博、騎馬與打獵。只要想想教廷的晚宴——充滿機鋒的言談，由臉上無鬚的俊美少年端上的美食佳釀。對於不好此道的人，教廷裡也不乏情婦、通姦貴婦、各色各樣的交際花。如此安排也合情合理，因為這些原本就是人性追求的至高享受。淫歌穢曲、坦胸露乳、親吻、狎暱，還有訓練有素的小白犬舔舐鼠蹊部以增加情趣——重要的是，價錢很便宜。

如此熱情地描述令人憤恨的腐敗行徑與貪婪的聚斂行為，其實是一種諷刺的手法。然而，《論羅馬教廷的卓越與尊貴》的諷刺之所以特出，不只在於它滔滔不絕地讚賞讀者理應會產生輕蔑之心的事物，而這種輕蔑幾乎可說是當時人共有的感受。[9]真正的問題在於，當拉波寫這本書時，他自己也汲汲營營地尋求教廷的任命。顯然他一定也感到無所適從：人對於自己拚命追求的事物感到輕蔑。或許，在作品中羅列教廷的惡事或多或少也透露了拉波自身的立場吧。

拉波在作品中也曾讚賞過教廷祕書之間的對話充滿了是非、淫穢的故事、玩笑與謊言。他說，無論聽來的這些事是真是假，它們都有趣極了，而且具有教育意義：

> 每個人都不能倖免，無論在場與否，每個人都受到攻擊，都成為眾人的談笑之資。晚宴、酒館生活、拉皮條、賄賂、竊盜、通姦、性凌辱與可恥行為，這些全在大家面前揭露。聽者不僅可以從這些事情得到快樂，還能得到實惠，因為所有人的生活與性格全攤在你的面前。[10]

無疑地，拉波是在諷刺這種現象，但從他諷刺的手法可以看出，他接受了這類損人利己的玩笑，而且顯示出他已經準備好要參與他所嘲諷的對話形式。事實上，這也是一種毛遂自薦的方式，讓自己得以獲得教廷成員，特別是「佛羅倫斯的波吉歐」的青睞。

一四三〇年代，當拉波想尋求教廷職位時，波吉歐已經從文書晉陞為教廷祕書，此時他的權力更大，報酬也更多。教廷常設一百名文書處理事務，但教廷祕書只有六位。後者有直接面見教宗之權，因此握有很大的影響力。一個審慎的建議或適時的進言，往往可以左右重大事件的裁決，或是肥缺職位的派任。

在六位祕書之中，有一位被稱為 secretarius domesticus 或 secretus，也就是教宗的私人或貼身祕書。這個眾人夢寐以求的職位是顆金蘋果，波吉歐——他父親曾為了躲債而逃離阿雷佐——在經過多年的運作之後，終於摘下了它。當拉波與其他求職者調查教廷內的狀況時，他們一下子就發現，波吉歐是「教宗人馬」中最重要的一位。

但是，為什麼拉波認為可以用諷刺教廷腐敗的方式來迎合波吉歐（拉波希望藉此獲得教廷的職位）呢？因為早在一四三〇年代，乃至於更早之前，波吉歐已經在這個他稱為 Bugiale（說謊工廠）的中心建立起自己的地位。在教廷的房間裡，幾位教廷祕書定期聚會交換故事與笑話。「無人可以倖免，」波吉歐的話呼應了拉波的說法，「我們想罵誰就罵誰，通常教宗是第一個被批評的對象。」[11]嚼舌根、瑣碎小事、謊言、欺詐、誹謗、通常帶有淫穢內容，這些談話雖然已經遭人遺忘，但似乎還餘音繚繞，而且波吉歐本人仍銘記在心。他回到書桌前，以他優美的拉丁文造詣，將謊言工廠裡的對話一五一十寫了下來，後來出版為《妙語錄》。

數世紀之前的笑話，其中的趣味不可能一直維繫下來。莎士比亞、拉伯雷[12]或塞萬提斯的一些笑話還能讓我們會心一笑，只能說是某種奇蹟。波吉歐的《妙語錄》成書近六百年，現在我們仍覺得有趣，主要是我們把它當成一種象徵。這些遺跡，就像死了很久的蟲屍一樣，能讓我們知曉過去在梵蒂岡曾傳過什麼樣的風言影語。有些笑話是職務上的抱怨，這是祕書工作上一定會有的怨言：上司不管怎麼樣就是會挑幾個錯要你回去修改，但是，如果你把原來的文件再呈上去，佯稱已做了修正，那麼上司會把文件拿在手中來回翻覽，裝出仔細檢查的樣子，然後說：「這樣可以了，去蓋章吧……」[13]有些是半信半疑的故事，有些是口耳相傳的奇蹟，帶有不可思議的成分。有少數故事挖苦了教會政治，例如承諾要終結大分裂的教宗最後卻食言而肥，波吉歐把他比擬成波隆那一名宣稱自己能飛的騙子：「眼看這一天就要結束，群眾聚集在下面聚精會神地等待著，他必須有所行動，於是他脫光衣服，露出他的屁股。」[14]

《妙語錄》有許多故事跟性有關，波吉歐提到他們在聚會堂裡講述這些故事時，總是帶著猥褻與厭惡女人的語氣，其中也混雜著內部人對鄉下人的鄙夷，偶爾還會出現反教士的聲音。有個女人對丈夫說，她有兩個陰部，前面那個供他享用，後頭那個（這名女子的靈魂是多麼虔誠啊）她打算奉獻給教會。女子的想法奏效，因為教區的教士只對民眾奉獻給教會的東西感興趣。有愚蠢的教士在傳道呼籲遠離淫蕩時，居然詳細講解可以增加夫妻閨房情趣的動作；許多信眾當場做筆記，回家親自嘗試。還有愚笨的教士在聆聽告解時，發現幾乎所有的婦女都說她們忠於婚姻，但幾乎所有的男性都坦承有婚外情，他百思不解那些犯了通姦罪的男子到底是跟哪些婦女有染。還有許多故事提到誘惑女性的修士與色膽包天的隱士，佛羅倫斯商人鑽營金錢，女性疾病藉由做愛而奇蹟似地痊癒，狡猾的騙子，咆哮的傳道者，不忠的妻子與愚蠢的丈夫。有一位人文主義者——書中把他的名字說了出來，叫菲勒爾佛——夢見他的手指穿進一只神奇的戒指中，從此他的妻子將不會對他不忠，然而當他醒來時，卻發現他的手指插在妻子的陰道裡。有個江湖庸醫宣稱，隨著他的陰莖插入的深淺不同，他可以製造出不同類型的小孩——商人、士兵、將軍。一個愚蠢的鄉下人希望得到一個將來能成為士兵的孩子，於是把妻子交給這名惡棍。然後他自以為聰明地從藏身處跳了出來，用力踹這名庸醫的屁股，好讓他插得更深一點：「Per Sancta Dei Evangelia,」[15]這名鄉下人發出勝利的吼聲，「hic erit Papa!」「這傢伙將來一定是教宗！」[16]

《妙語錄》大為風行。

如果波吉歐的《妙語錄》——當時最知名的笑話集——生動反映了教廷的氣氛，那麼我們也就不用意外拉波為何千方百計想引起眾人注意，他的公開言行同樣混合了道德冒犯與憤世嫉俗。（結果，拉波在完成《讚揚教廷的對話錄》幾個月後就染上瘟疫而死，享年三十三歲。）到了十六世紀，天主教教會在新教改革的震撼下，開始禁止內部流通這類具顛覆性的幽默文字。波吉歐的《妙語錄》也在禁絕之列，其他必須加以禁止乃至於燒燬的書籍包括薄伽丘、伊拉斯謨斯[17]與馬基維利的作品。[18]但在波吉歐生存當時，這些書籍都可以流通，甚至相當風行，因為它們揭露的是眾所皆知之事。當時，波吉歐可以如此描述他大半生工作的機構：「有才能與誠實的人很難在此發展；要施點詭計或靠點運氣才能得到自己想要的東西，錢就不用說了，真正統治這個世界的就是金錢。」[19]

積極進取的年輕知識份子（他們主要靠自己的腦袋過活）、教廷抄寫員與教廷祕書認為，自己比他們服侍的那些過著舒適生活的高級教士來得聰明而細膩，因此理應得到教廷的重用。可以想見，這些人心中是如何憤憤不平：波吉歐寫道，我們抱怨「不適任的人占據教會高位，謹慎而博學之人則坐冷板凳，胸無點墨的無用之人卻享尊榮。」[20]

可以想見的是，這些人的世界也充滿著誹謗、中傷與彼此較勁。我們之前提到有人貶低波吉歐父母的出身，因此不難想像這些人如何彼此惡意攻訐。波吉歐也說過其對手人文主義者菲勒爾佛的「笑話」，且惡毒程度亦不遑多讓：

教廷祕書在教宗宮殿開會時，跟以往一樣，一群博學之士也參與其中。眾人的對話因此轉到惡棍菲勒爾佛身上，大家談起他過的卑鄙而令人作嘔的生活。菲勒爾佛做了不少令人髮指的惡事，有人甚至追查他是否為貴族出身，──「不可否認，」跟他同鄉的鄉民一臉認真地說道，「他一定是貴族，更明確的證據是，他的父親每天早上都穿著絲綢。」[21]

然後，波吉歐為了確保讀者了解這句俏皮話的含意，於是又添了一句解釋的話（通常這麼做就表示沒人看懂他話裡的意思）：「意思是說，菲勒爾佛是教士的私生子。教士在執行職務時，通常會穿上絲綢。」

隔了數百年來看這件事，會覺得這些口角實在非常幼稚。然而，這些口角卻可能引起更大的事端，有時候不限於文字攻擊。一四五二年，波吉歐與另一名教廷祕書，以火爆脾氣著稱的人文主義者特雷比宗德的喬治發生爭執，他們爭相表示自己才是七卷古代文獻的真正譯者。波吉歐大聲怒罵對方是騙子，喬治於是打了波吉歐一拳。兩個人怒不可遏地暫時回到自己的辦公桌，但隨後打鬥再起，七十二歲的波吉歐一手揪住五十七歲喬治的臉頰與嘴，準備用另一隻手挖他的眼睛。打鬥結束後，喬治在寫給波吉歐的短箋上生氣地寫著爭吵的事，他說自己的表現足可做為節制的榜樣：「你的手揪著我的嘴時，我大可咬斷你的手指；但我沒有這麼做。我坐著而你站著，我可以用兩隻手捏爆你的睪丸，讓你暈過去；但我沒有這麼做。」[22]整件事看起來實在荒誕可笑至極，幾與波吉歐笑話集裡的故事無異，唯一不同的是，此事在真實世界確實帶來了後果：波吉歐由於擁有較佳的人脈，平日為人也較好，因此得以將喬治逐出教廷。波吉歐晚年享有榮耀獲得尊顯，喬治則在寒微、憎恨與窮困中死去。

十九世紀有一本討論「學問復興」的著名書籍，其作者賽蒙斯在提到人文主義學者之間如角鬥士般搏鬥時表示，「這或許可以證明他們對研究充滿了熱情。」[23]或許吧！無論他們辱罵對方的言詞有多粗鄙，他們的論點始終圍繞著拉丁文法的細微之處，指控也是針對用詞的對錯，以及翻譯上的巧妙不同。然而，這些指控——在爭論拉丁文風格的過程中，波吉歐指控年輕的人文主義者瓦拉犯下了異端、竊盜、說謊、偽造、怯懦、酗酒、性變態與極度虛榮等錯誤——的浮誇與苦澀，卻也揭露了這些飽學之士內心世界的腐敗面。

拉波雖然處心積慮想在教廷內謀求職位，但他也了解教廷內部早已弊病叢生，而他也對此做了分析。問題不只是出在個人，也出在結構。教廷為了滿足自身的需求，因此引進出身寒微而性喜嘲諷的知識份子階層。這些知識份子努力討好主子，完全仰賴這些金主，但在此同時，他們也憤世嫉俗，悶悶不樂。憤世嫉俗、貪婪、偽善、向表面上傳布道德但私底下過著變態生活的高級教士阿諛奉承、不斷在教廷中謀求職位，這些人長久以來受到這種心境與生活的薰染，如何能擁有積極的心靈，如何能端正地立身處世？我們該如何處理這種憤憤不平的怒氣呢？我說的可不包括人格中傷與殺人。

波吉歐處理這種負面情緒——他很快就屈服於這種情緒，而且永遠未能平復——的方式是笑，例如《妙語錄》當中惱人與猥褻的笑。笑肯定讓波吉歐放鬆不少，雖然顯然還是不夠。波吉歐也寫了一連串的對話錄——《論貪婪》、《反對偽善者》、《論高尚》、《論財富的榮枯》、《論人類生活的苦難》等等——儼然一副嚴肅道德家的樣子。雖然笑話與道德論文的目的是相同的，但藉由道德論文，波吉歐可以探討喜劇軼事無法直接處理的問題。

舉例來說，《反對偽善者》與從事誘騙的教士有關，但這種現象背後其實牽扯到更大範圍的制度問題，需要進行更嚴謹的分析：為什麼教會人員特別虛偽，尤其是僧侶？波吉歐想問的是，宗教職位與詐騙之間存在著什麼樣的關係？完整的答案顯然包括了性，但光是滿足性欲似乎無法合理解釋教廷內部大量出現的偽善者。這些偽善的僧侶要不是裝出極其虔誠的樣子，就是因苦行而臉色蒼白、四肢無力，他們這麼做完全是為了追求聖職、豁免、優惠、特權與權力。性也無法適當解釋教廷外面更多穿著袍服的偽善者，這些吸引民眾的傳道者鼓起如簧之舌，以地獄之火和詛咒嚇唬信眾，為自己賺進大量金錢。嚴守戒律的修士宣稱謹守聖方濟規約，卻幹著盜賊的勾當。托缽修士拿著破爛的小袋子，留著長髮長鬚，用神聖的貧困生活來矇騙大眾。聆聽告解的神父無所不用其極地窺探著善男信女的隱私與祕密。這些人浮誇地裝出虔信的樣子，成為大家的典範，他們為什麼不乾脆把自己鎖在小房間裡，獨自一人禁食祝禱？他們大張旗鼓讓人看見他們的虔信、謙卑與捨棄身外之物，事實上是為了隱藏自己的貪婪、懶惰與野心。當然，在對話中有人承認，還是有善良而誠懇的僧侶，但實在少得可憐。而且就連這樣的人，日久也不免被教會的腐敗所侵蝕。

波吉歐也在對話錄裡發言，他認為偽善至少比公然的暴力好。但他的朋友，修道院院長阿里歐提反駁說，偽善比暴力更糟，因為每個人都能目睹告解的強姦犯與殺人犯的恐怖，卻無法防範狡猾的騙子。我們怎麼可能認得出偽善者的形貌？如果他們善於偽裝，我們將難以看出騙子與聖人的不同。對話錄列出了警訊，提醒大家應提防哪一類的人物。

故意在別人面前過著極其純粹的生活；
打赤腳在街上行走，蓬頭垢面，衣衫襤褸；
在眾人面前表現出輕視金錢的樣子；
嘴裡總叨念著耶穌基督之名；
喜歡人家說他善良，但實際上根本沒做過什麼善事；
吸引女性到身邊以滿足他的欲望；
成天在修道院外東奔西跑，沽名釣譽；

故意讓大家知道他在禁食與苦行；
引誘他人，為自己牟利；
拒絕承認或歸還別人託付給他的東西。[24]

實際說來，凡是在教廷工作的教士或僧侶都是偽善者，波吉歐寫道，因為在教廷裡不可能實現最高層次的宗教目的。如果你偶然間在教廷看見某個極其謙卑的人，那麼你要提防了：他不只是個偽善者，還是個頭號的偽善者。總之，你應該留意那些過度完美的人，並且牢記，要成為善良之人是非常困難的（Difficile est bonum esse）。

《反對偽善者》這部作品並非成書於馬丁路德[25]之後，由宗教改革論戰者寫成，而是在馬丁路德之前一個世紀，由在羅馬天主教科層中心生活與工作的教廷官員撰寫。它顯示了天主教會——雖然當時教會的確曾以暴力回應教義或制度上的挑戰——願意寬容內部提出的尖銳批判，而且是願意包容像波吉歐這種世俗人士的批評。這部作品也顯示，波吉歐與其他教廷內部的人文主義者努力將自己的憤怒與不平以直接的方式抒發出來，而不只是訴諸猥褻的笑話集或與他人激烈地爭辯。

波吉歐的死敵瓦拉秉持同樣的批判精神，寫出最偉大且影響最為深遠的作品。瓦拉以卓越的拉丁文獻學知識，考證出「君士坦丁的捐贈」是偽造文件，根據這份文件，羅馬皇帝宣布把帝國西部領土贈予教宗。這部探查真相的作品出版之後，瓦拉的處境變得十分危險。但教會對內部批判的寬容依然不變，至少在十五世紀有一段時間是如此，即使是一部這麼極端的作品，教會也包容了下來：人文主義教宗尼古拉五世甚至任命瓦拉擔任教廷祕書，於是這位最具獨立與批判精神的人物，與波吉歐一樣，也受僱於他曾無情揭露與嘲弄的教廷。

波吉歐不像瓦拉那麼激進，也缺乏瓦拉的原創性。《反對偽善者》的一個說話者，簡短提出一個可能引發危險的論點，從天主教會的佯裝神聖到異教的神諭，他認為都是用來威嚇與哄騙平民的工具。然而這個具顛覆性的連結——到了下個世紀，馬基維利將運用這個觀點創造出震撼性的效果，以除魅的觀點分析了所有宗教信仰的政治功能——從未真正建立，而波吉歐的作品最後只能幻想剝去偽善者偽裝的外衣。到了來生，我們知道，死者為了進入地獄，必須穿過不同大小的門。守門人一看就知道善惡的人，從寬門經過；守門人搞不清楚是偽善還是誠實的人，就從窄門經過。誠實的人經過窄門時只會有些微擦傷，但偽善者會被褪下一層皮來。

波吉歐的幻想反映出他的憤恨與悲觀：偽善者最後一定會被揭露，而且一定會遭到懲罰，只是必須等到來生才有可能。如果波吉歐的憤怒總是隱藏在他的笑聲背後，那麼波吉歐的絕望——改革弊端是不可能的，值得珍視的事物不斷流逝，人類的苦難無從解決——也總是盤旋在他的憤怒背後。

與眾多同僚一樣，波吉歐是位不知疲倦的書信作家，透過這些書信，我們看到他的憤世嫉俗、不滿與厭世，而這樣的情緒也同樣折磨著教廷裡的人員。波吉歐在給朋友的信裡寫道，修道院「不是信徒或宗教人士聚集的地方，而是罪犯的工作坊」；教廷是「人類邪惡藏汙納垢之處」。[26]舉目所及，羅馬每個地方的神廟都被民眾拆燬，好從石頭中取出石灰，大概再過一兩代的時間，這些輝煌的、遠比悲慘的現代來得珍貴的古代遺跡，恐怕就要化為烏有。波吉歐覺得自己在虛擲生命，他必須找到一個出口：「我必須嘗試所有的事，這樣才能有所成就，我決定不再為人奴僕，我要把時間投入到文學上。」[27]

然而，雖然他幻想改變自己的生活——「放棄所有俗世的羈絆，所有空虛的關切、煩惱與每日的計畫，逃往貧困，在那裡可以找到自由、真正的寧靜與安全」[28]——但很遺憾地，他知道這條路對他行不通。「我不知道我在教廷以外的地方能做什麼，」他寫信給尼科里，「除了教教孩子，就是受僱於人，甚至在專制者底下工作。如果我只能做這些選擇，那簡直是一場悲劇。為人奴隸已經很不幸了，為滿足邪惡之人的欲望而工作尤其悲哀。教書，得了吧！聽從一個人的話，總比聽從許多人的話好。」[29]他繼續待在教廷裡，希望有朝一日賺夠了錢就可以提早退休。「我有個野心：努力工作幾年，讓自己的後半生輕鬆一點。」[30]結果，所謂的「幾年」居然是五十年。

夢想，延遲，然後妥協，這種模式並不令人陌生，典型失敗者的人生就是如此。波吉歐雖然無法做出其他選擇，但他並沒有輕易屈服。他生活的世界不只充斥著腐敗與貪婪，也不斷遭受陰謀、暴亂、戰爭與瘟疫的摧殘。他在羅馬教廷工作，但教廷本身在羅馬的地位並不穩固，教宗與整個教廷經常被迫逃離羅馬。波吉歐與當時的人一樣，必須與疼痛（當時的醫學無法緩解）搏鬥，同時也要與死亡的威脅奮戰。他因此很容易就退縮到敏感而防備心強的冷嘲熱諷裡，只能藉由無法實現的幻想來獲得逃避與舒解。

唯一能拯救他的是一種妄想與渴望，那就是他對書籍的癡迷。

一四〇六年，當波吉歐得知偉大的導師薩魯塔提去世時，內心悲痛莫名。這位了不起的長者願意提攜任何他眼中的「可造之材」[31]，總是不吝給予指示與指導。他願意協助後進，包括幫他們寫推薦信、贈予金錢乃至於提供藏書。「我們失去了一個父親，」他寫道；「學者失去了避風港，國家失去了指引的亮光。」波吉歐宣稱他一邊寫信一邊哭泣，我們沒有理由懷疑他的話。波吉歐寫信給佛羅倫斯的尼科里：「我向老師的兒子們致上哀悼之意。我想你也會有相同的感受：可惜老師的藏書從此將散佚各地。」

一四四九年七月，波吉歐寫信給尼科里，「我對於蒙提普爾恰諾的死感到難過，同時也感到恐懼。」[32]蒙提普爾恰諾是波吉歐的好友，兩人曾一起到瑞士的修道院圖書館尋找書籍。但之後他話鋒一轉，開始談到他最近在卡西諾山的發現：「我找到一本書，裡面收錄了弗朗提努斯[33]的《水道書》。」[34]一個星期之後，在一封信上，同樣的模式又出現一次。他一開始提到兩份他抄寫的古代手稿，然後說他希望「畫線時能用紅色線，並且予以裝訂」。

我現在因為好朋友的死而感到悲傷，同時也心煩意亂，一部分是因為恐懼，一部分是因為教宗的突然出走，因此我無法平心靜氣地在羅馬寫這封信。我必須離家，收拾所有的行李；我必須一次忙完所有的事，這樣我才不會有餘裕寫信或喘息。悲痛總是讓事情變得更難處理，我只能埋首書堆之中。[35]

「只能埋首書堆之中……」這是出口，是用來逃避恐懼與悲痛的方式。「我的國家尚未從五年前肆虐的瘟疫中恢復，」波吉歐在一四三〇年九月寫道；「如今它似乎又將遭受同樣可怕的屠殺摧殘。」[36]但他隨即轉換話題：「我們還是關心自己的事吧。我看到你寫的關於圖書館的事。」如果帶來威脅的不是瘟疫的話，那麼就是戰爭：「每個人都等著自己的死期到來；就連城市也逃不過這場噩運。」然後，在同一封信上：「讓我們把心思放在書本上吧，這會讓我們暫時忘了這些麻煩，並讓我們輕視許多人渴望的東西。」[37]在北方，強大的米蘭維斯康提家族正在募集軍隊；佛羅倫斯的傭兵正在圍攻盧卡；那不勒斯的阿方索正在寇邊，神聖羅馬帝國的皇帝西吉斯蒙德正對教宗施以難以承受的壓力。「我已經決定要做什麼了，即使事態的演變愈來愈令人憂心；也就是說，我要專心研讀希臘文學……」[38]

波吉歐在這些書信裡表現出高度的自覺，而且期待這些書信能夠流通出去，但他對書籍的癡迷卻一再在信上表現出來，似乎難以遏止，顯得坦率而真實。這是通往某個情感的關鍵，波吉歐在刻劃這種感受時使用了一個字，對於一個教廷官員來說，這個字似乎與他格格不入：自由。「你的波吉歐，」他寫道，「很容易滿足，你應該自己見識一下；有時，我自由地閱讀，把工作丟給長官，完全不受公務攪擾。我盡可能讓自己過得自由。」[39]這裡的自由與政治自由或權利觀念或想說什麼就說什麼或想去哪兒就去哪兒無關。這裡的自由比較像是為了逃避外在世界——他曾經充滿野心地投入其中——的壓力而往內心世界退縮，並且創造出一個與外在隔離的空間，讓自己身處其中，不受干擾。對波吉歐來說，這種經驗意謂著讓自己沉浸在上古的書籍之中：「我可以自由地閱讀。」

每當義大利的政治混亂日趨嚴峻，教廷陷入騷動，他個人的野心遭受挫折，或者同樣危險的是，當他的野心一一實現之際，波吉歐都會退縮到內心深處，沉浸於自由的感受中。因此，即將到來的事件使他更需要強烈依附在自己的自由裡，這個事件發生在一四一〇年後[40]，此時他已充分顯露自己身為人文主義抄寫員、博學作家與教廷官員的才能，並且接受他生涯中最具威望也最危險的職務：在新選出來的教宗，也就是凶惡、狡猾且無情的柯薩底下擔任教廷祕書。

注釋

1. 見波吉歐寫給尼科里的信，一四二一年二月十二日：「我無法像那些完美的人一樣，放棄自己的父母，散盡家財賑濟貧民；這種力量只有極少數人才有，而且這種人只存在於遙遠的過去」——Gordan, *Two Renaissance Book Hunters*, p. 49.
2. William Shepherd, *Life of Poggio Bracciolini* (Liverpool: Longman et al., 1837), p. 185.
3. Gordan, *Two Renaissance Book Hunters*, p. 58.
4. Peter Partner, *The Pope's Men: The Papal Civil Service in the Renaissance* (Oxford: Clarendon Press, 1990), p. 115.

5. Lapo da Castiglionchio, *On the Excellence and Dignity of the Roman Court*, in Christopher Celenza, *Renaissance Humanism and the Papal Curia: Lapo da Castiglionchio the Younger's De curiae commodis* (Ann Arbor: University of Michigan Press, 1999), p. 111.
6. 同前，p. 127.
7. 同前，p. 155.
8. 同前，p. 205.
9. 見 Celenza, *Renaissance Humanism and the Papal Curia*, pp. 25-26.
10. 同前，p. 177.
11. Poggio, *The Facetiae, or Jocose Tales of Poggio*, 2 vols. (Paris: Isidore Liseux, 1879), Conclusion, p. 231.（巴黎版的參考文獻是依據故事的號碼排列。）《妙語錄》的手稿一直到一四五七年才出現，也就是波吉歐死前兩年。但在此之前，波吉歐已經讓這份手稿在文書與祕書間流傳。參見 Lionello Sozzi, "Le 'Facezie' e la loro fortuna Europa," in *Poggio Bracciolini 1380-1980: Nel VI centenario della nascità* (Florence: Sansoni, 1982), pp. 235-59.
12. 譯按：拉伯雷（François Rabelais, 1493-1553），法國文藝復興時代作家。他在自己的作品中諷刺舊的教育制度，挖苦墨守成規的人和僵化的經院哲學，調侃法官習慣於將簡單的案件複雜化。
13. 同前，1:16.
14. 同前，1:50.
15. 同前，2:161.

16. 同前，1:5, 1:45, 1:123, 2:133.

17. 譯按：伊拉斯謨斯（Erasmus von Rotterdam, 1466-1536），中世紀尼德蘭著名人文主義思想家和神學家，對宗教改革領袖馬丁路德有巨大影響，他終生都是天主教徒，卻尖銳地批評了當時的羅馬天主教會，並拒絕接受後者授予的樞機職位。

18. Jesús Martínez de Bujanda, *Index des Livres Interdits*, 11 vols. (Sherbrooke, Quebec: Centre d'études de la Renaissance; Geneva: Droz; Montreal: Médiaspaul, 1984-2002), 11 (Rome):33.

19. Poggio, *Facetiae*, 1:23.

20. 同前。1:113.

21. 同前，2:187.

22. John Monfasani, *George of Trebizond: A Biography and a Study of His Rhetoric and Logic* (Leiden: Brill, 1976), p. 110.

23. Symonds, *The Revival of Learning* (New York: C. P. Putnam's Sons, 1960), p. 176. "In the fifteenth Century Scholarship was all-absorbing,", p. 177.

24. "Aspira ad virtutem recta, non hac tortuosa ac fallacy via; fac, ut mens conveniat verbis, opera sint ostentation similia; enitere ut spiritus paupertas vestium paupertatem excedat, tunc fugies simulatoris crimen; tunc tibi et reliquis proderis vera virtute. Sed dum te quantunvis hominem humilem et abiectum videro Curiam frequentantem, non solum hypocritam, sed pessimum hypocritam iudicabo." (17:p. 97). Poggio Bracciolini, *Opera Omnia*, 4 vols. (Turin: Erasmo, 1964-69).

25. 譯按：馬丁路德（Martin Luther, 1483-1546），宗教改革發起人，他翻譯的路德聖經迄今為止仍是最重要的德語聖經翻譯。
26. Gordan, *Two Renaissance Book Hunters*, pp. 156, 158.
27. 同前，p. 54.
28. 同前，p. 75.
29. 同前，p. 66.
30. 同前，p. 68.
31. 同前，pp. 22-24.
32. 同前，p. 146.
33. 譯按：弗朗提努斯（Julius Frontinus, 40-103），羅馬政治家與軍事將領，曾參與羅馬城的市政改造工作，影響深遠。
34. 同前。
35. 同前，p. 148.
36. 同前，p. 164.
37. 同前，p. 166.
38. 同前。p. 173.
39. 同前。p. 150.
40. 波吉歐被任命為若望二十三世的教廷祕書，其確切時間不詳。一四一一年，他成為教宗的文書與私人助理。但一四一二年六月一日的教宗詔書上，波吉歐的署名是 Secretarius（之後的詔書也是一樣，時間大約在召開康斯坦斯公會議時），而波吉歐在這段時期自稱為 Poggius Secretarius apostolicus。參見 Walser, *Poggius Florentinus: Leben und Werke*, p. 25, n4.

第七章 捕狐狸的陷阱

擔任教廷祕書是波吉歐在教廷發展事業的巔峰：雖然只有三十出頭，波吉歐的才能已經使他從無名之輩一躍為整個教廷官僚體系的頂端。在這段時期，教廷的官僚體系因各項需求而持續擴大，例如外交上的捭闔縱橫，複雜的商業交易，流言蜚語的傳布，異端的獵捕、威脅、偽裝與觀望，其中柯薩——他自稱教宗若望二十三世——更是各種陰謀的策動者。任何訊息在傳給教宗之前，都要先經過波吉歐這一關，他負責整理與傳遞重要資訊，記錄重要事項，把粗略擬定的政策陳述清楚，擬妥寄給各王公貴族的公文。波吉歐必然與聞各項機密與政略，因為教廷祕書必須協助教宗訂定計畫，處理紛至沓來的棘手問題：有兩個對手對教宗寶座虎視眈眈[1]，神聖羅馬帝國皇帝處心積慮要終結天主教會的分裂與波希米亞的異端，鄰近國家隨時準備要奪取教會的領土。波吉歐辦公桌上的工作量肯定極為繁重。

然而，在這段期間，波吉歐還是撥出時間，用他美麗的字跡抄寫西塞羅的三鉅冊《論法律》與西塞羅論盧庫魯斯的演說。（這份手抄本存放在梵蒂岡圖書館：Cod. Vatican. Lat. 3245。）總之，他努力利用自己僅有的一點自由時間來做這件事。這樣的自由時間讓他沉浸在上古的過去裡，卻也讓他與現在愈來愈疏離。當然，他對古典拉丁文的喜愛與當時的人不同，他不會過度理想化上古時代的羅馬歷史：波吉歐了解歷史充滿人性的愚蠢與邪惡，而他也察覺自己生活的城市在昔日榮耀的對照下，顯得陰暗可悲。

羅馬人口遠不如全盛時期，而且散布在幾個獨立的聚落裡。其中一個聚落位於卡皮托，這裡過去曾矗立著巨大的古朱比特神廟，另一個聚落則在拉特朗附近，君士坦丁曾將此地的舊帝國宮殿賜給羅馬主教，還有一處位於已經傾頹的四世紀聖彼得大教堂周圍。這些聚落之間散布著荒地、廢墟、破爛的小屋、亂石地與殉教者神龕。[2]廣場成了綿羊吃草的地方。武裝的暴徒，其中有些受僱於有權勢的家族，有些則為自己搶掠財物，這些人神氣活現地走在骯髒的大街上，城牆外則潛伏著攔路打劫的盜匪。此時的羅馬根本沒有工業可言，商業也很蕭條，沒有欣欣向榮的技術工匠或市民，居民對城市絲毫不感到自豪，市民也無自由。這裡唯一繁盛的交易是挖掘古老建築物裡的金屬扣環，以及剝除大理石飾板，這些物品都可重新使用在教堂與宮殿上。

雖然波吉歐的作品絕大多數是在他事業後期完成的，但我們還是可以從一些作品看到，他在年輕時對於自己投入的世界感到失望。他獲得教宗若望二十三世的重用，生活肯定不虞匱乏。然而，他愈是投入，愈感覺失望，而且時時想著逃離這樣的生活。與佩脫拉克一樣，波吉歐以一種考古學家的眼光回顧曾經存在的事物，在他眼中，羅馬荒廢的空地與傾頹的古代建築，無一不充滿過去的遺跡。「卡皮托丘，也就是我們坐著的地方，」波吉歐寫道，「過去曾是羅馬帝國發號施令之處，是塵世的堡壘，震懾著世間的君王；無數凱旋式留下的階梯，裝飾著萬國的戰利品與貢物。」如今，放眼望去：

> 世界的奇觀，怎會淪落至此！時移世異，原貌已不復見！凱旋之路爬滿了蔓藤，元老院議員坐的長凳也湮沒在堆肥之中……羅馬人的廣場，他們聚集在此制定法律與選舉官員，現在已圍起來成了菜園，或圈起來做為飼養豬牛的畜欄。

殘存的偉大遺跡，更讓人對當前的一切感到憂鬱。在人文主義朋友的陪伴下，波吉歐試著想像過去可能的面貌：「看著帕拉提諾丘，從斷垣殘壁中想像大理石劇場、方尖碑、巨像與尼祿宮殿的柱廊。」[3]然而，在短暫神遊上古之後，這名教廷官員終究得回到破敗的現實中。

在若望二十三世統治羅馬的動盪歲月裡，現實所威脅的，不僅是波吉歐珍視的些許「自由」，同時也使他充滿憤世嫉俗的情緒而難以自拔。波吉歐與其他在羅馬的人必須面對的問題是，在教宗底下生活與工作時，如何能維持僅剩的一點道德感性。柯薩比他的教廷祕書年長十歲，他出生於那不勒斯附近的火山島普羅奇達。他的貴族家族擁有這座島嶼，隱密的港灣與易守難攻的堡壘顯然相當適合這個大家族的事業：海盜。但海盜是份危險的工作，柯薩的兩個兄弟最後遭到逮捕並被判處死刑。他們好不容易透過一些管道才將死刑改判為囚禁。據他的政敵表示，柯薩年輕時也參與了家族事業，因此終其一生，他在夜裡總是容易驚醒，而這項事業也影響了他對世界的基本認識。

普羅奇達島的舞臺太小，無法讓柯薩一展長才。活力充沛而且精明的他，很早就對某種事物感到興趣，我們或許可以把這種事物稱為高層次的海盜行為。他在波隆那大學攻讀法學——在義大利，想進入教會工作，最好的方法不是鑽研神學，而是學習法律——獲得民法與教會法的博士學位。在畢業典禮上，成績優秀的畢業生會被引領著以凱旋之姿繞行全鎮。當柯薩被問到對將來有何打算時，他回道：「我要成為教宗。」[4]

與波吉歐一樣，柯薩最初是在同鄉那不勒斯人博義九世底下擔任私人侍從。而他也以這個身分協助管理教會職位的買賣與搶手的贖罪券市場，並且幫忙舉辦能獲取暴利的大赦年活動。每到大赦年，凡是到羅馬各大教堂朝聖的民眾，都能獲得全大赦券，也就是死後能免受煉獄之火的可怕折磨。大批群眾住滿羅馬的旅店，光顧酒館與妓院，魚貫地走過狹窄的橋樑，在神聖的祭壇前祈禱，點蠟燭，瞠目結舌地看著行奇蹟的圖畫與人像，然後帶著具有魔力的紀念品返鄉。

原本大赦年是每百年一次，但由於需求太大而且利潤極高，於是間隔的時間便縮短為每五十年一次，而後又縮短為每三十三年一次，最後是每二十五年一次。一四〇〇年，就在波吉歐抵達羅馬前不久，大量朝聖者為了迎接新世紀的到來而蜂擁至羅馬。儘管離上次大赦年只有十年，教宗還是發放了全大赦券。為了提高獲利，教會想出不同種類的商品，充分反映柯薩的務實腦袋。舉例來說，信徒想到羅馬朝聖，使自己的靈魂獲得好處[5]——這麼做可以讓他們在死後免除數千年的煉獄折磨——卻又不想忍受翻越阿爾卑斯山之苦，那麼他們可以有替代的做法。他們可以探訪日耳曼地區幾個著名聖地，捐納與到義大利朝聖相同的金錢，這樣就可以獲得贖罪券。

柯薩的才智不僅限於聰明的行銷手法。被任命為波隆那總督之後，他證明自己是極成功的民政與軍事領袖，同時也是振奮人心的演說家。他所體現的各項特質——精明狡猾、口才便給、勇於行動、野心勃勃、好色淫蕩、精力充沛——使他成為文藝復興時代的理想典型。儘管當時宗教事務與世俗事務的分際並非涇渭分明，但當這位波隆那執事樞機——柯薩的稱呼——

穿上教士袍服時，還是令人感到很不尋常。波吉歐的朋友布魯尼提到，柯薩善於處理世俗事務，從他身上完全看不出他想從事精神性靈方面的工作。

柯薩這個人在當時擁有各色各樣的評價，這有助於解釋為什麼有人讚美他，有人恐懼他，甚至有人懷疑他，而這也使人相信他是極能幹的人物，有能力處理一切事務。一四一〇年五月四日，教宗亞歷山大五世巡視波隆那，在與朋友柯薩執事樞機共進晚餐後不久，教宗一命嗚呼，當時普遍謠傳他遭到了毒殺。儘管存在這些懷疑，支持柯薩的樞機主教依然選舉他繼任教宗。或許他們是因為害怕才這麼做。或者，他們認為年僅四十歲的柯薩有能力終止令教會蒙羞的分裂狀態，並且打敗另外兩名敵對的教宗：頑固的西班牙人佩德羅・德・魯納，他自稱教宗本篤十三世，以及堅不妥協的威尼斯人柯瑞爾，他自稱教宗額我略十二世。

如果這是樞機主教們的希望，那麼他們不久便感到失望，但這並不令他們驚訝。分裂已經持續了三十幾年，無論怎麼嘗試都無法解開僵局，例如主張自己才是正統的教宗，將其他教宗的追隨者逐出教會，並且祈求上帝降禍給這些人。每位教宗一方面試圖取得道德制高點，另一方面也使出了暴力手段。每位教宗都擁有強大盟友，但也存在戰略弱點，因此想以武力征服對方是不可能的。大家都覺得這種局勢令人無法忍受。民族派系彼此相爭——西班牙人、法國人與義大利人各自擁立不同的教宗人選——使天主教會的普世主張瀕臨破產。教宗爭立的奇景使教會制度岌岌可危。整個情勢令人困窘、不悅而且危險。但誰能解開這場困局呢？

十五年前，巴黎大學有幾名神學家把一個大木箱搬進馬蒂蘭修道院，他們表示，凡是有解決教會分裂良策的人，都可以把想法寫下來，從蓋上的小孔投進大木箱中。結果一共募得一萬封以上的建言書。五十五名教授負責整理這些意見，最後得出三個主要的方法。第一個方法，即所謂的「放棄」，要求所有宣稱自己是教宗的人同時退位，然後以適當的選舉選出單一的教宗；第二個方法，「妥協」，也就是以仲裁的方式從現存的教宗選出一位；第三個方法，「公會議」，即召集天主教世界所有的主教開會，在大會上以正式投票的方式終局地解決這場爭端。

前兩種方法的優點是相對簡單，符合成本效益，而且直截了當；然而，這兩種方法跟軍事征服一樣，缺點是不可能實現。要求大家同時退位，不用說也知道結果是什麼；為仲裁設定先決條件，不可避免將陷入絕望的爭吵。留下的最後一個選項是召開「公會議」，被推舉為神聖羅馬帝國皇帝的匈牙利國王西吉斯蒙德強烈支持這項方案，而他恰好是羅馬的柯薩派名義上的盟友。

在樞機主教與祕書的圍繞下，在這座已經皈依並且改名為聖天使城堡的巨大異教陵寢裡，狡猾的教宗左思右想，覺得沒必要召開這場全基督教會議。這類大會不可避免會讓反羅馬的勢力抬頭，對教宗來說是有害無益。因此，教宗虛與委蛇，設法拖延，同時廣結盟友，壓制南方野心勃勃的大敵那不勒斯國王拉迪斯拉斯，並且充盈教廷府庫。教宗也忙於應付數量龐大的請願書，發布詔令，安排教宗國的防務、行政與稅賦，同時出售教會職位與贖罪券。波吉歐與其他祕書、文書、抄寫員以及下層教廷官員因此忙於處理龐雜的各項事務。

要不是發生了出人意表的事件，分裂的僵局很可能會一直持續下去——而這正是教宗希望的。一四一三年六月，拉迪斯拉斯突然率軍攻破羅馬防線，劫掠該城。他們搶奪民宅、摧毀神壇、攻進宮殿，將府庫搬運一空。教宗與底下的教士及官員逃往佛羅倫斯，並且在當地獲得有限的保護——佛羅倫斯人與那不勒斯人彼此敵對。為了維持教宗的地位，柯薩現在絕對需要皇帝西吉斯蒙德的支持——當時西吉斯蒙德人在科摩——經過緊急協商後，皇帝開出了清楚的條件，如果教宗想得到支援，那麼他必須同意召開公會議。

柯薩已無路可退，他提議公會議在義大利舉行，在此他可以動員自己的主要盟友，但遭到皇帝拒絕，皇帝認為跨越阿爾卑斯山的長期旅行對於比較年長的主教來說實在過於辛苦。皇帝宣布，公會議應該在康斯坦斯舉行。這座城市位於他的領土內，坐落於瑞士與日耳曼之間的山區，瀕臨波登湖。雖然這個地點不得教宗的歡心，但到了一四一三年秋，皇帝已經派人到康斯坦斯，了解當地的住宿與食物供應。隔年夏天，教宗與他的朝廷開始往康斯坦斯出發，歐洲各地有力的教會人士及其僕從也紛紛動身，大家一起匯聚到這座南日耳曼的小鎮。

康斯坦斯市民里申塔爾對於即將發生在自己身旁的一切感到興奮，他因此為這個事件寫下了詳盡的編年史。[6]從里申塔爾的作品中，我們得知教宗帶領數量龐大的隨從（約六百人）越過阿爾卑斯山。從其他史料中，[7]我們得知整個隊伍裡也有當時最偉大的人文主義者：波吉歐、布魯尼、維爾傑里歐[8]、魯斯提奇[9]、蒙提普爾恰諾、皮斯托亞、皮格里歐、瓜斯柯尼、札巴瑞拉樞機主教、阿迪馬里樞機主教、卡斯提格里歐尼樞機主教、米蘭大主教卡普拉及其未來的繼承人皮卓帕索。教宗是個惡棍，但他是個有學問的惡棍，他很高興有這群優秀學者為伴，而且期待朝廷事務能以優雅的人文主義作風來處理。

即使時序已到夏末，跨越阿爾卑斯山仍不是件容易的事。一四一四年十月，教宗俯瞰康斯坦斯與瀕臨的湖泊，旁邊圍繞著群山，他轉身對後面的隨從說——其中當然包括了波吉歐——「這是他們用來捕狐狸的陷阱。」

如果柯薩的敵對勢力只局限在義大利教會內部，那麼他或許會感到信心滿滿，相信自己絕不會中了圈套；畢竟，數年來他一直居於上風，穩穩地守住他在羅馬的教宗寶座。問題是有許多對手來自於他的勢力範圍之外，他們從義大利以外的基督教世界絡繹不絕地來到康斯坦斯：大約有三十名樞機主教、三名宗主教、三十三名大主教、一百名修道院院長、五十名教長（教會官員）、三百名神學博士、五千名僧侶與修士，以及大約一萬八千名教士。除了神聖羅馬帝國的皇帝與他的龐大隨從，大會也邀請了許多世俗統治者與他們的大使前來：普法爾茨選帝侯路德維希、薩克森選帝侯魯道夫、巴伐利亞公爵、奧地利公爵、薩克森公爵、什列斯威公爵、麥克倫堡公爵、洛林公爵、特克公爵、布蘭登堡侯爵，以及法國、英格蘭、蘇格蘭、丹麥、波蘭、那不勒斯與西班牙國王派來的大使，其他還有地位較低的貴族、男爵、騎士、律師、教授與官吏。這些王公貴戚各自率領一小批陪臣、侍衛、僕役、廚師等等，而公會議也吸引了大批觀光客、商人、江湖郎中、珠寶商、裁縫、鞋匠、藥師、皮草商、雜貨商、理髮師、抄寫員、騙子、雜耍演員、街頭藝人與各式小販前來。編年史家里申塔爾估計，有超過七百名妓女來到鎮上，自行租賃房屋招攬生意，另外還有「一些妓女索性住在馬廄或任何可以做生意的地方，至於那些直接在民宅旁辦事的我就更數不清了」。[10]

大約有五萬到十五萬人湧入康斯坦斯，為這座小鎮帶來極大的壓力，同時也帶來許多弊病。當局試圖以慣用的方式對抗犯罪——進行公開處決[11]——同時也立下各種規定要求訪客遵守：舉例來說，「每十四天，桌巾與床單必須更換，需要更換洗滌的事物必須定期清洗。」訪客（以及他們帶來的三萬匹馬）所需的糧食草料，康斯坦斯當局早已儲備妥當，而鄰近的河運也確保日用品補給不輟。麵包師傅推著手推車、載著烘焙麵包的小火爐沿街叫賣，他們烤出的捲餅、椒鹽捲餅與糕點裡頭塞了灑上香料的雞肉與其他肉類。在客棧與臨時的小吃攤，廚子們準備了平常吃的肉類與家禽，以及歌鶇、畫眉、野豬、西方狍、獾、水獺、河狸與野兔。喜歡吃魚的人，這裡也準備了鰻魚、狗魚、鱘魚、長嘴硬鱗魚、歐鯿、白鮭、白楊魚、鯰魚、鰍魚、鰷魚、鱈魚乾與鯡魚。「還有人賣青蛙與蝸牛，」里申塔爾用作嘔的語氣寫道，「這些只有義大利人會買。」[12]

當柯薩與他的官員們獲得適當的安置之後，柯薩便開始關切實際的會議安排。令他不快的是，公會議決定自行訂定組織章程，並且採取集團或「國家」投票——義大利人、法國人、日耳曼人、西班牙人與英格蘭人——這項安排削弱了他身為教宗的特殊地位，以及他核心支持者的影響力。在權力急速瓦解下，柯薩開始在意起自己的威望問題。如果他無法握有道德制高點，那麼退而求其次，他希望保有尊榮的儀式典禮。他必須向與會者證明，他不只是那不勒斯的狐狸；他也是基督在塵世間的代理人，他代表了精神的光輝與世俗的光采。

一四一四年十月二十八日，柯薩身穿白色祭袍，頭戴白色教冠，騎著白馬進入康斯坦斯。四名康斯坦斯市民在教宗頭上舉起金色華蓋。兩位伯爵，一位是羅馬人，另一位是日耳曼人，他們分別站在教宗兩側為他攬轡。在他們後面，有人騎著一匹駿馬，馬鞍上插著一根棍子，棍頂張起了以紅布與金布製成的大傘——里申塔爾還誤以為是帽子。這把大傘寬足以遮蔽三匹馬，傘的頂端有個金球，球上站著一個金天使，手裡拿著十字架。傘的後方跟著九名樞機主教，他們騎在馬上，穿著紅色長斗篷，戴著紅色披肩布與寬紅帽。樞機主教後面是其他教士與教廷職員，波吉歐也在其中，此外還有隨從與僕役。在隊伍的最前面，九匹白馬排成一列，背上鋪著紅色鞍布。其中八匹馬馱著衣物——教宗的袍服，象徵著他的神聖身分——第九匹馬的頭上懸著小鈴鐺，背上馱著鍍銀的小箱子，箱上蓋著紅布，裝了兩根銀製燭臺，上面插著兩根點燃的蠟燭。小箱子既是珠寶盒也是墳墓，裡面放了聖餐禮，即基督的寶血與肉體。若望二十三世抵達了。

結束分裂是公會議最重要的任務，但並非唯一的任務。其他兩項重要議題是教會政府改革（這對若望二十三世來說不是好消息）與鎮壓異端。後者為已經逼入牆角的老狐狸提供了某種承諾，這幾乎是他能拿到的唯一戰術武器。從祕書為教宗抄寫的信件可以看出，教宗想把大會的焦點從分裂與教廷的腐敗轉移到某個人身上，此後波吉歐將不斷在官方文件上寫到他的名字。

四十四歲的胡斯是捷克教士與宗教改革者，數年來他一直是教會的心頭刺。不管是傳道還是文字作品，他一直猛烈抨擊教士濫權，指責他們的貪婪、偽善與性醜聞。他指控贖罪券的販售是一種敲詐，無恥地利用信徒的恐懼並從中撈取錢財。他鼓吹信眾不要信仰聖母馬利亞，不要崇拜聖人，不要相信教會與教宗，只需要相信上帝。胡斯認為，聖經是所有教義的最終權威。

胡斯不僅大膽干涉教義，在各民族騷動不安的時刻，他也開始介入教會政治。他認為國家有管理教會的權利與職責。俗人可以而且應該評斷他們的精神領袖。（他說，寧可當個好基督徒，也不要成為邪惡的教宗或高級教士。）不道德的教宗不能主張教宗無誤論。胡斯說，畢竟教廷是人類創立的制度，而且聖經裡並沒有「教宗」這個詞。道德廉潔是真正教士的標準：「根據胡斯的作品，如果教士明顯有罪，那麼就表示他不義，是基督之敵。」[13]而這樣的敵人，應該要剝奪他的聖職。

我們可以輕易看出，胡斯為什麼會因為他在一四一〇年提出的觀點而被逐出教會，以及為什麼聚集在康斯坦斯開會的教會高層會對胡斯的拒絕屈服做出處置。在強大的波希米亞貴族保護下，胡斯不斷地散布危險的觀點。而我們可以清楚看出，已經無路可退的柯薩為什麼認為讓公會議的焦點轉向胡斯不只是權宜之計，而是一件對他有利的事。因為這位波希米亞人——教會對他又懼又恨——提出的原則，其實跟柯薩在教會裡的敵人想做的事一模一樣：後者主張，面對腐敗的教宗，我們不僅毋需遵從，還應該予以罷黜。這種令人不安的雷同，或許可以用來解釋康斯坦斯當時出現了針對胡斯而起的詭異指控：他是個超凡的魔術師，可以看穿周圍的人心裡在想什麼。[14]

胡斯提出請求，希望有機會在公會議上做出解釋。於是教會正式邀請他與會，讓他到康斯坦斯，在高級教士、神學家與統治者面前親自陳述自己的觀點。這位捷克改革者懷抱著空想家特有的自信，以為只要能清楚說明自己的看法，就能以自身的真理掃除無知者與信仰不堅者的圈套。

由於被指控為異端，胡斯當然心裡有所提防。他最近才看到三名年輕人被當局斬首示眾，其中有兩人還是他的學生。在離開波希米亞保護者的領土之前，胡斯先向布拉格教區的大審判官申請了許可證，他也獲得了西吉斯蒙德皇帝的通行證。蓋有帝國印璽的安全通行證保證給予胡斯「保護與護衛」，胡斯可以「自由而安全地經過、住宿、停留與返國」。波希米亞貴族騎馬趕在前頭與教宗會面，他們問起胡斯在康斯坦斯期間是否能免於暴力威脅。「就算他殺了我的親生兄弟，」若望二十三世回道，「只要他還待在城裡，我不會允許任何人動他分毫。」有了這些保證，在四面楚歌的教宗以盛大陣容抵達康斯坦斯後不久，這位改革者也來到了該地。

胡斯於十一月三日抵達，他的到來對若望二十三世來說是個天賜，而且實際上也是如此。不僅是教會人士，就連一些為非作歹之人也公然表示對他的怨恨。胡斯與他的重要夥伴布拉格的哲羅姆是著名的英格蘭異端威克里夫[15]的追隨者。威克里夫支持以方言翻譯聖經，堅持信仰應以聖經為根據而非事功，並且攻擊教士的財富與販賣贖罪券，其做法使他在上個世紀遭受不少責難。威克里夫最後壽終正寢，這點令他的教會敵人感到沮喪，於是公會議下令掘出他的屍骨，不讓他葬在已經祝聖過的地方。威克里夫的遭遇，對胡斯可不是件吉兆。

儘管得到教宗、公會議與皇帝的保證，但胡斯幾乎可說是立即就遭到了誹謗，而且差點沒有機會在公眾面前說話。十一月二十八日，也就是他抵達將近三個星期之後，在樞機主教的命令下，胡斯遭到逮捕，監禁在萊因河畔的道明會修道院裡。他被丟入地窖，修道院所有的廢棄物也都堆置於此。當他染上重病時，他要求讓自己任命的律師幫他辯護，但他卻被告知，根據教會法，沒有人可以為被指控為異端的人辯護。胡斯與波希米亞支持者抗議此舉明顯違反了他的安全通行保證，皇帝因此選擇不介入此事。據說皇帝對於他的承諾遭破壞感到不快，但一名英格蘭樞機主教開導他說，「對付異端不需要守信。」

如果柯薩認為，迫害胡斯可以讓公會議暫且放鬆結束分裂的議題或讓他的敵人無話可說，那麼他便大錯特錯了。正當教廷氣氛低迷之際，教宗依然進行華麗的公開展示。里申塔爾描述了整個景象：

當教宗給予祝福時，一名戴著法冠的主教首先來到陽臺，他手裡拿著十字架。站在十字架後頭的是兩名戴著白色法冠的主教，手持點燃的長蠟燭，並且將蠟燭置於窗內。然後是四名樞機主教，他們也戴著白色法冠，或者，有時是六名，或者在別的時候人數會少一點。有時，國王也會站在陽臺。樞機主教與國王站在窗內。接著走出來的是我們的聖父教宗，他穿著最昂貴的教袍，頭戴白色法冠。在主持彌撒用的祭袍裡頭，他多穿了一件教士沒有的袍服，手上戴著手套與巨大的戒指。戒指鑲著一顆罕見的巨大寶石，戴在他的右手中指上。他站在窗戶的正中央，讓每個人都能看見他。然後出現的是他的歌手，他們每個人手持燃燒的蠟燭，陽臺因此閃閃發光，像著了火似的，而他們全站在他的後方。一名教宗走上前去，脫掉他的法冠。此時教宗開始詠唱……[16]

然而，這種做法除了讓民眾看了目瞪口呆，實際上無從解決令人焦慮的狀況。雖然教宗仍是公會議的主持者，但他卻無法掌控議程的發展，而且十二月二十五日抵達康斯坦斯的皇帝西吉斯蒙德顯然不打算幫他。

柯薩仍有盟友。一四一五年三月十一日，公會議討論到如何讓教會只擁有一個教宗時，麥因茨大主教起身表示，他只會遵從一個人的命令，那就是若望二十三世。大主教原以為可以一呼百諾，可惜並非如此。相反地，君士坦丁堡宗主教大聲說道，「這傢伙是誰？應該把他燒死！」大主教退席，會議不歡而散。

狐狸發現陷阱已快要封死，認為康斯坦斯不適合久留，他感到此地不安全。柯薩想把公會議移到能讓他放心的地方召開。國王表示反對，康斯坦斯鎮議會也趕緊向他保證：「如果宗座覺得不安全，那我們會給予他更多的守衛對抗外來的侵犯，即使這麼做會讓我們災難加身，讓我們吃掉自己的孩子。」[17]柯薩也曾經大方承諾胡斯保證他的安全，但事與願違，此時的他自然無法輕信康斯坦斯當局的承諾。一四一五年三月二十日，大約下午一點左右，柯薩跑了。[18]他穿著灰色蒙頭斗篷，沒有人能看見他的臉，他就這樣子靜靜地騎馬出了康斯坦斯城門。在他身旁是一名騎馬的弩兵，後面還跟著兩個人，同樣也穿著蒙頭斗篷。到了晚間，乃至於整個大半夜，教宗的僕人、隨從與祕書也偷偷地相繼出城。但消息很快就傳開了。若望二十三世走了。

往後幾個星期，柯薩的敵人追蹤這些人的下落，發現他逃到盟友的城堡夏夫豪森，於是他們擬了起訴書來控告教宗。惡意的流言開始傳布，教宗剩下的盟友也開始動搖，於是他再度逃亡，這回還是一樣喬裝改扮，而他的朝廷——其中很可能包括他的教廷祕書波吉歐——也陷入嚴重的混亂：「教廷的成員在匆促與混亂之下跟隨著他。」當時的編年史家寫道；「因為教宗逃走了，而其餘的人也在夜裡跟著逃走，但其實後頭根本沒人在追捕他。」[19]最後，在皇帝的巨大壓力下，柯薩的主要保護者把這名不受歡迎的客人交了出來，於是，全世界得以見到這麼一幅深具教化意義的景象：教宗被當成罪犯看管起來。

教宗被指控了七十項罪名[20]，這些罪名正式地公開加以宣讀。公會議擔心這些指控會引發各種輿論，於是決定縮減成十六項最重的罪名——但從未對外公開是哪些罪名——只指控教宗犯下買賣聖職、雞姦、強姦、亂倫、虐待與殺人等罪。他被指控毒殺前任教宗、前任教宗的醫生與其他人。其中最重的罪名——至少就已公開的罪名來看——來自於指控者從古代與伊比鳩魯學派的鬥爭中得到的啟發：據說教宗曾在地位崇高的人士面前，堅稱人死不會復活，人的靈魂會跟肉體一起毀滅，與野獸一樣。

一四一五年五月二十九日，教宗正式遭到罷免。若望二十三世這個名號從官方教宗的名冊中剔除。它依然可以再次使用，不過要等到五百多年後，才有另一位教宗——卓越的龍嘉利——於一九五八年充滿勇氣地接受這個稱號。

被罷黜後不久，柯薩短暫囚禁在萊因河畔的戈特里本堡，幾乎快餓死的胡斯已在此地囚禁了兩個月以上。我們不知道逮捕教宗與異端的人是否將他們關在同一間囚室裡——這兩人同樣命運多舛。此時，如果波吉歐仍與他的主人在一起[21]——紀錄並未清楚顯示這點——那麼這可能是他最後一次與他的主人相處。前任教宗的所有隨從均予以遣散，犯人則很快送往別的地方監禁，此後他將交由說德語的衛兵看守，而他與衛兵只能以肢體語言溝通。在與外在世界完全斷絕來往之後，教宗只能把心思放在詩文上，並且對世事的飄忽無常發表自己的感嘆。

教宗的部屬突然間失去了主人。有些人很快就獲得其他高級教士以及前來康斯坦斯的王公貴族的僱用。但波吉歐一直找不到工作，他是這起事件的旁觀者，從未參與其中。他繼續待在康斯坦斯。我們不知道當胡斯終於被帶上公會議時，波吉歐是否在場——這名改革者一直期待有這樣一個機會，為此他甚至以自己的性命為賭注，但最後他卻遭到嘲弄與轟下臺，連發表意見的機會也沒有。一四一五年七月六日，在康斯坦斯主教座堂的神聖典禮中，這位遭指控的異端被正式剝奪了聖職。一頂圓冠戴在胡斯頭上，圓冠以紙做成，約有十八英寸高，上面繪著三個魔鬼抓住一個靈魂並將其撕碎。他被帶出主教座堂，經過一處柴堆，他的書就放在柴堆上焚燒著。胡斯被上了鎖鍊，燒死在火刑柱上。為了確保沒有任何東西留下，行刑者打碎燒焦的骨頭，然後全部丟進萊因河裡。

沒有直接的紀錄顯示波吉歐個人對此事的看法，他自己對此事的參與微乎其微，頂多也就是處理屬於他職務範圍內的事務，而他了解，自己協助維持運作的體系其實是個邪惡而且腐敗得無以復加的體系。公開發言會是一件危險的事，儘管他確實有話要說。此外，他畢竟是教廷官員，而胡斯挑戰的正是教廷的權力。（一個世紀之後，馬丁路德發動了較為成功的挑戰，他說：「我們在不知不覺間都成了胡斯派。」）然而，幾個月後，胡斯的夥伴布拉格的哲羅姆也因被指控為異端而受審，此時，波吉歐無法再坐視了。

哲羅姆是一名堅定的宗教改革者，擁有巴黎、牛津與海德堡大學學歷，他也是一名著名的演說家，他在一四一六年五月二十六日的證言令波吉歐印象深刻。「我必須坦承，」波吉歐在給布魯尼的信上寫道，「我從未看過任何人在辯護的時候，特別是為了與自己的性命有關的爭議辯護時，能如此接近我們所讚揚的上古文采之水準。」波吉歐顯然知道自己踩進了危險地帶，但這位教廷官員按捺不住人文主義者的熱情讚揚：

> 我很驚訝地親眼目睹如此美麗的言詞，如此雄辯的議論與如此自信的面容，他就是這樣回應他的對手的。令人印象深刻的是他的演說，讓人覺得這的確是值得關注的主題，也讓人不解一個如此高尚而擁有傑出天分的人物，怎麼會誤入異端。然而，對於後者，我忍不住感到懷疑。但如此重大之事並非我所能揣度判斷。我必須靜候比我明智之人的裁決。[22]

這個審慎默認的態度無法讓布魯尼安心。「我奉勸你，」他在回信時對波吉歐說，「寫這種事要有所保留。」

是什麼原因讓平時做事謹慎的波吉歐輕率地寫這樣的信給朋友？部分原因可能是他目睹的一切造成了創傷，因此使他魯莽地做了這件事：他信中注明的時間是一四一六年五月三十日，也就是哲羅姆被處死的那天。波吉歐是在目睹了可怕的情景後寫了這封信，編年史家里申塔爾也記錄了這起事件。三十七歲的哲羅姆被引領出城，來到胡斯被燒死的地點，而他也將遭受相同的命運，哲羅姆於是反覆誦念使徒信條與連禱文。與胡斯一樣，沒有人聽見他的懺悔；異端不能擁有這項聖禮。點火之後，胡斯慘叫而且很快就死了，但根據里申塔爾的說法，同樣的命運並未降臨在哲羅姆身上：「他比胡斯撐得久，並且發出悽厲的叫聲，因為他的體格結實強壯，而他也長了濃密烏黑的鬍子。」[23]或許，悽厲的叫聲解釋了波吉歐為什麼無法保持沉默，為什麼他覺得自己有必要為哲羅姆優美的演說留下見證。

在遭受哲羅姆審判與處決的衝擊前不久，波吉歐為了治療雙手的風溼病（對於抄寫員來說是嚴重的問題），決定拜訪巴登著名的醫療溫泉。從康斯坦斯出發到巴登並不輕鬆：前二十四英里走的是水路，沿著萊因河到夏夫豪森，也就是教宗逃亡藏匿之處；接下來由於越過山崖岩石的關係，河水水勢陡降，因此改用步行前往凱撒斯圖爾堡。波吉歐從城堡望見萊因河如瀑布一樣奔流而下，巨大的聲響令他想起古典作品中對尼羅河瀑布的描述。

在巴登的浴場裡，波吉歐對於他所看到的景象感到吃驚：「年老的女人與年輕的女人，」他寫信給在佛羅倫斯的朋友，「在男人的目光下裸體走進水中，讓旁觀者看見她們的私處與臀部。」男人與女人的浴池之間隔著格子窗，但這樣的隔離的確是少得不能再少：他注意到，「這裡有許多矮窗，泡澡的人會一起喝酒談天，而且可以看到彼此，甚至碰觸彼此，這似乎是他們的日常習慣。」

波吉歐拒絕進入浴池，他堅稱自己不是認為這麼做不莊重，而是因為「這對我來說是相當荒謬的，一個來自義大利的男人，語言不通，卻跟一堆女人泡在水裡，一句話也不說」。但波吉歐從浴場上方的走廊走過，他描述自己看見的驚奇景象，那感覺就像來自沙烏地阿拉伯的人描述自己在尼斯海灘看見的情景。

波吉歐說，有人穿著浴衣一類的東西，但遮蔽的部位很少：「男人什麼都沒穿，只穿著一件皮製圍裙，女人穿著只到膝蓋的亞麻連衣裙，但兩個側邊全都剪開，露出了脖子、胸部、手臂與肩膀。」在波吉歐的義大利可能造成危機乃至於暴力的事，在巴登似乎習以為常：「男人看著自己的妻子被陌生人觸摸，卻毫不生氣；他們不以為意，甚至感到高興。」他們大概是到了柏拉圖的理想國，他笑道，「在這裡，所有的財產都是共有的。」

巴登的社會生活儀式對波吉歐來說同樣宛如身在夢中，彷彿他們重現了朱比特與達那厄的消失世界。在一些池子裡，有人唱歌跳舞，有些女孩——「如女神般美麗而優雅」——浮在水面上，而一旁的音樂彈奏著：「她們把衣服拉到身後，漂浮在水面上，你會誤以為她們是長了翅膀的維納斯。」當男人往下看著她們，波吉歐解釋說，女孩有個習慣，會打趣地向男人索求東西。男人會擲下一些錢幣，特別是給最美麗的女子，也有人會丟下花環，女孩有時候會用手接住，有時會用身上的衣裳，敞得開開地來接。「我通常丟的是錢幣與花環，」波吉歐坦承。自信、隨和而且知足，這些人「生活是為了享樂，他們聚在此地是為了享受自己渴求的東西」。浴場裡有上千人，許多人狂飲，波吉歐寫道，但沒有人爭吵、衝突或彼此辱罵。從這些單純、享樂而自然的行為中，波吉歐感受到自己文化所喪失的愉悅與知足：

我們整日恐懼未來的災難，我們活在悲慘與焦慮之中。由於擔心自己的來生，因此我們從未脫離過可悲的日子，總是不斷地渴望財富，我們的靈魂與肉體從未得到安寧。但這些人卻滿足於每日的小小快樂，因此他們的每一天都熱鬧非凡。[24]

他描述的是浴場的景象，他對朋友說，「你可以從這些例子看出，伊比鳩魯思想的本質是什麼。」

波吉歐對比了焦慮、沉迷於工作、處處受到規訓的義大利人，與樂天、無憂無慮的日耳曼人，他相信自己看到了伊比鳩魯追求的最高善是什麼。他很清楚這種追求與基督教正統思想格格不入。然而在巴登，他覺得自己似乎來到了某個心靈世界的門檻，一旦越過這個門檻，基督教的規則就沒有適用的餘地。

波吉歐閱讀的作品，經常帶他來到這道門檻前面。他從未停止追求失落的古典作品。根據尼科里的說法，波吉歐曾在康斯坦斯待了一段時間翻查圖書館的收藏——他在當地的聖馬可修道院找到了維吉爾作品的上古評釋副本。[25]一四一五年夏初，或許是在他的主人被罷黜後不久，波吉歐知道自己遲早會失去工作，於是他前往法國的克魯尼，在那裡找到了七冊西塞羅的演講集，其中有兩冊他從未見過。他把這份珍貴的手稿寄給在佛羅倫斯的朋友，同時也親手製作了一份副本，上面寫下一段足以反映他心情的陳述：

> 這七冊西塞羅的演講集在義大利消失之後，經歷了那麼長的時間。在經過千辛萬苦於法國與日耳曼各地圖書館搜尋之後，佛羅倫斯人波吉歐終於將它們帶出骯髒的蒙塵之地，使它們重回光明，讓它們回復昔日的尊貴與地位，返歸拉丁繆思女神的懷抱。[26]

當波吉歐寫下這些話時，他周遭的世界早已分崩離析，但他對混亂與恐懼的回應總是更加地埋首於書本之中。在追索書籍的狂熱驅使下，他可以從蠻族手中解救這些已陷入危險的偉大遺產，並且將其交給適當的繼承人。

一年後，也就是一四一六年夏，在哲羅姆被處死以及在巴登短暫停留之後，波吉歐再度出發搜尋書籍，這一次有兩名義大利朋友陪著他，他們一起拜訪聖加侖修道院，距離康斯坦斯約二十英里左右。他們來此並不是被中世紀偉大修道院巍峨的建築所吸引；而是他們聽到了這間修道院圖書館的特殊傳聞。此行沒有讓他們失望：幾個月後，波吉歐寫了一封報喜的書信給另一名在義大利的朋友，宣布他找到了驚人的上古作品收藏。其中最大的發現是找到了完整版本的昆提里安《演說家的教育》，這是羅馬時代最重要的演說與修辭學手冊。在此之前，波吉歐與其他友人只看過不全的版本。能找到完整的版本令他們興奮不已——「喔，這真是奇蹟的珍寶！喔，這真是意外的驚喜！」其中一人叫道——這個發現帶領他們回到了完整失落的世界，一個強調公眾說服的世界。

由於夢想自己能透過雄辯與說服來取信於眾人，胡斯與布拉格的哲羅姆才來到康斯坦斯。如果胡斯被迫閉嘴，那麼哲羅姆——他悲慘地被關在地牢長達三百五十天，然後被拖出來處決——至少還想辦法讓眾人聽見他的說詞。對現代讀者來說，波吉歐稱讚哲羅姆的「文采」與

「演說」實在是幾近於荒謬——彷彿犯人的拉丁文造詣才是重點所在；然而，正是犯人的拉丁文造詣使波吉歐心生不平，因此他才懷疑異端指控的有效性。因為他無法——至少在這個宛如地獄的時刻——隱藏自己內心的角力，一個是為邪惡的若望二十三世工作的教廷官員，另一個是渴望羅馬共和時期自由純淨空氣（完全出於他想像）的人文主義者。波吉歐找不到可行的方法來解決內心的衝突；於是他乾脆埋首於修道院圖書館裡，尋找受世人忽視的寶藏。

波吉歐寫道：「這個了不起的人，如此優雅，如此純粹，如此充滿德行與機智，如何能繼續忍受監牢的汙穢、地方的髒汙與看守者的野蠻殘酷。」這些話並不是波吉歐無視布魯尼的警告，再度魯莽地讚揚口才便給已被處死的哲羅姆，而是波吉歐對自己在聖加侖修道院找到的昆提里安手稿之描述：

他感到悲傷，穿著喪服，如同人在面臨無可逃避的死亡時所做的；他的鬍子骯髒，他的頭髮結著泥塊，從他的表情與面容可以清楚看出，他遭受到不公正的懲罰。他伸出雙手，懇求羅馬人民的忠誠，要求拯救他免於不義的刑罰。[27]

波吉歐在五月目擊到的場景，依然在他搜尋修道院的書籍時，生動地出現在他人文主義式的想像世界中。哲羅姆曾經抗議他「身陷於骯髒與囹圄之中，被剝奪了一切的舒適」；昆提里安則是「身陷在黴菌與塵土之中」。波吉歐寫信給阿瑞提諾，他說，「哲羅姆被關在黑暗的地牢裡，他不可能閱讀」；他提到修道院圖書館裡的手稿時，憤慨地寫道，昆提里安「困在骯髒陰暗的地牢裡……即使是死囚也無法忍受。」「一個值得後世緬懷的人！」所以波吉歐魯莽地為異端哲羅姆大喊，因為他無法做任何事來挽救他。幾個月後，在聖加侖修道院，他拯救了另一名值得後人緬懷的「人」，讓「他」走出了蠻族的監獄。

我們不清楚，波吉歐的心靈是否意識到被監禁的異端與被監禁的作品之間的連結。在他的職業生活中，道德的警醒與深刻的妥協並行存在，他對書籍的回應，彷彿它們是活生生的受苦之人。波吉歐提到昆提里安的手稿時表示：「老天爺，如果我們未出手協助，他就活不到第二天了。」波吉歐不想冒險，他馬上坐下來，開始以自己美麗的字跡抄寫整部手稿。他一共花了五十四天完成這項任務。「羅馬名聲的唯一光芒，他是唯一能與西塞羅並駕齊驅之人，而他的作品同樣散失各地，」他寫給維洛納的瓜里諾說，「透過我們的努力，不只讓他的作品免於流亡，也免於受到摧毀。」[28]

修道院的探索是昂貴的，而波吉歐總是缺錢：這是他決定不走教士這個有利可圖事業的結果。回到康斯坦斯，他的金錢憂慮加深，他發現自己成了無業遊民，沒有工作，也沒有清楚的前景。他被罷黜的主人柯薩正絕望地為自己謀求一個寧靜的退休去處。在牢裡待了三年之後，柯薩終於可以花錢買回自由，並且成為佛羅倫斯的樞機主教。他於一四一九年死於佛羅倫斯，高雅的陵墓由多那太羅修建，位於大教堂的洗禮堂裡。另一名教宗，被罷黜的額我略十二世，波吉歐過去也曾在他手下做事，也在同一時期去世。額我略臨終時說，「我不了解這個世界，這個世界也不了解我。」

對於一個審慎、受過高度訓練、大約四十歲的官員來說，為自己尋求出路，找到一份穩定的工作，此時正是絕佳時機。但波吉歐並未這麼做。相反地，從聖加侖修道院回來的幾個月後，他再次離開康斯坦斯，這一次顯然沒有同伴同行。他想發現與解放隱藏在監獄裡的高尚人物，這份渴望變得愈來愈熾烈。他不知道自己能找到什麼；他只知道，如果是古老而且是以高雅拉丁文寫成的東西，那麼就值得不計代價予以拯救。他相信，千年來無知而懶惰的僧侶封鎖的文明遺跡，遠比這世紀所知的為多。

當然，波吉歐能期望找到的只是斷簡殘編，有些甚至年代並不久遠。但對他來說，這不是手稿，而是人類的聲音。從圖書館隱晦角落出現的手稿，不是漫長作品鎖鍊的一環，不是諸多副本之一，而是事物本身，它穿著借來的衣物，或甚至是作者本身，他裹著壽衣，在偶然間出現在陽光之下。

「我們接受阿斯庫拉皮歐斯[29]躋身眾神之列，因為他從冥府喚回了希波里托斯與其他人，」巴爾巴洛在聽聞波吉歐的發現後寫信說道；

如果百姓、諸國與諸省為他建祠立廟，那麼我認為也該為你這麼做，如果這樣的習俗還未被人遺忘的話。你讓許多卓越與睿智之人重生，他們將因此名垂千古，透過他們的心靈與教誨，不只是我們，連同我們的子孫，都將因此受惠且同感光榮。[30]

曾經不再流通的書籍，此時收藏在日耳曼的圖書館裡，它們就像已經死去的智者，靈魂被禁錮在冥府中；波吉歐——為腐敗教宗做事，個性憤世嫉俗的教廷祕書——在他朋友的眼裡是個文化英雄、一名神奇的醫治者，他再度重組了已經被撕碎與受損的古代身體，並且讓其復生。

因此，一四一七年一月，波吉歐再度出現在某間修道院圖書館裡，或許是富爾達修道院。在那裡，他從書架上拿了一部長詩，作者的名字他曾在昆提里安的作品或聖哲羅姆的編年史中看過：盧克萊修的《物性論》。

注釋

1. 十四世紀大部分的時間，教宗一直住在亞維農；一三七七年，法國出生的額我略十一世受到錫耶納的聖凱薩琳言語刺激，決定將教廷搬回羅馬。當第二年額我略去世時，羅馬群眾擔心新教宗如果是法國人，可能又會將教廷搬回逸樂而安全的亞維農，於是他們圍住準備選舉教宗的樞機主教團，鼓譟要求他們選出義大利人擔任新教宗。那不勒斯人普里尼雅諾被選為教宗，稱為烏爾班六世。五個月後，樞機主教中的法國派系宣稱他們當初受到了咆哮的暴民脅迫，因此選舉無效，他們另外舉行新的教宗選舉，選出日內瓦的羅伯擔任教宗，他將教廷遷到亞維農，自稱克雷芒七世。此時出現兩名對立的教宗。

　法國派在艱困時期選擇了一個冷酷無情的人：日內瓦的羅伯在被選為教宗的前一年嶄露頭角，他擔任教宗使節，負責率領一隊不列塔尼士兵。他向切塞納市民承諾，如果他們願意開城投降，那他會赦免他們的叛亂罪。但當城門開啟，他下令屠殺。「把他們全殺光」，大家聽到他這麼喊著。另一方面，烏爾班六世則是籌錢僱用傭兵，忙著與義大利各城邦或盟或戰，為自己的家人牟利，躲避各種加害他的陷阱，下令拷問與處死他的政敵，並且不斷地逃離與返回羅馬。烏爾班六世宣布他的法國對手是偽教宗，羅伯則宣布烏爾班是敵基督。在此我們不一一詳述這段黑暗的歷史，總之，到了波吉歐的時代，日內瓦的羅伯與烏爾班六世都已不在人世，但繼之而起的教宗寶座爭奪者同樣問題重重。

2. 見波吉歐在 De varietate fortunae 中的憂鬱觀察：「觀察……城市的山丘，只見荒地上散布著廢墟與花園」——引自 Edward Gibbon, *The History of the Decline and Fall of the Roman Empire*, 6 vols. (New York: Knopf, 1910), 6:617.

3. 同前，6:302. 吉朋以這段話做為其鉅著的高潮，簡短描述了降臨在羅馬的災難。

4. Eustace J. Kitts, *In the Days of the Councils: A Sketch of the Life and Times of Baldassare Cossa (Afterward Pope John the Twenty-Third)* (London: Archibald Constable & Co., 1908), p. 152.

5. 同前，pp. 163-64.

6. Ulrich Richental, Chronik des Konstanzer Konzils 1414-1418 ("Richental's Chronicle of the Council of Constance"), in *The Council of Constance: The Unification of the Church*, ed. John Hine Mundy and Kennerly M. Woody, trans. Louise Ropes Loomis (New York: Columbia University Press, 1961), pp. 84-199.

7. 例見 Remigio Sabbadini, *Le Scoperte dei Codici Latini e Greci ne Secoli XIV e XV* (Florence: Sansoni, 1905), 1:76-77.

8. 譯按：維爾傑里歐（Pier Paolo Vergerio, 1370-1444），義大利人文學者，政治家。

9. 譯按：魯斯提奇（Cencio Rustici, 1380-1445），人文學者。

10. "Richental's Chronicle," p. 190.

11. 「有人說，有許多人因為犯了強盜、謀殺與其他罪名而被處死，但這並非事實。康斯坦斯的行政首長告訴我，因為這類罪名而被處死的頂多只有二十二人」——"Richental's Chronicle," p. 157.

12. 同前，pp. 91, 100.

13. 引自 Gordon Leff, *Heresy, Philosophy and Religion in the Medieval West* (Aldershot, UK: Ashgate, 2002), p.122.
14. Kitts, *In the Days of the Councils*, p. 335.
15. 譯按：威克里夫（John Wycliffe, 1320-1384），中世紀末期歐洲宗教改革先驅，於公開場合批評羅馬大公教會所定的各項規條。
16. “Richental’s Chronicle,” p. 114.
17. 同前，p. 116.
18. 這是里申塔爾的記述。當時另一名觀察者菲拉斯特對此事有不同的說法：「教宗了解處境對他不利，於是在星期三到星期四之間，在三月二十一日午夜過後，在奧地利公爵腓特烈的護送下，從水路出城」——in *The Council of Constance*, p. 222.
19. Fillastre in *The Council of Constance*, p. 236.
20. E. H. Gillett, *The Life and Times of John Huss*, 2 vols. (Boston: Gould & Lincoln, 1863), 1:508.
21. Kitts, *In the Days of the Councils*, pp. 199-200.
22. 波吉歐談到哲羅姆的長信，以及布魯尼驚恐的回應，引自 William Shepherd, *The Life of Poggio Bracciolini* (Liverpool: Longman et al., 1837), pp. 78-90.
23. 里申塔爾的編年史，p. 135。波吉歐宣稱他「親眼目睹哲羅姆的最後一刻，也從頭到尾觀看了整個過程。」他對布魯尼說，「穆提烏斯忍受手焚的痛苦，比不上哲羅姆忍受全身被焚；蘇格拉底愉快喝下毒酒，比不上哲羅姆欣然投入火海。」（Shepherd, p. 88）波吉歐指的是穆奇烏斯．斯卡埃沃拉（Mucius Scaevola），他是傳說中的羅馬英雄，堅忍地將手伸進火中，使羅馬的敵人伊特拉斯坎人的波森納退兵。

24. 這段文字與引文來自給尼科里的信，一四一六年五月十八日，in Gordan, *Two Renaissance Book Hunters*, pp. 26-30.

25. L. D. Reynolds, *Texts and Transmission: A Survey of the Latin Classics* (Oxford: Clarendon Press, 1983), p. 158. 這份評釋的作者是四世紀的羅馬文法學家多那圖斯（Donatus）。

26. 波吉歐發現了西塞羅的演講集，他製作的抄本於一九四八年由 A. Campana 在梵蒂岡圖書館〔Vatican. Lat. 11458(x)〕中發現，上面寫著：*Has septem M. Tulii orations, que antea culpa temporum apud Italos deperdite errant, Poggius Florentinus, perquisitis plurimis Gallie Germanieque summon cum studio ac diligentia bibyothecis, cum latenetes comperisset in squalor et sordibus, in lucem solus extulit ac in pristinam dignitatem decoremque restituens Latinis musis dicavit* (p. 91).

27. 波吉歐描述這份破爛的手稿，他想像昆提里安的《演說家的教育》曾經用來拯救羅馬共和國。因此，他想像這位「被監禁的」昆提里安會覺得這是「一種恥辱，曾經以影響力與文采確保全羅馬人民安全的他，如今卻找不到任何支持者憐憫他的不幸，並且努力為他爭取福祉與防止他的作品遭受不公正的懲罰」——給尼科里的信，一四二五年十二月十五日，in Gordan, *Two Renaissance Book Hunters*, p. 105. 從這些話中，或許可以看出，波吉歐眼見哲羅姆遭到指控與處決所感受的罪惡感與內疚。或者，拯救手稿是為了彌補之前的見死不救：從僧侶手中救出古典作品，使波吉歐得以從未能拯救哲羅姆的內疚中解放。

28. 同前，Letter IV, p. 194.

29. 譯按：阿斯庫拉皮歐斯（Aesculapius），古希臘神話中的醫神。

30. 同前，Letter IV, p. 197.

第八章　事物的本質

《物性論》不是一本易讀的書。詩句總計七千四百行，以標準六音步詩格律寫成。拉丁文詩人維吉爾與奧維德模仿荷馬的希臘文詩，也採用這種格律撰寫史詩。《物性論》分成六卷，卷首均未命名，這首長詩結合了濃厚的抒情詩之美，對宗教、愉悅與死亡的哲學思索，各種關於外在物質世界的複雜理論，人類社會的演進，性的危險與快樂，以及疾病的性質。《物性論》的語言糾結困難，句法繁複，處處呈現出驚人的思想野心。

這些困難並未嚇退波吉歐與他那些有學問的朋友。他們精通優美的拉丁文，而且急欲接受這項挑戰，以解開文本之謎。過去，他們曾面對難以參透的教父神學，但他們興致高昂，即使文字艱深難懂，他們也甘之如飴。波吉歐只是稍微瀏覽一下《物性論》抄本的前幾頁，就深信自己發現了不得了的東西。

波吉歐尚未發現——因為他尚未仔細研讀與了解書中的論點——自己即將釋放的事物，很可能對自己的心靈世界構成威脅。然而，即使他知道有這種威脅，他很可能還是會回來鑽研這首詩，並且讓它傳布出去：恢復失落已久的古代遺跡是波吉歐人生的最高目的，事實上，這也是他唯一未曾幻滅與遭受嘲諷笑聲汙染的原則。然而，一旦他繼續研究下去，他很可能會說出佛洛伊德曾對容格說的話，當時他們搭船航向紐約港，準備接受崇拜者的喝采，佛洛伊德說：「他們難道不知道我們將帶給他們瘟疫？」

盧克萊修帶來的瘟疫有個簡單的名字，那就是無神論——盧克萊修的詩再度流傳之後，便經常遭受這樣的指控。但盧克萊修並不是無神論者。他相信諸神存在。但他也相信諸神不可能關注人類或人類所做的事。盧克萊修認為，神就其本質而論，必定享有永恆的生命與寧靜，沒有任何痛苦或憂愁，而且對人類的行為漠不關心。

盧克萊修寫道，你可以把海神稱為尼普頓，把穀物之神稱為克雷斯，把酒神稱為巴克斯，這都隨你高興，就像你可以把圓形的世界稱為諸神之母一樣。你被諸神的神聖之美吸引，因此到宗教神龕參拜，倘若你只是「和平而寧靜」（6:78）地思索諸神的形象，那麼你並不會得到什麼壞處。然而，你不該以為自己有能力激怒或取悅諸神，這種想法哪怕是一分鐘都不該存在。祭拜的隊伍、獻祭的牲禮、狂亂的舞蹈、鼓、鐃鈸、笛子、如雪花般飄盪的玫瑰花瓣、閹割的教士、嬰兒神的雕像：這種種崇拜儀式雖然足以打動心坎與令人印象深刻，但根本上來說毫無意義，因為信眾前去祭拜的神明根本不在人世間，祂們與我們的世界互不連繫。

然而，儘管盧克萊修存有宗教信仰，但他仍具有某種無神論的氣質，或許我們可以說他是特別狡猾的無神論者。因為對於所有時代所有宗教信仰的信徒來說，去崇拜一個不可能取悅或無法從祂身上獲得保護與恩寵的神明，似乎是毫無意義的。如果神明不懲罰也不獎賞，那麼神明的用處是什麼？盧克萊修堅持主張，這種希望與焦慮是一種有毒的迷信形式，同時結合了愚蠢的高傲與愚蠢的恐懼。他認為，想像諸神會在意人類的命運或人類的崇拜儀式，這尤其是一種庸俗的侮辱——彷彿神明的快樂完全取決於人類的喃喃自語與善行。然而，這樣的侮辱一點都不是問題，因為諸神根本就不關心人類的死活。我們所做的一切（或什麼都不做）不可能引起諸神的興趣。真正嚴肅的議題是，錯誤的信仰與儀式勢必會為人類帶來災難。

這些觀點顯然悖反了波吉歐信仰的基督教，而且會讓當時支持這種說法的人惹上最嚴重的麻煩。但如果從文本本身的異教脈絡來解釋，這些說法其實不太可能引發什麼問題。波吉歐曾經表示——日後一些支持《物性論》的讀者也如此認為——這位傑出的上古詩人其實只是在說明異教信仰的空虛，以及向諸神獻祭的荒謬，因為諸神根本不存在。畢竟，盧克萊修不幸生存在彌賽亞來臨前不久。如果他能晚生一百年，那麼他就有機會得知真理。然而，他至少成功掌握一點，那就是當時的人從事的宗教儀式都是毫無意義的。因此，即使許多盧克萊修詩作的現代翻譯在翻成英文時都使用「迷信」一詞，但拉丁原文使用的字卻是religio（宗教）。

此外，盧克萊修的詩引發的問題不僅限於無神論——或者更精確地說，是諸神對人類的漠視。他作品的主要關切在於別處，在於我們所有人居住的物質世界，也就是在這裡，出現了最令人憂心的論點。這些論點的龐大力量引誘了一些人——馬基維利、布魯諾、伽利略與其他人——搭上奇異的思想列車。這列思想列車隨著波吉歐的發現，重新駛回了上古時代研究的重鎮，但數千年的沉寂，使這些研究者陷入極為危險的境地之中。

到目前為止，《物性論》絕大部分關於宇宙的論點似乎都令人感到熟悉，至少對那些可能閱讀這些文字的人來說是如此。畢竟，《物性論》的核心論點有許多與近代生活的基礎相同。[1]但值得牢記的是，《物性論》依然有某些論點讓人感到格格不入，而另一些論點則是遭到強烈反對，這些反對者通常都是熱情投入且協助促成科學發展的人士。對於波吉歐那個時代的人來說，絕大多數人都認為，盧克萊修的詩令人驚異且具有誘人之美，但其內含的觀點卻令人難以理解、無法信任或甚至不太虔敬。

以下簡短（並不詳盡）列出盧克萊修的挑戰所內含的元素：

● **一切事物都由不可見的粒子構成**。盧克萊修不喜歡技術性的語言，因此他不使用標準的希臘哲學用語來指稱這些基礎粒子，也就是「原子」，亦即不可分割的事物。盧克萊修使用日常的拉丁語彙，例如「初始的事物」、「原初」、「物質的軀體」、「事物的種子」。這些種子組成構成了萬事萬物，而萬事萬物最終消解之後又回到原來的種子。不變、不可分、不可見而且數量無窮，這些種子持續處於運動狀態，彼此不斷地碰撞，結合起來可以構成新的形體，然後分開，然後又結合，如此持續不斷下去。

●物質的元素粒子——「事物的種子」——是永恆的。時間不是有限的，而是無限的——即時間這個獨立實體沒有始點也沒有終點。不可見的粒子構成整個宇宙（從星辰到最底層的昆蟲），這些粒子不可摧毀，雖然宇宙中任何特定的物體終有毀滅之日，但構成這些物體的粒子卻永遠存在。也就是說，我們看到的一切形式，即使是那些看起來最耐久的東西，它們的存在都是短暫的：構成這些物體的建材遲早都會瓦解並重新分配。但這些建材本身卻永久存在，不斷地重複著組成、瓦解與重新分配的過程。

創造與毀滅誰也無法居於上風；物質的總和永遠是相同的，生與死之間總是保持均衡：

因此，毀滅的行動無法永遠居於主宰，將一切存在永遠埋葬；同樣地，生生不息的力量也不可能讓創生之物永恆不滅。因此，在這場永不停止的戰爭中，元素的鬥爭總是平等：互有勝敗，難分軒輊，生命的力量征服，而後又被征服；送葬的歌聲，夾雜著乍見光明之岸的嬰兒哭聲；夜以繼日，日以繼夜，隨時都能聽見哀戚的哭聲混雜著與死亡和黑暗葬禮同行的哀嘆。（2.569-80）

西班牙出生的哈佛哲學家桑塔雅納稱這個觀念——由不可摧毀的物質組成的千變萬化形式——是「人類曾想過的最偉大的思想。」[2]

●**元素粒子的數量無限，但形體與大小有限**。粒子就像字裡頭的字母，它是獨立的實體，可以組合成數量無窮的句子。（2.688ff.）語言就跟事物的種子一樣，必須根據一定的原則才能結合起來。不是所有的字母或字彙都能前後一貫地組成，同樣地，不是所有的粒子都能以各種方式與別的粒子結合起來。有些事物種子會例行地與輕易地鉤上其他粒子；有些粒子則會彼此排斥抗拒。盧克萊修並未主張他知道物質的潛在規則。但他認為，掌握這些規則是很重要的，他相信這些原則可以透過人類科學來加以調查與理解。

●**所有的粒子都在無限的空虛中運動**。空間就像時間一樣，是無限的。它沒有定點，沒有起點，沒有中點或終點，也沒有界線。物質並未被包裹在一起成為固體。事物之中存在著空虛，使構成粒子能在物體中移動、碰撞、結合與分離。空虛的證據不僅包括我們可以看見我們的周圍存在著無休止的運動，還包括一些現象，例如水從洞壁滲出來，食物散布到身體各處，聲音穿過封閉房間的牆壁，以及寒意滲入筋骨。

因此，宇宙是由物質（基本粒子與所有其他粒子一起組成）與空間、無形與空虛組成的。此外並無其他事物存在。

●**宇宙沒有創造者也沒有設計者**。粒子本身不是被創造出來的，也無法被摧毀。在這個世界上，秩序與混亂的模式不是出自任何神聖計畫。神意是一種幻想。世上不存在宰制一切的計畫，物質之中也沒有任何智性的設計。沒有至高無上的編舞者計畫萬事萬物的運行，事物的種子也不會開會決定事物該如何發展。

永恆而無窮盡的原子，
在宇宙間不斷來回碰撞，

以各種各樣的方式移動位置，
它們嘗試各種運動與各種組合，
最後產生了某種樣貌，
創造並且構成我們這個世界。（1.1024-28）[3]

存在沒有任何終點或目的，只是無盡的創造與毀滅，中間的過程全是偶然。

●**事物的形成是偏離的結果。**如果數量無限的所有個別粒子呈一直線從空虛中穿過，在自身重量的拉扯下像雨滴一樣直直落下，那麼世界上將不存在任何事物。然而，粒子並不依照預先決定好的方向一起密集而連鎖地前進。相反地，「在絕對不可預測的時間與空間中，粒子會緩緩偏離原先直線行進的軌跡，到最後那偏離的程度，說是改變了原先的方向也不為過。」（2.218-20）因此，元素粒子的位置是不確定的。[4]

偏離——盧克萊修有不同的說法，如 declinatio、inclinatio 或 clinamen——只是最微小的行動（2.244）。但光是如此，就足以產生無止境的連鎖撞擊。宇宙中之所以出現萬事萬物，都是因為這些微小粒子的隨機撞擊而產生。無止境的結合與再結合，來自於恆久不絕地撞擊，

「河流源源不斷地注入永不滿足的海洋，暖陽普照的大地周而復始地孕生各種果實，各種動物成長繁衍，不斷滑動的以太之火生生不息。」（1.1031-34）

●**偏離是自由意志的來源**。在所有有知覺的生物（包括人類與動物）的生命中，元素粒子的隨機偏離決定了自由意志的產生。如果所有的運動都順著一條已經預先決定的長鏈行進的話，就不可能有自由可言。[5]原因接續著上一個原因，不斷上溯，直到無窮，就像命運注定一樣。然而，我們的自由意志卻總是與命運搏鬥。

但是，意志存在的證據是什麼？為什麼我們不簡單地認為，生物的物質移動，就像腳一踢造成塵土飛揚一樣？盧克萊修認為，意志就是賽馬道上擋住馬兒的圍欄開啟的那一瞬間，渴望狂奔的馬兒終於不再受到拘束，可以盡情地驅使牠們的身體往前衝刺。而這一瞬間也是令人心驚的景象，心靈的活動促成物質進入運動狀態。然而，盧克萊修這種解釋無法完全符合他的意旨——畢竟，賽馬之所以向前疾馳，完全是因為騎士鞭策的緣故——於是他又提到，雖然外在力量打擊著人類，但人類依然可能屹立不搖。[6]

●**自然是無止境的實驗**。世上不存在單一的創世時刻，不存在神話般的創世場景。所有的生物，從植物與昆蟲一直到高等的哺乳類與人類，其演化一直是一段漫長而複雜的嘗試與錯誤的過程。這個過程可能一開始就出現失誤，也可能到了最後完全失敗。可能出現怪物、天才與錯誤，可能產生缺乏必要特徵而無法與其他物種競爭資源或繁衍後代的生物。結合了各種器官的生物能夠適應與繁殖，[7]這樣的生物可以在世界生存，直到不斷變遷的環境使這種生物無法再生存為止。

成功的適應，就像失敗的適應一樣，是在無限的時間中持續結合（繁衍或消滅）的結果。盧克萊修坦承，要掌握這點極其困難，但「已被創造之物會產生自身的功能」。（4.835）也就是說，盧克萊修解釋，「在眼睛還沒產生之前，視覺是不存在的，在舌頭出現之前，沒有話語這種東西。」（4.836-37）這些器官的產生不是為了滿足預設的目的；這些器官的用處使生物逐漸擁有能力，因而能生存並且繁衍後代。

●**宇宙不是為人類而產生，宇宙也與人類無關**。地球顯然不是特別為人類創造的星球，關於這點，我們可以從地球上的海洋、沙漠、嚴酷的氣候、野獸、疾病看出來。與其他動物不同，動物一出生就被賦予了求生能力，但人類嬰孩卻極其脆弱。盧克萊修曾寫下一段著名的話：想一想，嬰孩就像一個遭遇船難的水手，被巨浪沖向岸邊，

> 大自然讓母親的子宮在劇痛下努力將嬰孩推向光明之岸，呱呱墜地的嬰兒，赤裸地躺在地上，無法言語，全然無助。（5.223-25）[8]

整個物種（更甭說個人）的命運，不是一根擎天柱，萬事萬物都必須繞著它旋轉。事實上，我們沒有理由相信人類這個物種能永遠存續。相反地，在漫長悠久的時光之流中，有些物種成長，有些物種消失，在無止境的變遷過程中產生與消滅。在我們之前有其他的生命形式，但現在已不復存在；在我們之後也將有其他生命形式出現，屆時我們這類物種也將消失。

●**人類並不獨特**。人類是廣大物質過程的一環，不僅與其他生命形式相連，也與無機的物質相連。組成生物（包括人類）的不可見粒子沒有知覺，也不是來自於某種神祕的來源。我們與其他事物都是由相同的物質構成。

人類並不如自己想像的具有特殊的存在地位：雖然人類不願承認，但人類最珍視的特質實際上與其他動物並無不同。當然，每個個人都是獨特的，但同樣的道理，所有的生物也都有其獨特之處：否則的話，我們實在無法想像小牛如何認得牠的母親，或母牛如何認得牠的子女？[9]我們只要仔細觀察周遭的世界，不難看出我們生活中最熱情與最痛苦的經驗，並非我們所獨有，其他物種也有相同的體驗。

●**人類社會不是開始於和平而富足的黃金時代，而是來自於原始的生存戰爭。**世上並非如某些人所夢想的，一開始是富足的樂園時期，幸福而和平的男人與女人安全且悠閒地生活著，享受自然豐沛的果實。早期的人類缺乏火、農業與其他手段來馴服野蠻嚴苛的環境，因此必須在鬥爭中求生，避免自己成為其他動物的食物。

為了生存，人類產生某種初步的社會合作能力，但建構紐帶關係與社群所需的風俗習慣，需要很長一段時間才能完成。起初，人類的交配是隨機的——要不是基於相互渴望，就是來自於交易，或甚至強姦——並且過著狩獵與採集的生活。死亡率雖然很高，但盧克萊修挖苦說，卻不像他生活的時代那麼高，許多是因為戰爭、船難與飲食過量而死。

有人認為語言是人類所獨有，是一項奇蹟般的發明，盧克萊修認為這種想法是荒謬的。他寫道，人類就跟其他動物一樣，在各種情況下使用含糊不清的叫聲與動作，人類是在經過漫長的時間之後，才發展出共通的聲音來表示相同的事物。同樣地，人類在有能力唱出悠揚的曲調之前，也是長期模仿鳥兒鳴唱與微風吹拂草木的聲響，而後才產生了音樂。

文明的技藝——並不是由神聖的立法者賜予人類，而是人類以自己的天分與心智努力發展出來的——是值得讚頌的成就，但它的產生並非純然的賜福。相反地，這些技藝最初出現是因為畏懼諸神，而後是基於對財富的渴望，最終則有賴對名聲與權力的追求。簡言之，這些技藝源自對安全的渴求，這種渴求可以回溯到人類最原初的經驗，當時他們努力想克服自然敵人。暴力的鬥爭——對抗威脅人類生命的野獸——大體獲勝，但那股焦慮、獲取與威脅性的衝動仍未消散。最後，人類轉而發展武器，自相殘殺。

●**靈魂死亡。人類的靈魂跟人類的肉體一樣，都由相同的物質構成。**我們無法找出靈魂的有形位置，例如靈魂可能位於某個特定的器官裡，這表示靈魂是由極微小的粒子組成，這些微小的粒子經由血管、血肉與肌腱彼此緊密交織在一起。我們的工具不夠細微，無法秤出靈魂的重量：死亡的那一刻，靈魂消解「如同酒器的酒香蒸發無蹤，又像香水芬芳的氣味消散在空氣裡」。（3.221-2）我們不會想像酒或香水內含神祕的靈魂；唯一的解釋是香氣是由非常微小的物質元素構成，這些元素小到無法測量。人的靈魂也一樣：它是由微小的元素構成，而這些元素隱藏在身體最神祕幽深之處。當肉體死亡，亦即，當肉體的物質消散時，靈魂做為肉體的一部分，也跟著死亡。

●**沒有來生**。人類面對死亡時，會產生某種想法來安慰或折磨自己，他們說人死之後還有另一個世界在等待著他們。人類要不是想像自己會在沒有寒風苦雨的樂園裡採摘永恆的花朵，就是以為自己會被四腳朝下地抬到嚴酷的審判官面前接受發落，為自己的罪受無止境的苦難（這些苦難包括人死之後肌膚變得異常地怕熱或怕冷，身體特別容易感到饑餓與口渴等異象）。然而，一旦你了解你的靈魂將與你的肉體一同死亡，那麼你就會知道，人死之後沒有任何的懲罰與獎賞。人類擁有的生命，只存在於這個塵世之中。

●**死亡對我們來說不算什麼**。人死之後——原本結合為一，創造並且支撐著你繼續存活的粒子，於此時四散崩解——不會有愉快或痛苦，渴望或恐懼。盧克萊修寫道，哀悼者總是悲慟地緊握拳頭說，「再也看不見可愛的孩子競相跑到你面前爭取第一個吻，博取你的歡心，這份痛楚言語難以形容。」（3.895-98）但他們卻漏了幾句，「你不會在乎的，因為你已不存在。」

●**一切有組織的宗教都是迷信與幻覺**。這些幻覺完全來自於渴望、恐懼與無知。人類會將自己渴求的權力、美貌與安全投射出去，以此塑造出神明的樣子。人因此淪為自身夢想的奴隸。

人因某種感受而產生夢想，但卻淪為這種感受的奴僕：這些感受總在不知不覺中影響你的心智，你看著星辰，免不了想像星辰擁有不可測的力量：你猜想宇宙是否有其局限；你對事物的巧妙秩序讚歎不已；或遺憾的是，你經歷一連串的不幸，禁不住猜想自己是否遭到懲罰；或大自然展現它具毀滅性的一面。[10]對於閃電與地震，我們總是可以找到自然的解釋——盧克萊修曾詳細說明這些現象的成因——但驚恐的人卻抱持著宗教性的恐懼，開始虔誠禱告。

●**宗教總是殘酷的**。宗教總是承諾希望與愛，但宗教深層的基礎卻是殘酷。因此，宗教總是訴諸報應懲罰，而且總是讓信眾感到焦慮。最能反映宗教之殘酷與變態的，就是父母將孩子獻祭給神明。

幾乎所有的宗教神話都有這種獻祭內容，有些甚至實際加以執行。盧克萊修想到阿伽門農獻祭自己的女兒依裴格妮亞，他可能也想到猶太故事裡的亞伯拉罕與以撒，以及其他類似的近東故事，這些都是盧克萊修當時的羅馬人感興趣的故事。盧克萊修寫作的時間是西元前五十年，當然，他不可能預見這種獻祭神話日後將支配整個西方世界，但他應該不會對此感到驚訝，也不會對於遭殺害的兒子的血腥圖像日後不斷被傳述與展示感到吃驚。

●**世上沒有天使、惡魔，也沒有鬼。**無實體的精神是不存在的。希臘人與羅馬人想像的生物，如命運女神、哈爾皮亞、達伊蒙、精靈、寧芙、薩提爾、德里阿斯、天使與死者的靈魂，這些全非真實之物。忘了這些東西吧。

●**人類生活的最高目的，就是追求愉悅，減少痛苦。**人生應該致力追求幸福。沒有任何倫理目的比為自己與為他人追求幸福來得崇高。其他的主張，如為國服務、榮耀神明或統治者，透過自我犧牲以追求美德，這些全是次要的、錯誤的與欺詐的。對盧克萊修來說，羅馬文化的尚武與喜愛暴力競技顯然是變態而違反自然的。人類的自然需求很簡單。未能體悟需求的限制，將使人類陷入徒勞無功的追逐。

大多數人只要運用理性就能理解，他們追求的奢侈生活毫無意義，完全無法增進他們的福祉。「一個人不會因為穿著華麗的袍服，就能比穿著一般的衣服更容易退燒。」（2.34-36）但是，正如人難以抗拒對神明的恐懼，人也難以拒絕藉由巧取豪奪與征服所帶來的安全感（無論是個人還是整個社群）。然而，透過搶奪與征服得到的財物，只會減損幸福的可能，並且讓每個人都陷入你爭我奪的危險之中。

盧克萊修不安地說，而這也成為他的名言，人生的目標必須遠離這種瘋狂的事業，並且站在安全的地點遠遠望著它：

當狂風吹襲廣大洋面，揭起驚濤巨浪，此時最舒服的事，莫過於站在陸地上，遠望人們面對此一嚴厲的試煉：並非他人的苦難令我們感到愜意與愉悅；而是慶幸自己能夠免除災難的打擊。能坐觀兩軍相爭，自己則不受刀劍威脅，也是一大樂事。然而，世間的極樂與至福，在於領悟智者恬淡自適的教誨，使自己的心靈居於至高之處，俯瞰他人四處追求，惶惶不可終日的樣子。世人總以智巧相爭，追逐名利，日夜盤算財富與權力，渴求攀上俗世的頂點。（2.1-13）[11]

●**愉悅最大的障礙不是痛苦，而是幻覺**。人類幸福的大敵是過多的欲望——妄想得到遠超過有限的自身所能得到的東西——與折磨人的恐懼。即使是可怕的瘟疫，在盧克萊修的描述中——他的作品最後生動描述了雅典發生瘟疫的慘狀——最恐怖的部分不在於痛苦與死亡，而在於瘟疫引發的「煩惱與恐慌」。

試圖避免痛苦完全是合理的：避免痛苦是盧克萊修倫理體系的支柱之一。然而，如何避免讓天性上對痛苦的嫌惡轉化成恐慌？因為恐慌只會造成更大的痛苦。此外，從更一般的角度來看，人類為什麼如此不幸？

盧克萊修認為，答案與想像的力量有關。人類雖然生命有限，卻沉迷於無限的幻覺之中——無限的愉悅與無限的痛苦。幻想無限的痛苦有助於解釋為什麼人類會匍匐在宗教之前：人類誤以為靈魂是不朽的，以為靈魂可能遭受永恆的折磨，人類想像自己可以與諸神協議，以換取更好的結果，例如在天堂享受永恆的愉悅。幻想永恆的愉悅有助於解釋為什麼人類總是追求浪漫的愛情：人類誤以為他們的幸福取決於絕對地擁有人無限渴望的單一對象，人類因此深陷於狂熱而難以滿足的饑渴之中，非但無法獲得幸福，反而充滿焦慮。

追求性愉悅同樣是合理的：畢竟這是肉體天性追求的快樂。盧克萊修認為，人類誤將這種快樂與另一種錯覺混淆，狂熱地追求一種非現實的夢境，以為人在交合的同時就陷入憔悴。當然，不存在的愛人只是一種心靈意象，就像夢一樣。但盧克萊修在一段極其坦率的文字中提到，在性愛時，愛人仍然陷入一種充滿混淆的渴望之中，一種他們無法滿足的渴望：

即使在擁有的時刻，愛人的熱情依然浮動晃盪，無法確定：他們無法決定先用眼還是先用手來享受。他們緊緊抓住他們渴望的對象，造成肉體的疼痛，他們的牙齒咬著彼此的唇，嘴撞擊著。（4.1076-81）[12]

這段文字的意旨——葉慈稱為「最美好的性交描述」——不是鼓勵比較端正而不熱情的做愛形式。而是指出即使欲望已經滿足，無法饜足的胃口依然蠢蠢欲動。[13]盧克萊修認為，性胃口的無法饜足是維納斯耍弄的詭計；這可以解釋何以在短暫休息之後，又要反覆不斷進行愛的行為。而盧克萊修也了解，這些不斷重複的行為可以產生強烈的愉悅。然而，還是有很多地方讓他感到困惑，例如性愛之後情感反而痛苦，激勵了進取的動力，以及最重要的，即使在高潮的時刻依然讓人感到意猶未盡。一六八五年，大詩人德萊頓精采捕捉到盧克萊修引人注目的描述：

……當年輕愛侶緊密地摟著，
雙手與大腿緊緊環抱
　如同麻繩般糾結；
就像欲望衝擊產生的大量泡沫，
兩人密合，低語，彷彿失去了神智，
他們緊抓，擰著，伸出溼潤的
　舌頭，

他們扭動前行，想直探對方心房。
但終屬徒勞；他們只能游移在岸邊。
因為肉體無法穿透，肉體也不能與肉體相融，
然而他們還是奮力而為，沉溺在
短暫的騷動狂暴中。
躺在愛之網裡，糾纏著難以脫身，
直到男人在極度快感中消溶萎靡。（4.1105-14）[14]

●**了解事物的本質，會產生強烈的驚異感**。我們了解宇宙是由原子與空虛構成的，別無他物，世界不是神意的創造者為我們設立的，我們不是宇宙的中心，我們的情感生活並不獨特，就像我們的身體與其他生物無異一樣，我們的靈魂就跟我們的身體一樣是物質的，總有一天會毀滅。這些體悟不會令我們絕望。相反地，把握事物的本質是走向幸福的關鍵。盧克萊修堅稱，人類不重要——我們不重要，我們的命運也不重要——這是好事。

人類有可能過著幸福的日子，但不是因為人類認為自己是宇宙的中心，或人類懼怕神明，或人類高尚地犧牲自己以追求超越自身生命的價值。難以滿足的欲望與對死亡的恐懼，這些才

是人類幸福的主要障礙。但這些障礙可以藉由理性來加以克服。運用理性不是專家的專利；每個人都能運用理性。必須拒絕僧侶以及販售幻想者說的謊言，並且堅定而冷靜地注視事物的真實本質。所有空想——所有科學、所有道德以及各種營造有價值人生的嘗試——都必須從不可見的事物種子開始，也必須在這裡結束。這些不可見的事物種子就是原子與空虛，別無他物。

乍看之下，這種理解不可避免帶有一種冷冰冰的空虛感，彷彿宇宙已經完全失去了魔力。但是，從有害的幻覺中解放出來，絕非等同於幻滅。上古世界經常說，哲學的起源是驚異：驚訝與不解產生了知的欲望，而知識本身也化解了驚異帶來的不安。不過，在盧克萊修的描述中，這個過程似乎顛倒過來：知道事物的本質，才能喚醒最深層的驚異感。

《物性論》是相當罕見的成就：既是偉大的哲學作品，又是偉大的詩。如果以主題的方式列個清單——我曾經做過這樣的事——那盧克萊修驚人的詩意力量將不可避免遭到減損。盧克萊修自己也謙虛地將自己的作品比擬成幫助孩子服藥的蜂蜜。將蜂蜜塗在盛著藥湯的杯緣，孩子就會願意服下。盧克萊修的謙遜有跡可循：他的哲學導師伊比鳩魯向來不喜歡賣弄文采，並認為真理應該以平易而不加修飾的散文加以呈現。

然而，盧克萊修的美麗詩文，做為呈現哲學理念的工具，也占有舉足輕重的地位。盧克萊修希望破除世上一些充滿幻覺的說法，並且提出他認為的真理。盧克萊修認為，每個人都有能力以優美文字來表現世間的愉悅與美麗，這種能力沒有理由由壟斷在說寓言故事的人手裡。如果不善用文字工具，那麼我們居住的世界很可能變得荒涼無趣，人為了追求舒適很可能擁抱幻想，即使那些幻想可能帶來毀滅。在詩的協助下，事物的真實本質可以呈現出多采多姿的一面——數量無限且不可摧毀的粒子在空間中跌跌撞撞，不斷偏離，與其他粒子結合，構成生命，與其他粒子分離、繁殖、死亡，再度產生，這些粒子構成了令人驚訝、變動不居的宇宙。

盧克萊修認為，人類不應該接受有毒的信仰，人類不應該相信自己的靈魂只是暫時寄託於此世，死後還有別的世界可去。這種信仰只會使自己與周遭世界建立起負面的關係，但人類的生命依傍在這世上，沒有世界，人類的生命也隨之消滅。人類生命就像宇宙所有其他既存的生命形式一樣，是在偶然間產生的，而且非常脆弱；一切事物，包括地球本身，最終都將解體成最初的原子。原子構成一切事物，原子的聚散促成萬事萬物的生滅。然而，既然我們活著，我們就該充滿愉悅，因為我們是世界創生過程的一小部分，盧克萊修讚頌這段過程，認為世界的創造在本質上就是一種性欲的實現。

因此，身為詩人，身為隱喻的創造者，盧克萊修願意做出極不尋常、看似違背他信仰的事。盧克萊修認為諸神對於人類的請求充耳不聞，但他卻在《物性論》的開頭向維納斯祈禱。

德萊頓的英譯或許最能表現盧克萊修這段文字的狂熱精神：

人類與諸神的喜悅
羅馬的母親，慈悲的愛之女王，
帶來生命力、空氣、土地與海洋，
哺育風起雲湧下誕生的生物；
藉助妳多產的力量，每個物種
得以降生，翹望光明：
女神啊，雲霧暴雨莫不懼妳，
妳的愉快面容，足以令其退散；
大地為妳綻放花朵，吐露芬芳，
海洋為妳微笑，平靜如鏡，
天空為妳展現湛藍，清澈的陽光帶來祝福。（1.1-9）[15]

這首讚美詩傾吐了作者的心意，既是驚異又是感謝，一片光明氣象。這位狂喜的詩人好像親眼目睹了愛之女神，萬里無雲的天空襯托出她的容光煥發，甦醒的大地讓她沐浴在花草之中。她是欲望的化身，在清新的西風吹拂下，她的到來使一切生命充滿了愉悅與激昂的性渴望：

春天從長眠中醒來，開始妝點草地，
嶄新的自然景象，呈現在世人面前，
到處都是新苗與綠芽，
西風催促新的一年盡快上路，
開心的鳥兒率先宣告妳的到來
牠們天生的歌喉，吐露妳溫和的熱情。
野獸被妳的箭矢射中，
牠們躍過肥沃的草地，冒險橫越湍急的溪流。
自然全是妳的禮物：大地、空氣與海洋；
舉凡一切能呼吸的生物，各種不同的幼獸，
在喜悅下，受到妳的驅使。

越過貧瘠的山嶺，越過花草盛開的平原，
青蔥的森林，與平靜的海洋
延伸妳未控制與無邊的領域。
凡是有生命的地方，妳便前往
與散布，妳所到之處，就有愛的慈悲種子。（1.9-20）

我們不知道，抄寫這篇拉丁韻文、保存這些作品使其免於毀滅的日耳曼僧侶做何反應，我們也不知道，波吉歐是否了解這些詩句的含義——波吉歐拯救這些詩，使其免於湮沒，他至少應該簡單看過這些詩句。顯然，這首詩的關鍵原則絕對會受到一般基督教正統思想的憎惡。但這首詩確實非常優美，不僅令人信服，也深具吸引力。我們可以看到，至少有一位義大利人在十五世紀晚期試圖表現這種幻覺般的生動：我們只需觀看波提切利的名畫，維納斯從海洋無休止的物質中出現，美得令人屏息。

注釋

1. 盧克萊修在近代初期哲學與自然科學中扮演的關鍵角色，已由 Catherine Wilson 做了精微的探索：*Epicureanism at the Origins of Modernity* (Oxford: Clarendon Press, 2008)。也可見 W. R. Johnson, *Lucretius and the Modern World* (London: Duckworth, 2000)、Dane R. Gordon and David B. Suits, *Epicurus: His Continuing Influence and Contemporary Relevance* (Rochester, NY: RIT Cary Graphic Arts Press, 2003) 和 Stuart Gillespie and Donald Mackenzie, "Lucretius and the Moderns," in *The Cambridge Companion to Lucretius*, ed. Stuart Gillespie and Philip Hardie (Cambridge: Cambridge University Press, 2007), pp. 306-24.
2. George Santayana, *Three Philosophical Poets: Lucretius, Dante, and Goethe* (Cambridge, MA: Harvard University Press, 1947), p. 23.
3. 盧克萊修優美的詞藻在經過翻譯之後，原味盡失，這種現象極為常見且不可避免。在這裡，盧克萊修為了描述無數的結合景象，於是將彼此類似的文字排比起來，以收摩肩擦踵之效：「sed quia multa modis multis mutata per omne.」
4. 在 *The Logic of Sense*, trans. Mark Lester with Charles Stivale, ed. Constantin V. Boundas (New York: Columbia University Press, 1990) 中，德勒茲（Gilles Deleuze）探索這種微小、不確定的原子運動與現代物理學的關係。
5. 「如果所有運動均不變地相互連結，如果新運動不可變地接續自舊運動，如果沒有原子的偏離引發運動，從而廢除命運的命令並且阻礙無止境的因果鏈存在，那麼什麼是自由意志（地球上所有生物均擁有這種意志）的根源？我還要問，什麼是這個意志的力量（從命運強取奪來）的根源，使我們每個人得以前往愉悅引領我們去的地方……？」（2.251-58）

6. 想前進與想原地不動都是可能的，因為每件事都不是那麼嚴格確定，也就是說，因為物質的運動是微妙、不可預測與自由的。心靈之所以能不受內在必然所衝擊，是因為「原子在不可預測的時空中有了微妙的偏離」（2.293-94）。

7. 正如在這個糾結的發展史中看不出神的恩典存在，因此沒有完美或最終的形式。即使是欣欣向榮的生物也帶有缺點，證明牠們的設計不是某個至高無上智能的產物，而是出於偶然。事實上，盧克萊修提到了令男人深感苦惱的東西，男人也許可以稱之為攝護腺原則。

8. 參見 Dryden 對這幾句詩的翻譯：

> Thus Like a sailor by the tempest hurled
> Ashore, the babe is shipwrecked on the world:
> Naked he lies, and ready to expire;
> Helpless of all that human wants require:
> Exposed upon unhospitable earth,
> From the first moment of his hapless birth.

John Dryden, *Complete Poems*, ed. James Kinsley, 4 vols. (Oxford: Clarendon Press, 1958), I:421. 我已將 Dryden 的拼字與標點改為現代形式。

9. 「舉例來說，在裝飾優雅的神壇面前，一隻小牛在香煙裊繞的祭壇旁被宰殺，最後一股熱血從牠的胸膛噴出。在此同時，失去子女的母牛在幽谷中四處徘徊，在地面上尋找小牛的蹄印。牠睜大眼睛搜尋每個地方，希望尋回失蹤的小牛。牠停下腳步，在翠綠的樹叢中發出悲鳴。牠不斷回到牛棚，心中總是記掛著牠的小牛。」（2.352-60）當然，這段文字傳達的不只是特定的母牛能認出特定的小牛：它再次顯示宗教的毀滅與謀殺，只是這一次是透過受害動物的觀點來傳達。整個獻祭的過程既無必要而且殘忍，完全違反了自然，它說明了母親有能力認出自己的子女，而在這個能力後頭，表現的是母親對子女的愛。動物不是物質機器，動物照顧子女並不是單純只按著某種設定去做；動物有感情。物種中的某個成員無法輕易被其他成員取代，彷彿個別的生物可以輕易予以代換似的。

10. 「誰不曾對眾神感到害怕，誰不曾屈從於恐懼之下，且看遼闊的天空劃下一道閃電，震耳欲聾的雷聲搖撼了整個地面？」（5:1218-21）

11. Hans Blumenberg 高雅的小書討論了這段文字，*Shipwreck with Spectator: Paradigm of a Metaphor for Existence*, tans. Steven Rendall (Cambrdige, MA: MIT Press, 1997) 顯示，經過數世紀的沉思與評論之後，旁觀者逐漸喪失了距離的特權地位：我們身在船上。

12. A. Norman Jeffares, *W. B. Yeats: Man and Poet*, 2nd edn. (London: Routledge & Kegan Paul, 1962), p. 267, cited by David Hopkins, "The English Voices of Lucretius from Lucy Hutchinson to John Mason Good," in *The Cambridge Companion to Lucretius*, p. 266.以下是 Dryden 對這段詩句的翻譯：

When Love its utmost vigor does imploy,

Ev'n tben, 'tis but a restless wandring joy:
Nor knows the Lover, in that wild excess,
With hands or eyes, what first he would possess:
But Strains at all; and fast'ning where he strains,
Too closely presses with his frantic pains;
With biting kisses hurts the twining fair,
Which shows his joys imperfect, unsincere. (1:414)

對現代人來說，「不誠懇」（unsincere）聽起來有點奇怪，但這是拉丁文的語法。拉丁文sincerus指「純粹」，盧克萊修寫道，這種如風暴吹襲的暴力源自於愛人的愉悅不純粹：quia non est pura voluptas (4.1081)。

13. 「就像口渴的人夢見自己想喝水，實際上他並未喝水來澆熄焚燒著四肢的烈火，反而徒勞地追尋水的意象，而依然無法解渴，雖然看起來他們已經在湍流中喝水。因此，陷入愛情的人，維納斯總讓他們充斥著幻想：無論他們如何凝望愛人的身體，他們的眼睛總是不滿足；他們也無法從雙手不斷游移探索的天鵝絨般的肢體移走分毫。」（4.1097-1104）

14. 以下是史密斯比較純熟的散文式翻譯：

終於，肢體交纏，享受年輕的花朵：身體一陣狂喜，維納斯在女性的田裡播種；他們貪婪地身體壓著身體，混合彼此的唾液，呼吸對方的氣息，嘴唇碰撞著牙齒。但這一切都是徒勞，他們無法從愛人的身體取走分毫，也無法穿透對方或融合為一。有時，他們的確努力這麼做：他們如此渴望，以致淪為維納斯的囚徒。在狂喜的催促下，他們的肢體放鬆，化為汁液。

15. 史密斯對這段開頭做了散文式的翻譯：

埃涅阿斯子民的母親，人類與諸神的喜悅，維納斯，生命的力量。在滑動的星辰之下，是妳賦予生命給船隻往來的海洋，是妳讓大地孕育生機。因為有妳，生物才得以懷胎降生，得以看見陽光。女神啊，妳的到來使風為之止息，雲為之退散，大地為妳綻放芬芳的花朵，海洋為妳露出寧靜的微笑，晴朗的藍天陽光普照。

當春天的大門開啟，風神釋放了蘊含生機的微風，首先，女神，天空中的鳥兒，被妳一箭射中心臟，顯示妳的到來。接著，野外的生物與牛群躍過肥沃的牧地，游過湍急的河流：牠們全被妳的魅力俘虜，急欲追隨妳的腳步。然後，妳將誘惑的愛注入每個生物的心中，灌輸牠們熱情的驅力，使牠們繁殖後代，無論牠們生活在海中、山上、河裡、充滿鳥類的灌木叢，還是青翠的平原。

第九章　返鄉

波吉歐寫信給在威尼斯的朋友，身為貴族的人文主義者巴爾巴洛。他在信上寫道，「雖然副本已經完成，但盧克萊修至今還未回到我身邊。」顯然，波吉歐當時還無法借到上古抄本（他總是用詩人的名字來稱呼作品），將其帶回康斯坦斯。僧侶們肯定極不放心把抄本借出去，因此硬是要波吉歐找人來製作副本。他無法預期抄寫員會親自來告訴他這個消息，儘管這個消息十分重要：「那個地方離這裡相當遠，很少有人從那裡過來，」波吉歐寫道，「所以我必須等待，直到有人帶著盧克萊修出現。」波吉歐能等多久呢？「如果沒人過來，」波吉歐向他的朋友保證，「我不會把公眾的職責放在私人的需求之前。」[1]一句非常奇怪的陳述，這裡的公眾指的是什麼，私人又是什麼？或許，波吉歐只是要巴爾巴洛別擔心：在康斯坦斯的官方職務（無論是什麼）不會影響他獲取盧克萊修。

當《物性論》抄本終於送到波吉歐手上時，他顯然馬上就將抄本寄給在佛羅倫斯的尼科里。可能因為抄寫員的副本粗製濫造，也可能因為波吉歐希望得到自己專屬的版本，也就是由他朋友謄寫的副本。尼科里以優雅字跡寫成的副本，連同日耳曼抄寫員製作的副本，由此衍生出數十部抄本——其中超過五十本流傳至今——這些抄本成為十五世紀與十六世紀初盧克萊修作品印刷版本的源頭。波吉歐的發現因此成為關鍵的起點，使沉睡上千年的上古詩作得以重新在世上流通。在冷灰與白色相間的羅倫佐圖書館裡（米開朗基羅為梅第奇家族所設計），收藏著尼科里的抄本——羅倫佐手抄本 35.30，尼科里謄抄的是日耳曼抄寫員的副本，而日耳曼抄寫員謄抄的是九世紀盧克萊修詩作的副本。這本手抄本是現代性的關鍵來源，外表卻相當不起眼。裝訂的外皮已經褪色，破爛的紅色書皮上面鑲著鐵片，書的封底繫著一條鏈條。它看起來與圖書館其他手稿沒有多大差別，唯一的不同是，你必須要戴上乳膠手套才能將這本書拿到書桌上閱讀。[2]

日耳曼抄寫員製作的副本，也就是波吉歐從康斯坦斯寄到佛羅倫斯的版本已經亡佚。可能尼科里在謄寫完之後，又將抄本寄回給波吉歐，但波吉歐卻未用自己美麗的字跡留下這本書的副本。或許，波吉歐對於尼科里的技術很有信心，因此他與繼承人都認為抄寫員的副本不值得保存，最後便將之丟棄。日耳曼抄寫員用來抄寫的手稿同樣亡佚了，這份手稿應該一直收藏在修道院圖書館裡。它是否毀於祝融之災？抑或上頭的墨跡遭人刮除，好用來抄寫其他的作品？

它是否最終在無人聞問下腐朽毀壞，成為潮溼與腐爛的受害者？抑或有虔信的讀者無法忍受書中的顛覆說法，決意摧毀它？總之，我們是找不到這本書的殘骸了。另外有兩部九世紀的《物性論》抄本，波吉歐與同時代的人文主義者都不知道有這兩部抄本存在，但它們居然都成功挨過不可穿越的時間藩籬留存至今。這兩部抄本分別依據它們的格式而稱為 Oblongus 與 Quadratus，偉大的十七世紀荷蘭學者與藏書家沃斯的藏書目錄裡出現了這兩本書，而從一六八九年開始，這兩本書就收藏於萊登大學圖書館內。九世紀的手抄本還有第三部留存下來，但只剩下片段部分，大概只保留了盧克萊修詩作的百分之四十五左右，這份手稿現在分別收藏於哥本哈根與維也納。然而，當這些手稿為世人所知時，盧克萊修的詩——多虧波吉歐的發現——早已開始翻攪與轉變這個世界。

波吉歐把盧克萊修詩集副本寄給尼科里時，很可能只是稍微翻閱過這份手稿。他當時還有其他事要煩心。柯薩已被拔除教宗頭銜，而且身陷囹圄。第二位教宗寶座爭奪者是柯瑞爾，但他已被迫放棄額我略十二世的稱號，並且在一四一七年十月去世。第三位爭奪者是魯納，他先是受困於佩皮尼昂的堡壘中，然後又身陷瓦倫西亞附近濱海的佩尼斯科拉城堡。他仍堅稱自己是本篤十三世，但看在波吉歐與其他人眼裡，魯納已無足輕重。教宗寶座虛懸，而公會議——就像現在的歐洲共同體一樣，因英格蘭、法國、日耳曼、義大利與西班牙代表各執一詞而陷於分裂——仍在選舉新教宗的條件上爭論不休。

在最終的協議出爐之前，教廷內部有許多成員已開始尋找新工作；有些人早已先一步返回義大利，如波吉歐的朋友布魯尼。波吉歐的嘗試未能成功。曾經為遭罷黜教宗工作的祕書，早已樹立不少敵人，再加上波吉歐不願為了討好他們而與過去的主人劃清界線。教廷其他官員紛紛指證已被關在牢裡的教宗的罪行，但波吉歐的名字始終未出現在指控的證人名單裡。波吉歐只能指望柯薩的重要盟友樞機主教札巴瑞拉能當上教宗，但札巴瑞拉在一四一七年去世。一四一八年秋，選舉人終於召開祕密會議，他們選擇一位對人文主義知識份子不感興趣的羅馬貴族科隆納擔任教宗，是為馬丁五世。波吉歐並未獲得教廷祕書的職位，不過他還是可以繼續待在教廷擔任下級文書。此時的波吉歐做了一個非常令人吃驚而且冒險的生涯選擇。

一四一九年，波吉歐接受職位，擔任溫徹斯特主教波福的祕書。身為亨利五世（莎士比亞的勇士主角，在阿金庫爾一戰成名）的叔叔，波福曾擔任康斯坦斯公會議的英格蘭代表，他也在康斯坦斯接觸了義大利人文主義學者，並且印象深刻。對於這位富有而擁有權力的英格蘭主教來說，波吉歐代表了最具文化教養的祕書典型，不僅是幹練的羅馬教廷官員，也是具聲望的人文主義學者。而對於波吉歐這位義大利祕書來說，波福是挽救自己尊嚴的一線希望。如果他回到羅馬教廷，他必須因為自己拒絕接受降級而遭受處分。但波吉歐不懂英文，這表示波吉歐有可能無法在英格蘭過得舒適愜意——不過這對於他服侍貴族主教應該不會有太大影響，因為波福的母語是法語，而他也精通拉丁文與義大利語。

即將過四十歲生日的波吉歐決定搬到人生地不熟的英格蘭，背後的動機並不是因為憤懣不平。旅居遙遠國度的想像——對當時的羅馬人來說，英格蘭是極為遙遠的異國，那種感覺甚至比今日羅馬人對澳洲塔斯馬尼亞島的感受來得強烈——使波吉歐的書籍獵人本性感到亢奮。波吉歐曾在瑞士與日耳曼獲得很大的成功，這些成就使他在人文主義圈子擁有一席之地。在英格蘭的修道院圖書館裡，或許還有偉大的著作正等著他去發掘。這些圖書館還未有像波吉歐這樣的人文主義者前往搜尋，他會仔細閱讀已知的古典文本，以百科全書式的眼光捕捉遺失手稿的線索，從而使出卓越的文獻考證技術。如果波吉歐已經因為他有能力讓古文獻復生而大受讚揚，那麼若他在英格蘭發掘出更多的文書，世人該會如何推崇他呢？

波吉歐在英格蘭一待將近四年，但結果非常令人沮喪。波福主教不像長年缺錢的波吉歐所想像的是座金礦。波福長年不在——「跟斯基泰人一樣喜愛游牧」——留下他的祕書在英格蘭無事可做。除了尼科里，波吉歐的義大利朋友幾乎全與他斷了連繫：「我被放逐到無人記得我的地方，彷彿我是個死人。」他遇到的英格蘭人幾乎清一色不好相處：「許多男人只想著吃與性，喜愛文學的人非常少，好不容易有幾個野蠻人懂得辯論，卻發現他們只會講些枝微末節的東西，並無真正的才學。」[3]

他寄回義大利的信是一連串冗長的抱怨。有瘟疫；天氣糟透了；他的母親與弟弟寫信給他卻只是為了要錢，但他沒有錢，而且還得了痔瘡。真正可怕的是這裡的圖書館——至少波吉歐拜訪的幾間是如此——從波吉歐的角度來看完全不值一提。「我看過許多修道院，每一間都擠滿了新博士，」他寫信給在佛羅倫斯的尼科里，

這些博士說的話毫無可取之處。這裡的古代作品少得可憐，我們義大利擁有的版本比這裡好得多。這座島上的修道院幾乎都是這四百年內建成的，恐怕還沒成熟到足以培養出有學識的人或寫出我們尋求的書籍；這些書籍已經消失得無影無蹤。[4]

波吉歐坦承，牛津或許有可觀之處，但他的僱主波福並未計畫造訪當地，至於波吉歐自己則籌不出旅費成行。他的人文主義朋友也到了該放棄希望的時候，這裡根本不會有重大發現：「勸你別期望能在英格蘭發現珍本，因為英格蘭人根本不在意書籍。」

波吉歐承認，他從認真研讀教父的作品中獲得些許安慰——在英格蘭，神學作品不虞匱乏——但他還是因為無法閱讀自己喜愛的古典作品而感到痛苦：「我在這裡，四年間未曾著意於

人文學科的研究，」他抱怨說，「我沒有讀過任何一本與風格有關的書。你可以從我的信裡感受到這一點，因為我現在的文字已大不如前。」[5]

一四二二年，在不斷抱怨、暗中謀畫與誘騙之後，波吉歐終於為自己在梵蒂岡爭取到一份新祕書職位。要籌得返鄉的路費並不容易——「我到處找掙錢的機會好離開這裡，連損人利己的事我都做了，」[6]他坦白說——但最終他還是籌到了。波吉歐就這樣回到了義大利，沒有找到任何古籍珍本，也未在英格蘭思想界留下任何影響。

一四二五年五月十二日，波吉歐寫信給尼科里提醒他，自己想看看八年前寄過去的本子：「我想借盧克萊修一觀，最多不超過兩個星期，但你想一口氣製作盧克萊修、西里烏斯[7]、馬克魯斯[8]與西塞羅《演講集》的副本，」他寫道，「貪多嚼不爛，你這樣什麼事都做不好。」一個月後，六月十四日，他又寫信給尼科里，提到不是只有他想看這部詩集：「如果你寄盧克萊修過來，將可嘉惠眾人。我答應你不會借這本書超過一個月，時間到了我自會歸還給你。」[9]但一年又過去了，還是得不到對方的音信；這位富有的收藏家想必覺得自家書架才是收藏《物性論》最好的地方，在這裡，《物性論》可以與古代的浮雕貝殼、殘缺的雕像與珍貴的玻璃器皿相伴。它或許就像戰利品一樣，擺在那裡好看，沒有人去閱讀。這本詩作再度被埋葬了，這次的地點不是修道院，而是人文主義者塗上金箔的房間。

一四二六年九月十二日的信上，波吉歐還不死心：「寄盧克萊修給我吧，我稍微看一下就好了。很快就會寄還給你。」三年後，波吉歐終於失去耐性：「盧克萊修在你手中已經十二年，」他在一四二九年十二月十三日寫道；「依我看，你恐怕活不到書抄完那一日。」兩個星期之後，他又寫了一封信，不耐中帶著憤怒，在明顯的筆誤中，他誇大了自己等待的時間：「你已經保留盧克萊修十四年了，此外還有佩迪亞努斯……你覺得這麼做是公正的嗎？我只不過想看看這些作品，卻因為你的毫不在意而無法實現……我想閱讀盧克萊修，你卻剝奪我的機會；你還想再霸著他十年嗎？」然後他又換個方式想打動尼科里，「我希望你寄盧克萊修或阿斯寇尼烏斯[10]給我，我會盡快抄寫完畢，然後寄還給你，你愛留在身邊多久就留多久。」[11]

終於——實際時間我們不得而知——書寄來了。從尼科里房間的囚禁中釋放[12]，《物性論》再次緩緩進入讀者手裡，距離它塵封不見人世已有千年之久。我們不清楚波吉歐對於這部他助其重見天日的詩作有何看法，也不曉得尼科里有何反應，但我們知道——手稿副本，簡短的提及，暗示，微妙的影響痕跡——這部作品已開始不動聲色地流通，起初在佛羅倫斯，然後傳布到佛羅倫斯以外的地方。

這段期間，回到羅馬的波吉歐又在教廷裡重操舊業：從事有利可圖的生意，在「謊言工廠」裡與其他祕書交換損人利己的笑話，寫信給人文主義朋友，談論令他們垂涎的抄本，與對手激烈爭論。在忙碌的生活中——教廷很少長久待在同一個地方——他努力找出時間把希臘文作品翻譯成拉丁文，為古老手稿製作副本，並且撰寫道德隨筆、哲學反思、修辭學論文、誹謗文章，以及朋友的輓詞。尼科里、羅倫佐・德・梅第奇、阿爾貝加提樞機主教、布魯尼、切薩里尼樞機主教，這些人都已經不在人世。

他也努力撫養子女，許多的子女，全都是他跟情婦潘內里生下的：如果當時的紀錄正確，那麼他們一共生了十二個兒子與兩個女兒。把當時搬弄是非的傳聞當成真實的記載似乎並不明智，但波吉歐確實承認自己有私生子。一名與波吉歐相善的樞機主教指責他生活不檢點，波吉歐坦承自己犯了錯，但他也反唇相譏，「我們每天在每個國家，不都會遇到一些教士、僧侶、修道院長、主教，甚至階級更高的人，他們跟已婚的婦人、寡婦或甚至祝聖侍奉上帝的童貞女生下孩子？」

隨著波吉歐日漸富有——從他的稅捐紀錄可以看出，他從英格蘭回來後就開始飛黃騰達——他的生活也漸漸起了變化。他對於修復古代文獻還是很有熱忱，但四處雲遊探索古書顯然不是他現在想做的事。結果，波吉歐也跟他的富有朋友尼科里一樣，開始蒐集古物：「我有一間專門收藏大理石頭像的房間，」他在一四二七年誇耀說。同年，他在特拉努歐瓦購置房產，這座托斯卡尼小鎮是他出生的地方，而且往後幾年他將逐步增加自己的田產。據說，波吉歐購置地產的金錢主要來自於抄寫李維的作品，並且是以一百二十金弗洛林的高價賣出。

波吉歐債臺高築的父親曾經為了躲債而逃離特拉努歐瓦；現在，波吉歐則打算在這裡設立一座他的「學院」，他夢想有一天在此過著退休生活與優雅的日子。「我找到一座大理石女子半身像，完整無傷，我喜愛極了，」數年後他寫道。「這座半身像是在挖掘房屋地基時找到的。我想辦法得到它，把它收藏在特拉努歐瓦的小花園裡，我還打算陸續添購古物來裝飾這個地方。」他提到，另一批雕像「送到之後，我會把他們放在我的小體育館裡」。[13]學院、花園、體育館：波吉歐重建了——至少滿足了他的幻想——古希臘哲學家的世界。而且他也希望自己營造的世界能獲得高度的美學讚賞。他說，雕刻家多那太羅看到其中一座雕像，「讚不絕口」。

跟過去一樣，波吉歐的人生並不總是安定與安全。一四三三年，波吉歐擔任教宗尤金四世（他的前任是馬丁五世）的祕書時，羅馬爆發了暴亂，民眾起而反對教廷的統治。教宗改扮成僧侶，扔下他的支持者獨自搭上小船，順台伯河而下，抵達歐斯提亞港，這裡有他的佛羅倫斯盟友為他提供的船隻。暴動的群眾在河岸旁認出教宗，於是對小船丟擲石塊，但還是讓教宗跑了。波吉歐沒有那麼幸運：他逃走時被教宗的敵人抓住。協商未達成結果，波吉歐必須以大部分的家產來贖回自己。

然而，每一次的暴動到最後都能恢復平靜，波吉歐還是一樣回到他的書與雕像，他的學術翻譯與爭論，以及繼續累積財富。他的人生一直是漸變的，但這一連串改變終於迎來一項最重大的變化：一四三六年一月十九日，他娶了瓦吉雅·迪·吉諾·布翁德蒙提為妻。波吉歐五十六歲，新娘只有十八歲。這場婚姻並非一紙金錢契約，而是另一種形式的文化資本。[14]布翁德蒙提家族是佛羅倫斯的封建家族，歷史悠久，波吉歐顯然是看上這一點，雖然他在紙上洋洋灑灑地寫著自己並不以獲得貴族血緣為榮。為了駁斥一些人對他的揶揄，他寫了一篇對話錄，〈老人是否該娶妻？〉。可想而知的論點——其中絕大多數都帶有厭惡女子的情結——與可想而知的回應，言詞往復之間，許多說法都令人感到可疑。反對者，不用說，正是尼科里，他認為老人娶妻是愚蠢的，更何況是老學者，為什麼要改變自己長期培養出來的生活風格，而去嘗試完全不同充滿風險的人生。搞不好娶進來的新娘是個脾氣暴躁、陰沉、缺乏節制、邋遢、懶惰的女人。如果娶的是寡婦，她一定會想著亡夫生前那段幸福的歲月；如果娶的是少女，那麼在性格上絕對無法與老邁嚴肅的丈夫相合。如果生下孩子，老人想到自己無法親眼見到孩子長大，將感到悲痛不已。

支持的人卻不這麼認為，他相信老人可以彌補年輕妻子的無經驗與無知，丈夫可以根據自己的意志來陶鑄妻子的人格。他能以自己的睿智來約束她的本能，如果他們有幸生了孩子，那麼他也能因為自己的年紀而獲得尊敬。為什麼要假定他將不久人世呢？無論他能活多少年，只要活著時能愛自己的親人，這種難以形容的愉悅，說是第二個人生也不為過。或許最具有說服力的還是波吉歐自己的親身見證，他只說了一句極簡潔的話：他非常快樂。尼科里承認，悲觀原則也許存在著例外。

依照我們現在的標準來看，當時的預期壽命並不長，但波吉歐卻相當長壽，他與瓦吉雅的婚姻相當幸福，兩人一起生活了四分之一個世紀。他們生了五個兒子——皮特羅．保羅、喬凡尼．巴提斯塔、賈寇波、喬凡尼．弗朗切斯科與菲利波——與一個女兒盧克瑞亞，六人都平安長大成人。五個兒子有四人從事教會工作；只有賈寇波成為傑出的學者。（賈寇波後來捲入帕奇刺殺羅倫佐與朱利安諾．德．梅第奇的陰謀，於一四七八年在佛羅倫斯絞死。）

波吉歐的情婦與他們的十四個孩子命運如何，我們不得而知。他的朋友慶賀新婚的波吉歐的好運與正直；他的敵人則奔相走告他對自己拋棄的孩子不聞不問。根據瓦拉的說法，波吉歐殘忍地中止認領情婦所生的四個兒子。這個指控應該是惡意中傷，敵對的人文主義者總是藉由這種方式得到滿足，不過我們也沒有證據顯示，波吉歐慷慨而仁慈地對待自己的私生子。

身為俗人，波吉歐婚後不需要離開教廷。他繼續服侍教宗尤金四世，並且經歷了教廷與教會會議之間的苦鬥，狂熱的外交操作，對異端的抨擊，軍事冒險，倉促的逃亡與戰爭的爆發。尤金四世於一四四七年去世，波吉歐繼續在下任教宗尼古拉五世底下擔任教廷祕書。

這是波吉歐擔任教廷祕書以來經歷的第八位教宗，此時的他年近七旬，已然感到倦勤。但無論如何，每天都有來自各方的事務需要他處理。文書工作占據他非常多時間，而他還有一大家子要照顧。此外，妻子與佛羅倫斯有著深厚的家族紐帶關係，這加深了他與自己出生城市之間的連結，他至少一年要回去一次。不過，從許多方面來看，新教宗對於他的工作表現肯定相當滿意，因為在教宗選舉前，尼古拉五世——俗名達．薩爾札納——已經以博學的人文主義者自詡。波吉歐代表了古典學問教育與愛好的具體成果，這是從佩脫拉克、薩魯塔提以降，眾多人文主義者投身的重要思想潮流。

達．薩爾札納成為教宗之前，波吉歐早已在波隆那結識他，兩人建立了深厚的關係。一四四〇年，波吉歐將自己的作品《論君主的不幸福》獻給達．薩爾札納。現在，波吉歐趕緊在選舉後寄了一封祝賀信給新教宗，向他保證並不是所有的君主都不幸福。當然，身居高位，教宗不可能再沉迷於友情與文學的快樂裡，但至少他能「成為才智之士的保護者，並且讓人文學科不再垂頭喪氣。」「容我向您懇求，最神聖的父親，」波吉歐說，「別忘了你的老朋友，而我認為我在裡頭應排行第一。」15

結果，雖然尼古拉五世的統治相當令人滿意，但或許不像這位教廷祕書所想的那麼具有牧歌氣息。在這段時期，波吉歐曾與特雷比宗德的喬治扭打在一起，彼此怒斥且拳腳相向。而波吉歐肯定也對教宗——彷彿他把波吉歐的話當一回事，認為自己是才智之士的保護者——選擇他的死敵瓦拉擔任教廷祕書感到憤怒。波吉歐與瓦拉馬上就展開刻薄的公開爭論，彼此針對對方拉丁文的小錯大加抨擊，更糟的是，他們還拿彼此的個人衛生、性與家人大做文章。

抹黑與爭吵一定加強了波吉歐退休的念頭，自從他在特拉努歐瓦購屋與蒐集古物之後，他就有此打算。此外，退休並非他個人的幻想；他的人生走到這個階段，已成為大名鼎鼎的書籍獵人、學者、作家與教廷官員，一舉一動都會成為公眾矚目的焦點。他在佛羅倫斯有許多好友，與大家族結為姻親，而且與梅第奇家族的利益緊密結合。雖然波吉歐大半生都在羅馬度過，但佛羅倫斯人仍視他為一份子。托斯卡尼政府通過了一項嘉惠波吉歐的公共收入法案，當中提及波吉歐曾表示他最終想在故鄉度過餘生，他的餘年也將單純從事研究，而他對文學的追求將使他沒有餘力追求商業財富，因此該法規定，波吉歐與他的子女將豁免於一切公共稅捐。

一四五三年四月，佛羅倫斯執政官馬蘇皮尼去世。馬蘇皮尼是一位傑出的人文主義者；他去世時，正從事把《伊利亞德》翻譯成拉丁文的工作。執政官不再是國家權力的核心：梅第奇家族權力的鞏固，已然降低了執政官的政治地位。薩魯塔提的古典修辭學曾一度左右共和國的存亡，但那已經是許多年前的事。不過，執政官一職由傑出學者出任卻成了佛羅倫斯的典範，其中波吉歐的老友，卓越的史家布魯尼就擔任過兩屆執政官。

執政官的薪水優渥，聲望崇高。佛羅倫斯給予人文主義執政官一切的尊榮，這也反映出佛羅倫斯國力的蒸蒸日上。執政官如果死在任上將舉行國葬，其規模遠超過任何共和國民眾的葬禮。當波吉歐七十三歲被推舉擔任虛位的執政官一職時，他接受了。超過五十年的時間，他一直在絕對君主的朝廷裡工作；現在，他將回到以市民自由傳統為榮的城市，擔任虛位領導人。

波吉歐擔任佛羅倫斯執政官五年。在他的領導下，執政官的功能發揮得不太順暢；他似乎忽略了一些簡單的職責。但他做好了象徵性的工作，而他也花時間進行文學與寫作。他的第一部作品是內容陰鬱的兩冊對話錄《人類情況的悲慘》，裡頭的對話從特定的災難談起——君士坦丁堡被土耳其人攻陷——一路延伸到每個時代降臨在每種階級與職業的每一個男女身上的災難。其中一名對話者科西摩．德．梅第奇認為，教宗與教會裡的高階教士大概是例外，因為他們似乎過著奢侈而舒適的生活。波吉歐以對話者的姿態表示：「我是目擊者（我跟他們相處了五十年），我發現天底下沒有任何人是真正快樂的，每一個人都悲嘆人生充滿了傷害、不安、焦慮，有太多需要煩惱的事。」[16]

對話錄濃厚的陰鬱色彩顯示了波吉歐晚年的憂鬱，但這個時期的第二部作品卻由同一位科西摩．德．梅第奇展現出截然不同的風格。波吉歐運用他五十多年前學的希臘文，把薩摩斯塔的魯奇阿諾斯[17]豐富的喜劇小說《驢子》翻譯成拉丁文。《驢子》是一部關於巫術與變換形體的神奇小說。第三部作品則呈現出與前兩部作品完全不同的方向，他充滿野心地寫下充滿黨派之見的歷史作品《佛羅倫斯史》，時間從十四世紀中葉到他身處的時代。波吉歐這三部作品涵蓋的範圍很廣——第一部的作者像是中世紀的苦行者，第二部是文藝復興的人文主義者，第三部則是愛國的城市史家——顯示波吉歐自身性格與他所展現的城市之複雜。對於十五世紀佛羅倫斯市民來說，這幾本書的風格似乎緊密地結合在一起，都是單一而複雜的文化整體其中一部分。

一四五八年四月，在過了七十八歲生日後不久，波吉歐辭職，他宣布自己想以平民身分從事研究與寫作。十八個月後，一四五九年十月三十日，波吉歐去世。由於他已經辭去執政官一職，佛羅倫斯政府無法為他舉行盛大的國葬，但他們仍以適當的儀式將他安葬在聖十字教堂，並且將他的肖像（波拉伊歐洛所繪）懸掛在公共大廳裡。佛羅倫斯也製作了他的雕像，立於佛羅倫斯的聖母百花大教堂聖殿前面。一個世紀之後，一五六〇年，大教堂正面進行整修，波吉歐的雕像移到教堂的另一個地方，現在則做為十二使徒的雕刻摹本。我想，對於一個虔誠的基督徒來說，這應該是個很妥當的安排，但我不認為波吉歐會領情。他總是希望得到適切的公眾評價。

對波吉歐的諸多評價如今都已消散。他位於聖十字教堂的墳墓已經不見了，取而代之的是其他名人的墓碑。他出生的小鎮已改名為特拉努歐瓦·布拉喬里尼（布拉喬里尼是波吉歐的姓氏），以紀念這位該鎮出產的天真子弟。而在一九五九年，也就是波吉歐逝世五百周年紀念，他的雕像豎立在林木茂盛的市鎮廣場上。然而，行經廣場準備到附近時裝店逛逛的行人，卻鮮少有人知道紀念的是誰。

十五世紀初，搜尋書籍的波吉歐做了一件令人吃驚的事。在他的努力下重見天日的書籍，使他得以與當時知名的佛羅倫斯人並駕齊驅：布魯內雷斯基、吉貝爾蒂、多那太羅[18]、安傑利可[19]、烏切洛[20]、羅比亞[21]、馬薩喬[22]、阿爾貝爾提、里皮[23]、弗朗切斯卡[24]。盧克萊修的偉大詩作無法像布魯內雷斯基的巨大圓頂（古典時代以來的最大圓頂）那樣直沖天際。但它的再次出現，永遠改變了世界的風貌。

注釋

1. 給巴爾巴洛的信，in Gordan, *Two Renaissance Book Hunters*, Appendix: Letter VIII, p. 213.
2. 盧克萊修的文獻史成為數個世代學者關注的主題，而且也是文獻考證學最著名的話題，如偉大的日耳曼古典學家卡爾・拉赫曼（Karl Lachmann,1793-1851）就研究過盧克萊修的作品。為波吉歐製作的副本已經亡佚，文獻學者稱這個副本為 *Poggianus*。在複雜的文獻考證上，我受到劍橋大學 D. J. Butterfield 的多方幫助，在此致上謝意。
3. 同前，pp. 38, 46.
4. 同前，pp. 46, 48.
5. 同前，p. 74.
6. 同前，p. 65.
7. 譯按：西里烏斯（Silius Italicus, 28-103），古羅馬政治家、演說家、詩人，因演說聞名。
8. 譯按：馬克魯斯（Nonius Marcellus），拉丁文辭典編纂者和文法學家，約生活於四世紀上半期。
9. 同前，pp. 89, 92.
10. 譯按：阿斯寇尼烏斯（Asconius Pedianus, BC 9-AD 76），羅馬歷史學家，著有西塞羅五篇演講稿的注釋。
11. 同前，pp. 110, 154, 160.
12. 尼科里製作了大量上古文獻的副本，這些副本絕大多數都留存下來，收藏於他遺囑交代的聖馬可圖書館裡。除了盧克萊修，還包括其他的作者，如普勞圖斯、西塞羅、弗拉庫斯、克爾蘇斯、格里烏斯、特圖里安、普魯塔克與克里索斯托姆。另外還有一些作品，包括波吉歐提到的阿斯寇尼烏斯抄本，則已亡佚。見 B. L. Ullman and Philip A. Stadter, *The Public Library of Renaissance Florence. Niccolò Niccoli, Cosimo de' Medici and the Library of San Marco* (Padua: Antenore, 1972), p. 88.

13. Gordan, *Two Renaissance Book Hunters*, pp. 147, 166-67.

14. Lauro Martines 提到，十三世紀，權力與財富從古老的封建貴族轉移到商人階級身上，後者如阿爾比奇家族、梅第奇家族、盧切萊家族與斯特羅奇家族。然而，儘管家道中落，新娘的父親仍相當富有。「一四二七年，瓦吉雅的父親吉諾擁有一座附院落與工坊的宅邸，兩座農舍，四塊農田，幾塊地產，與一些牲口。其他的資產包括應收帳款八百五十八弗洛林與政府公債市值約一百十八弗洛林。總計資本毛額為兩千四百二十四弗洛林。但地產的債務有五百弗洛林，租金加上生活費用折抵，使吉諾的可稅資本只剩三百三十六弗洛林。因此，波吉歐迎娶瓦吉雅實在不能說是為了與有錢的家族聯姻。儘管如此，她帶來的嫁妝還是達到六百弗洛林，規格相當於一個中等政治家族。但對於一個有著悠久歷史的家族（雖然家道中落）來說，重點還是血統所象徵的社會美德」——Lauro Martines, *The Social World of the Florentine Humanists 1390-1460,* (Princeton: Princeton University Press, 1963), pp. 211-12.

15. William Shepherd, *Life of Poggio Bracciolini* (Liverpool: Longman et al., 1837), p. 394.

16. 引自 Charles Trinkaus, *In Our Images and Likeness: Humanity and Divinity in Italian Humanist Thought,*

2 vols. (Chicago: University of Chicago Press, 1970), 1:268.

17. 譯按：薩摩斯塔的魯奇阿諾斯（Lucian of Samosata, 120-180），羅馬帝國時代以希臘語創作的諷刺作家，以遊歷月球的奇幻短篇《信史》（*True History*）及一系列對話集聞名。

18. 譯按：多那太羅（Donatello, 1386-1466），義大利佛羅倫斯著名雕刻家，文藝復興初期寫實主義與復興雕刻的奠基者，對當時及後期文藝復興藝術發展具有深遠影響。

19. 譯按：安傑利可（Fra Angelico, ?-1455），文藝復興時期歐洲藝術家，主要在佛羅倫斯工作，畫作在簡單而自然的構圖中應用透視畫法。

20. 譯按：烏切洛（Paolo Uccello, 1397-1475），義大利畫家，以其藝術透視之開創性聞名。由於所繪飛禽精緻而有「飛鳥」之稱（「烏切洛」即義大利語飛鳥之意）。

21. 譯按：羅比亞（Luca della Robbia, 1399/1400-1482），義大利雕刻家，首位主要製作瓷雕的文藝復興時期藝術家。

22. 譯按：馬薩喬（Masaccio, 1401-1428），義大利文藝復興時期第一位偉大的畫家，他主動使用透視法以真實地反映實際場景，表現自然和人類的真實世界。其壁畫可謂人文主義最早的里程碑。

23. 譯按：里皮（Filippo Lippi, c.1406-1469），義大利畫家，代表畫作為「天使報喜」（*Annunciation*）與「聖母與聖子登基」（*Madonna and Child Enthroned*）。

24. 譯按：弗朗切斯卡（Piero della Francesca, ?-1492），義大利文藝復興早期畫家。生前享有盛譽，許多富商都跟他訂畫，死後卻遭遺忘，直到二十世紀才被人重新發現。

第十章　轉向

十五世紀的《物性論》抄本有超過五十部留存至今——這麼龐大的數量可說是異數，不過當時肯定有更多的抄本流傳著。一旦古騰堡充滿智巧的科技成功商業化，印刷版本很快就大量出現。而這些印刷本總是在一開始提出了種種警告與否認。

十五世紀快結束時，道明會修士薩佛納羅拉統治佛羅倫斯，在執政的數年間，他建立了嚴謹的「基督教共和國」。薩佛納羅拉熱情而充滿魅力的傳道，使得佛羅倫斯人——包括菁英與一般民眾——陷入一股強烈而狂熱的悔罪情緒中。雞姦成了死罪；銀行家與大商人因為生活豪奢與漠視窮人而遭受攻擊；賭博遭到取締，連同跳舞、唱歌與其他形式的俗世娛樂全部禁止。薩佛納羅拉統治的佛羅倫斯動蕩不安，這當中還發生了一件重大事件，那就是著名的「虛榮的火堆」。薩佛納羅拉的狂熱支持者挨家挨戶搜索有罪的物品——鏡子、化妝品、誘人的服飾、歌本、樂器、紙牌與其他賭具、異教的雕刻與繪畫、上古詩人作品——然後把這些東西全放在領主廣場付之一炬。

經過一段時間之後，佛羅倫斯市民受夠了一連串禁絕欲望的措施。一四九八年五月二十三日，薩佛納羅拉與兩名重要助手被絞死，屍體在他放火焚燒文化物品的地方燒成灰燼。薩佛納羅拉的權力如日中天之時，他把虔誠的恐懼與厭惡灌輸給市民。他的四旬齋傳道攻擊古代哲學家，而且特別挑出一部分人加以嘲諷。「聽著，婦女們，」他對群眾說，「他們說這個世界是原子構成的，原子指的就是在空氣中飛舞的小粒子。」為了凸顯原子論的荒誕，他鼓動聽眾跟著他一起大聲嘲笑：「現在笑吧，婦女們，好好地嘲笑這些學者的研究。」[1]

一四九〇年代，也就是盧克萊修詩作重現天日的六、七十年後，佛羅倫斯應該有一定數量的人聽過原子論，因此薩佛納羅拉才特別提出來嘲弄一番。然而，知道原子論不代表大家信以為真。一個行事審慎的人絕不會大剌剌地站出來說，「我認為世界是由原子與空虛構成的；我們的身體與靈魂只不過是原子構成的複雜結構，只會持續一段時間，終有一天原子會崩解分離。」體面的市民不可能公開表示，「靈魂與身體一起死亡。死後沒有審判。神創造宇宙不是為了人類，來世的觀念只是一種迷信幻想。」想過安穩日子的人不可能在大家面前說，「傳道的人要我們時常戒慎恐懼，這是說謊。上帝對人類的行為毫無興趣，自然界雖然美麗而奧妙，但沒有證據顯示這是經過智性設計而來。跟我們切身相關的是愉悅的追求，因為愉悅是存在的最高目標。」一般不會說，「死亡與我們無關，我們不在意死亡。」儘管如此，當文藝復興的想像如火如荼地展開之際，這些顛覆的盧克萊修思想卻如影隨形地浮現出來。

正當薩佛納羅拉鼓動聽眾嘲笑愚蠢的原子論者時，佛羅倫斯一名年輕男子正靜靜一人抄寫著全本《物性論》。或許《物性論》對他的影響會被察覺出來，但他在往後撰寫的著名作品中，一次也未提及《物性論》的名字。這名男子的心思狡獪，事事提防。然而他的筆跡終究在一九六一年被辨認出來：抄寫者是馬基維利。馬基維利抄寫的本子保存在梵蒂岡圖書館 MS Rossi 884。[2]對於教廷祕書波吉歐來說，這個地方應該是保存他成果的最佳地點了。在波吉歐的朋友人文主義教宗尼古拉五世之後，這部古典文獻終於獲得尊榮，得以收藏在梵蒂岡圖書館內。

不過，薩佛納羅拉的警告並非全無實據：盧克萊修的詩集散發出強大的詩意力量，這股力量表現出來的信仰其實是標準的無神論，或者更好的說法是，宗教裁判官眼中的無神論。盧克萊修的詩作對文藝復興思想生活的影響，引發了一連串的焦慮反應，而這些反應恰恰來自於受盧克萊修影響最大的一群人。其中之一是十五世紀中葉偉大的佛羅倫斯學者費奇諾。費奇諾二十幾歲時深受《物性論》影響，他甚至寫了一篇精深的評論文章，並且稱呼詩人為「我們傑出的盧克萊修」。[3]然而，費奇諾之後又稍加思索——亦即，回歸到他的信仰之中——於是態度一變，反而燒掉了自己的文章。費奇諾攻擊他所謂的「盧克萊修派」，並且將精力投入於調適柏拉圖的思想，使其成為基督教的哲學屏障。費奇諾又設法將盧克萊修詩作的風格與觀念區別開來。這種做法波吉歐也採用過：波吉歐對於自己能發現盧克萊修的詩作感到自豪，但他從不提盧克萊修的名字，也不公開討論他的思想。波吉歐跟幾個好朋友（包括尼科里）寫的拉丁文章，往往大量使用異教文本裡的優雅用語與措詞，但在借用的同時，他們又與文本中的危險觀念保持距離。事實上，波吉歐日後甚至還指控自己的死敵瓦拉，指控他全盤接受了盧克萊修的老師伊比鳩魯的異教思想。[4]波吉歐寫道，喝酒是一回事，唱起讚美酒的歌曲則是另一回事，而他認為瓦拉幹的就是這種事，為伊比鳩魯學派背書。波吉歐又說，瓦拉比伊比鳩魯更為過火，因為他甚至抨擊守貞而讚揚娼妓。「這種褻瀆神明的說法不可能靠言語加以滌淨」，波吉歐詛咒地說，「他勢將遭受火刑的煎熬，我相信他在劫難逃。」[5]

我們也許以為瓦拉可以輕易扭轉戰局，他只需指明是波吉歐讓盧克萊修的作品重新在世上流通，就能取得上風。但瓦拉沒有這麼做，這說明了波吉歐相當成功地隱瞞自己是盧克萊修作品發現者的這項事實。但這也顯示出《物性論》早期的流通其實相當有限。一四三〇年代初，瓦拉在《論愉悅》中讚揚飲酒與性時，曾讓波吉歐大感震驚，因為當時盧克萊修的抄本還保管在尼科里手裡。[6]人文主義者在書信往來中提到有人發現盧克萊修的作品，這很可能刺激了伊比鳩魯學派的復興。但瓦拉當時只能仰賴其他資料以及自己豐富的想像力來寫出這麼一部讚揚愉悅的作品。

從波吉歐對瓦拉的抨擊可以看出，對異教哲學有興趣，很可能會與基本的基督教原則產生衝突，甚至惹禍上身。瓦拉對這些攻擊做的回應，使我們得以一窺十五世紀伊比鳩魯學派風潮引發的另一種反應。這種策略或許可以稱為「對話的否認」。瓦拉坦承，波吉歐指責的觀念確實來自《論愉悅》，但這些觀念並不是他提出的，而是伊比鳩魯學派的發言者在進行文學對話時提到的。[7]在對話的末尾，獲得勝利的並不是伊比鳩魯學派，而是基督教正統（僧侶勞登斯）：「當勞登斯如此結束談話時，我們並未馬上起身。我們打從內心讚揚他的虔信與充滿宗教氣息的話語。」[8]

不僅如此。在對話錄的核心部分，瓦拉為伊比鳩魯學派的關鍵原則做出了強而有力的辯護：放棄競爭，讓自己進入寧靜的哲學花園（「站在岸邊，你可以安全地嘲笑海浪或嘲弄在海中載浮載沉的人」），重視身體的愉悅，節制的好處，禁欲不僅反常而且違反自然，否認有來世。伊比鳩魯學派說道：「顯然，死人得不到獎賞，同樣地，也沒有懲罰。」為了避免這段陳述存在模糊地帶，例如人可能以為人類的靈魂與其他生物的靈魂不同，於是瓦拉又重申這個論點，設法將它說得清楚明瞭：

> 根據伊比鳩魯的說法……在生命消散之後，沒有任何東西剩下。他口中的「生命」一詞，不僅包括人，也涵蓋獅子、狼、狗與所有能呼吸的生物。這些我都同意。牠們吃，我們也吃；牠們喝，我們也喝；牠們睡，我們也睡。牠們交配、懷孕、分娩，然後養育子女，這點跟我們沒有任何差異。牠們擁有部分的理性與記憶，有些生物比另一些生物來得多，而我們比牠們又更多一點。我們幾乎在各方面都跟牠們一樣；最後，牠們會死，我們也會死——兩者的生命都會圓滿結束。[9]

如果我們能清楚掌握末尾的說法——「最後，牠們會死，我們也會死——兩者的生命都會圓滿結束」——那麼我們的決心將會同樣清楚：「因此，我們要盡可能（哪怕是多那麼一點可能）不放棄我們的肉體愉悅，這些愉悅不容置疑，也不可能在來世復生。」[10]

但另一種說法也有可能——瓦拉之所以寫下上述觀點，只是為了讓僧侶勞登斯的耳提面命產生振聾發聵的效果：

> 如果你曾看見天使出現在你的愛人身旁，那麼你的愛人將變得既恐怖又令人不適，你會別過頭去，彷彿他們的面容就像死屍一樣悽慘，你會把所有的注意力全放在美麗的

天使上面——美，不會燃起欲望，而是澆熄欲望，而且會為你的心靈注入最神聖的宗教敬畏。[11]

如果這樣的詮釋是對的，那麼《論愉悅》其實是一部防堵顛覆思想的作品。[12]瓦拉發現他與當時的人正暴露在盧克萊修有毒的誘惑中，他認為不應該用壓制的方法（如費奇諾），而應該讓伊比鳩魯的論點暴露在基督教信仰的純淨空氣裡，就像刺破膿包一樣。

但瓦拉的敵人波吉歐卻得出相反的結論：《論愉悅》的基督教框架與對話形式在他看來其實只是個幌子，其目的是讓瓦拉能公然對基督教教義發動醜陋而顛覆的攻擊。如果波吉歐的惡毒敵視完全不信任這種詮釋，那麼瓦拉的著名考證——揭穿「君士坦丁的饋贈」是偽造文件——正可顯示，瓦拉絕不是個安全無害的基督教正統思想家。從這點來看，《論愉悅》可以說是相對激進而顛覆的文本，它就像是僅能蔽體的無花果葉，給與作者最低限度的保護——瓦拉是個教士，他一直追求教廷祕書這個職位，而最終也成功了。

這兩個對立的詮釋所產生的衝突該如何化解？哪一種詮釋才是正確的：是顛覆，還是圍堵？我們距離那個時代已相當久遠，幾乎不可能找到證據（如果證據真的曾經存在的話）來決定誰是誰非。這個問題[13]本身帶有綱領的性質，即使能加以確定與釐清，也無法真正說明十五與十六世紀知識份子的真實處境。只有極少數人才會一面倒地支持激進的伊比鳩魯學派——假定他們真的了解這個學派。舉例來說，在一四八四年，教會不讓佛羅倫斯詩人普爾契以基督教儀式安葬，因為普爾契否認奇蹟，而且曾說靈魂「不過是熱騰騰的白麵包裡夾的松子。」[14]然而，就文藝復興時代絕大多數大膽空想的心靈來說，這個在一四一七年隨著盧克萊修詩集的發現與伊比鳩魯學派復興而崛起的觀念，並未構成充分而完整的哲學或意識形態系統。盧克萊修的觀點隱藏在美麗而誘人的詩文之中，它依然是個思想深遠而具創造力的挑戰。

真正的問題其實不是固著，而是流通——盧克萊修的詩作塵封於一處、頂多兩處的修道院圖書館裡，數世紀以來無人聞問，之後才重新在世上流通。伊比鳩魯學派起初受到帶有敵意的異教徒消音，之後又遭到敵對的基督徒打壓，它的流通似乎代表著白日夢、不成熟的空想、竊竊私語的懷疑與危險的思想，又要在世間橫行。

波吉歐一直與《物性論》的思想保持距離，但他卻做出了關鍵作為：把詩集從書架拿下來，製作副本，然後把副本寄給在佛羅倫斯的朋友。一旦這部作品再次流通，那麼接下來的困難不在於閱讀這首詩（當然，想閱讀必須具備適當的拉丁文能力），而在於公開討論詩的內容，或是認真接受它的觀念。瓦拉找到一個可以接受伊比鳩魯中心論點（愉悅是終極的善）的方法，並且在對話錄中以同情的角度加以陳述。伊比鳩魯的哲學結構具有原創性，也因此受到其他思想的攻擊，但瓦拉挑選的論點巧妙地與這項哲學結構脫勾。儘管如此，對話錄裡的伊比鳩魯在為愉悅辯護時仍充滿了活力、敏銳與說服力，千年來，幾乎沒有任何作品展現出這樣的特質。

一五一六年十二月——波吉歐發現盧克萊修作品的一個世紀之後——佛羅倫斯公會議（高級教士組成的具影響力團體）禁止學校閱讀盧克萊修的作品。盧克萊修優美的拉丁文使學校老師將他的作品做為教導學生閱讀的範本，但這點必須禁止，教士說，「這是一部淫邪的作品，內容不斷在說明靈魂並非不滅。」他們提出威脅，違反命令的人會永遠待在地獄，並且要付十達克特的罰金。

這項禁令也許限制了流通，它也確實讓義大利境內停止印製盧克萊修的作品，但此時要把開啟的大門封住已不可能。有一個版本已經在波隆那印行，另一個在巴黎，另一個在威尼斯，由大出版社阿爾杜斯·馬努提烏斯印製。而在佛羅倫斯，著名的出版商菲利波·吉昂提出版了人文主義者坎迪多編輯的版本，坎迪多是波吉歐在尼古拉五世朝廷裡結識的好友。

吉昂提的版本也合併了希臘出身的著名士兵、學者與詩人馬魯洛所做的校訂。馬魯洛——波提切利曾為他畫了一幅肖像——在義大利人文主義圈是位知名人物。他的人生起起伏伏，但他寫下的優美異教詩句很多是受到盧克萊修的啟發，而他也對盧克萊修的作品用力甚深。一五〇〇年，他一邊思索《物性論》的複雜思想，一邊全身甲冑騎馬出了沃特拉城，準備前去對抗波吉亞的軍隊，當時波吉亞大軍正集結在皮翁比諾附近的沿岸地帶。天候不佳，下起了傾盆大雨，農民勸他不要強渡切奇納河。馬魯洛回答說，他小時候吉普賽人曾告訴他，他該畏懼的不是海神，而是戰神。渡河到半道，他的馬失足，壓住了馬魯洛，據說他死時嘴裡不停地咒罵諸神。而他的口袋裡發現了盧克萊修詩集的副本。

馬魯洛的死可以當成警世故事流傳——就連思想開明的伊拉斯謨斯都認為，馬魯洛寫的東西彷彿是異教徒的作品——但無法壓抑眾人對盧克萊修的興趣。事實上，就連教會當局（許多人其實傾向人文主義）也對盧克萊修的危險有不一致的看法。一五四九年，有人提議把《物性論》列入禁書目錄——這份目錄直到一九六六年才廢除，天主教禁止信眾閱讀上面登記有案的書——但這項提案在強大的馬爾塞魯斯樞機主教反對下無疾而終，幾年後，馬爾塞魯斯被選為教宗。（他在任不到一個月，從一五五五年四月九日到五月一日。）宗教裁判所的委員長吉斯里耶里也反對打壓《物性論》。他把盧克萊修列為作品可以閱讀的異教作者，只是必須把作品的內容當成寓言故事。吉斯里耶里於一五六六年被選為教宗，任期間把注意力放在對抗異端與猶太人上，很少過問異教詩人造成的威脅。

事實上，天主教知識份子可以、而且確實透過這些寓言去了解盧克萊修的觀念。伊拉斯謨斯雖然抱怨馬魯洛寫的東西「就像異教徒的作品」，但他自己也在《伊比鳩魯學派》的虛構對話錄中，透過赫多尼烏斯之口顯示，「沒有人比虔誠的基督徒更像伊比鳩魯學派」。[15]基督徒齋戒禁食，為自己的罪痛哭，並且懲罰自己的肉體，這樣看起來似乎很難與快樂主義者聯想在一起。然而，基督徒追求正直的生活，「沒有人能比過著正直生活的人，更能快樂度日。」

如果這種矛盾的說法只不過是詭辯，那麼伊拉斯謨斯的朋友摩爾確實在他最著名的作品《烏托邦》（一五一六年）中，深刻談論了伊比鳩魯學派。儘管博學的摩爾鑽研波吉歐與他的朋友找到的各種異教希臘文與拉丁文本，但他也是一名虔誠的基督教苦行者，他總是在衣服內穿著剛毛襯衣，並且鞭打自己直到血流如注為止。他空想的膽識與冷靜的理智使他捕捉到復興的古代世界，但在此同時，他虔誠的天主教信仰也使他畫出了一道界線，越過界線之外，對他與別人來說都將構成危險。也就是說，摩爾很明智地探索了他所認同的某個身分內部隱藏的緊張關係，這個身分就是「基督教人文主義者」。

《烏托邦》一開頭就尖刻地指控英格蘭出現的各種不義景象，貴族完全靠其他勞動者供養，持續調漲地租使佃戶無力生存，為了放牧羊群而進行的圈地運動使數千貧民陷入饑餓與犯罪，城市周圍立起了絞刑臺，沒有明確的證據就大量絞殺竊賊，然而，即使是這樣的嚴刑峻法，也無法阻止盜賊橫行。

這段對可怕現實的描繪——十六世紀編年史家霍林斯赫德表示，在亨利八世統治期間，有七萬兩千名竊賊被絞死——與想像的烏托邦（Utopia，希臘文的意思是「子虛烏有之地」）形成了強烈對比。烏托邦的居民深信「人類幸福的整體或部分」必須仰賴對愉悅的追求。摩爾表示，伊比鳩魯的理念，即是烏托邦居民的好社會與英格蘭腐敗、邪惡的社會，兩者間對立的關鍵。也就是說，摩爾清楚抓到了愉悅原則的重點——這項原則充分表現在盧克萊修對維納斯的讚頌上——愉悅不是日常生活的裝飾品；如果每個人都能認真看待愉悅，將會發現這是能改變一切的激進觀念。

摩爾想像的烏托邦位於世界最偏遠的地方。摩爾在作品的開頭寫道，烏托邦的發現者是個曾經「加入亞美利哥航行的人，也是亞美利哥四次航行中後三次航行的夥伴。這四次航行已為世人所知，但在最後一次航行中，這個人卻未跟隨亞美利哥返航」。相反地，他決定留下來駐守在這最遙遠的未知之地。

摩爾閱讀亞美利哥的作品，思索著這塊新發現的土地（為了表彰亞美利哥，這塊土地被命名為「亞美利加」），他注意到亞美利哥對當地居民的觀察：「他們的生活完全以愉悅是尚，因此我認為他們過的是伊比鳩魯式的生活。」[16]摩爾很可能在此時突然領悟，他可以運用這個有趣的發現來探討盧克萊修《物性論》重新開始流行後一些令人不安的觀念。新大陸居民與

《物性論》的連結並不令人意外：佛羅倫斯人亞美利哥是人文主義圈的一份子，而《物性論》就在這個圈子裡流通。摩爾寫道，烏托邦的居民相信「沒有任何一種愉悅是必須禁止的，除非它可能造成傷害」。而且他們的行為不只是一種風俗，也是一種哲學立場：「他們似乎相當傾向於支持某個學派，這個學派認為愉悅決定了人類幸福的整體或主要部分。」這個「學派」就是伊比鳩魯與盧克萊修的學派。

烏托邦的設定——位於世界最偏遠之地的最偏遠之處——使摩爾得以傳達出當時的人無法言喻的感受[17]：人文主義者找出的異教作品，一方面具有說服力與生命力，另一方面卻也令人感到怪誕。在被遺忘了這麼長的時間之後，這些作品再度被注入歐洲的思想血流中，它們帶來的不是承接或復興，而是強烈的不安。它們是另一個世界的聲音，這個世界就跟亞美利哥發現的巴西令英格蘭人感到陌生一樣，它們的力量不僅來自於美麗的修辭，也來自於時間的隔閡。

新世界的召喚使摩爾得以對深深吸引人文主義者的《物性論》提出第二項關鍵回應。摩爾堅稱，《物性論》這部作品並非孤立的哲學觀念，而是在特定的物質、歷史、文化與社會環境裡產生的整體生活方式之表現。對摩爾而言，伊比鳩魯學派對烏托邦居民的描述，只有從更大的整個存在脈絡來看才合理。

但摩爾認為，這個存在必須適用於每一個人。《物性論》熱切地主張伊比鳩魯的哲學可以讓所有人類從悲慘的處境中解放，而摩爾相當認真地看待這種說法。或者更明確地說，摩爾看重的是 catholic 在希臘文裡的意義：普遍性。對伊比鳩魯學派來說，只啟發封閉花園裡的少數菁英是不夠的；它必須適用於整個社會。《烏托邦》是為了適用伊比鳩魯哲學而構想的願景與詳細藍圖，從公共住房到全民健保，從托兒中心到宗教寬容，再到一天工作六小時。摩爾這部著名寓言的主旨，是要想像出這些條件，使整個社會得以將追求幸福做為集體目標。

對摩爾而言，這些條件必須從廢除私有財產制開始。否則的話，人類的貪欲，人類對「高貴、華麗、光采與莊嚴」的渴望，將不可避免導致財產分配不均，使絕大多數人陷入悲慘、憎恨與犯罪。但光是共產主義不夠。某些觀念必須加以禁止。舉例來說，摩爾寫道，烏托邦的居民會對否認神意或不相信有來生的人施予嚴厲懲罰——包括最嚴苛的奴隸制度。

否認神意與反對來生是盧克萊修整部詩作的兩大支柱。摩爾於是以想像的方式支持伊比鳩魯學派——這是一個世紀前波吉歐發現《物性論》以來，最持續也最明智的支持力量——並且小心翼翼地切除它的核心。在摩爾的烏托邦裡，所有民眾都可以追求愉悅；但摩爾寫道，如果有人認為靈魂最終會與肉體一同毀滅，或相信宇宙的發生純屬偶然，那麼這些人都應該予以逮捕，並充為奴隸。

這種苛酷的做法是摩爾唯一想到能讓所有人都追求愉悅的方式，他不希望追求愉悅成為那些退出公共生活的少數哲學家的特權。民眾必須相信——哪怕只有一丁點兒——世上存在著無所不包的神意設計，不僅限於國家，也包括整個宇宙的結構；民眾也必須相信，他們用來管制追求愉悅的規範，以及約束行為的紀律，全都出於神意的設計。人之所以願意遵守這些規範與紀律，在於他們相信人死之後仍存在著獎賞與懲罰。摩爾認為，如果少了來生的信仰，光靠嚴刑與重賞，不可能讓不公義的社會[18]回歸秩序。

根據摩爾那個時代的標準，烏托邦的居民可以說相當寬容：他們沒有硬性規定單一的官方宗教教義，也不會以嚴刑峻法逼迫民眾只信某個宗教。烏托邦的百姓可以信仰任何神明，也可以和任何人擁有共同的信仰，前提是他們必須以冷靜與理性的方式從事這類活動。但在烏托邦，唯一不能容忍的就是有人相信靈魂會與肉體一起消滅，也不能容忍有人就算相信有神，卻認為神並不關心人類的一舉一動。這些人是威脅，還有什麼東西能阻止他們為惡呢？摩爾寫道，烏托邦的民眾認為這些不信者不配當人，而且也不適合待在人類社會裡。他們認為：「這些人認為法律與習俗若少了恐懼，則毫無價值，這樣的人沒有資格成為社會的一份子。」

「若少了恐懼」：在哲學家的花園裡，在一小群啟蒙菁英之中，恐懼是不需要的，但社會不能沒有恐懼，如果這個社會中的人類從開天闢地以來一直都沒有變的話。摩爾相信，即使烏托邦傾全力進行社會規制，人性不可避免仍將引導人類走向欺詐，以滿足自己的欲望。摩爾的人性觀無疑受到天主教影響，但在此同時，馬基維利雖然沒有像聖徒般的摩爾那樣虔誠，但他也得出了相同的結論。這位《君王論》作者認為，法律與習俗若少了恐懼，則毫無價值。

摩爾想像的不是讓某些人獲得啟蒙，而是讓整個國家能去除殘酷與混亂，公平地分享生活的財貨，讓整個國家能追求愉悅，並且拆毀所有的絞刑臺。他的結論是，這些絞刑臺是可以去除的，前提是民眾必須相信來生存在著絞刑臺與獎賞。如果缺乏這些想像，那麼社會秩序必將崩潰，每個人都將為了滿足自己的願望而行動：「誰會懷疑這一點呢，如果有人對來生全無期望，除了法律外再無任何畏懼，那麼這樣的人要不是想盡辦法規避國家的法律，就是不惜以暴力破壞國家的秩序，以滿足自己的欲望。」摩爾支持公開處決存有這種想法的人。

摩爾想像的烏托邦居民，有實際和工具性的動機來執行神意與來生的信仰：他們深信，絕不可信任缺乏這種信仰的人。但摩爾本人身為虔誠的基督徒，他還有另一個動機，那就是耶穌自己說過的話。「兩個麻雀不是賣一分銀子麼？若是你們的父不許，一個也不許掉在地上，」耶穌對他的門徒說道，然後又說，「就是你們的頭髮，也都被數過了」（《馬太福音》10:29-30）。哈姆雷特換個方式說道，「麻雀掉在地上，也有特殊的神意。」在基督教世界，誰敢爭論神意的有無？

十六世紀，有個解答出自名不見經傳的僧侶喬達諾・布魯諾之口。一五八〇年代中期，三十六歲的布魯諾逃離那不勒斯的修道院，他遊走各處，未曾停歇，從義大利來到法國，最後在倫敦落腳。才華洋溢、魯莽、充滿魅力而好議論，布魯諾靠著各方金主的協助勉強過活，他傳授記憶術，宣揚他所謂的諾蘭哲學。諾蘭是那不勒斯附近的小鎮，也是他出生的地方。諾蘭哲學有好幾個根源，纏結在一起形成豐富難解的混合物，而其中一項根源就是伊比鳩魯學派。事實上許多跡象顯示，《物性論》鬆動而且轉變了布魯諾的內心世界。

停留英格蘭期間，布魯諾撰寫並出版了許多奇怪的作品。這些作品的極端與大膽可以從其中一部作品的一段文字看出，這部作品就是《驅逐得意洋洋的野獸》，印行於一五八四年。這段文字——這裡引用的是羅蘭的優美譯文——很長，但每句話都切中核心。莫克里，諸神的信使，向索菲亞訴說朱比特要他轉告的事。他下令：

今天正午，弗朗奇諾神父的瓜田有兩顆瓜會完全成熟，但要等到三天後，這兩顆瓜才會被採摘，屆時恐怕已過了賞味的期限。他要求在此同時，在奇恰拉山腳下布魯諾家中的棗樹，要採摘三十顆完好的棗子，他說，有幾顆仍然青綠的棗子掉在地上，十五顆會被蟲子吃掉。瓦絲塔，阿爾本奇歐的妻子，當她把太陽穴旁的頭髮燙捲時，將因為鐵棒溫度太高而燒掉五十七根頭髮，但沒有燒到頭皮，因此當她聞到臭味時，並未口出惡言，但她必須忍耐一陣子。從她的牛的糞便裡生出了兩百五十二隻糞金龜，其中十四隻會被阿爾本奇歐踩死，二十六隻會在混亂中死亡，二十二隻會生活在洞裡，八十隻會在庭院進行朝聖巡禮，四十二隻退休後生活在門邊的石頭下，十六隻會推著糞球到處跑，其餘的則是隨處亂走。

莫克里必須轉達的絕不只是如此。

羅倫查，當她梳頭的時候，會掉落十七根頭髮，梳斷十三根，其中有十根三天內會長回原樣，七根永遠無法恢復原狀。薩佛里諾的母狗會懷五隻狗仔，其中三隻將安享天年，兩隻將被拋棄。而三隻當中，第一隻長得與母親類似，第二隻是雜種，但第三隻有一部分像父親，有一部分卻像波里多洛的狗。此時，可以聽見從拉斯塔札傳來杜鵑的叫聲，叫了十二聲，不多也不少，之後，杜鵑會離開並花十一分鐘飛到奇恰拉城堡的廢墟，然後飛離廢墟前往斯卡瓦伊塔，至於之後發生了什麼事，我們不久就會知道。

莫克里在康帕涅某個偏遠地方的某個小角落進行的工作仍未結束。

丹麥師傅在木板上裁剪的裙子將會變形。十二隻臭蟲將離開康斯坦提諾的床板條，前往枕頭：七隻大臭蟲，四隻小臭蟲與一隻中等大小的臭蟲，至於到了晚上點燈時誰還能活著，我們拭目以待。十五分鐘後，由於她的舌頭一直動個不停，起碼同一個地方頂了四次，年長的費魯洛女士右下方第三顆白齒掉了，但牙齒掉下來時既沒流血，也不痛，因為這顆白齒已搖搖欲墜了十七個月。安布羅吉歐在連續插了一百二十下之後，終於射在妻子體內，但她這回還不會懷孕，而是另一回，他在吃了煮過的韭蔥配上小米，佐上一點紅酒調製的醬汁之後，終於改變了精子，成功讓妻子懷孕。馬提尼洛的兒子開始長胸毛，也開始變聲。波里諾彎腰撿一根斷掉的針時，把內褲的紅繩子撐斷了……[19]

布魯諾的腦子呈現出他出生小村落的各種細節，宛如幻覺一般，他以此表現了一齣哲學的滑稽劇，用來顯示神意——至少是一般人理解的神意——不過是垃圾。這些細節雖然瑣碎，但裡面牽扯的利害關係卻極為重大：布魯諾嘲弄耶穌說的一個人的頭髮已經被數過了，這是干冒天下之大不韙，很容易引起思想警察的干預。宗教可不是用來鬧著玩的，至少對於要維護正統的宗教官員來說是如此。他們不會輕鬆看待微不足道的笑話。在法國，一個名叫伊桑巴的村民遭到逮捕，因為修士在彌撒結束後宣布他可以對上帝說一些話，結果伊桑巴居然大聲說：「愈少愈好。」[20]在西班牙，一個名叫羅培茲的裁縫聽到教士宣布接下來一周要做多少聖事，他走出教堂嘲諷說，「如果是猶太人的話，一年只過一次逾越節，煩人的事只有一次，我們的話，每天都是逾越節與宴饗日。」[21]羅培茲因此被送到宗教裁判所。

但布魯諾在英格蘭。儘管摩爾在擔任大法官時努力想設立宗教裁判所，最後還是功虧一簣。雖然口無遮攔可能惹上麻煩，布魯諾仍然覺得在英格蘭有更多的自由讓他暢所欲言，或者在宗教的問題上，讓他更敢於發出喧鬧而具顛覆性的笑聲。這笑聲具有哲學意義：一旦你真的相信神意遍及萬物，就連麻雀落地與你頭上的頭髮數量全在上帝的掌握之中，那麼在你眼裡，神意顯然是無止境的，小至陽光下飛揚的塵埃，大至星體的運行，全囊括在內。「喔，莫克里，」索菲亞同情地說，「你要做的事可真多。」

索菲亞正確了解到，即使是某個時刻下康帕涅這小村子內外發生的大小事，要一一說個明白，恐怕也要費上數十億人的唇舌。就這點來看，我想沒有人會羨慕朱比特。不過莫克里坦承，事物的運作並非如此：在宇宙之外，並無人造的神明獨自站立，大聲號令，賞善罰惡，決定萬事萬物。這種想法是荒謬的。宇宙中有秩序存在，但這個秩序建立在事物的本質上，建立在構成萬事萬物的物質上，從星辰到臭蟲，無一物不是由這微小的物質所組成。自然不是一種抽象的能力，而是生生不息的母親，讓萬事萬物得以存在。換言之，我們進入了盧克萊修的宇宙。

對布魯諾來說，宇宙不是一個令人憂鬱與幻滅的地方。相反地，他驚悚地發現，這個世界的時間與空間是無止境的，最壯觀的事物是由最微小的事物構成。而這最微小的事物就是原子，原子是一切存在之物的基本建材，它可以彼此連結，直到無窮無盡。「世界原本就如此美善，」布魯諾寫道，這句話否認了傳道時宣揚的焦慮、罪惡與悔罪，彷彿這些說詞不過是誤導人的陷阱。在聖子傷痕累累的身體上尋找神聖毫無意義，在夢中看見聖父高坐九天之上，並不能尋得任何啟示。「我們擁有知識，」布魯諾說，「如果我們身邊就有知識可以追求，何必尋找遠處虛無縹緲的神聖；我們的內心要比我們自己更值得探求。」[22]他的哲學喜悅擴展到日常生活上。一名佛羅倫斯人說，他「在餐桌前是個令人愉快的夥伴，他過著伊比鳩魯式的生活」。[23]

與盧克萊修一樣，布魯諾警告人不應該把全副心力都放在追求愛上面，不應該對單一對象有過度的渴望。他認為，滿足性欲符合完全的善，但如果把肉體的欲望與尋找終極真理的渴望混為一談，那就是極端的愚蠢，真理只有哲學才能提供，當然，這裡的哲學指的是諾蘭哲學。真理並非抽象無形體。相反地，布魯諾也許是千年來第一位掌握——同時結合了哲學與肉欲——盧克萊修維納斯讚美詩的人。宇宙是無止境的生、滅與重生的過程，宇宙的本質是性欲。

布魯諾發現，他在英格蘭以及其他地區遇到的好戰新教徒，與他努力逃避的反改革天主教徒一樣頑固且心胸狹隘。宗教派別之間的黨同伐異令布魯諾不齒。布魯諾珍視的是能夠鼓起勇氣起而為真理發聲，並且反對那些好鬥的白癡，那些人只要一遇到自己不了解的事就叫對方閉嘴。他認為天文學家哥白尼正代表了這種勇氣，「在諸神任命下，他成為上古哲學太陽升起前的第一道曙光，數世紀以來，追求真實的哲學一直埋沒在盲目、惡意、高傲、嫉妒與無知的黑暗洞穴裡」。[24]

哥白尼主張，地球並未固著在宇宙的中心，地球是行星，沿著軌道繞行著靜止不動的太陽。當布魯諾支持這項被稱為醜聞的觀點時，他也跟著成為教會與學術體制的敵人。布魯諾還更進一步地推衍哥白尼的學說：宇宙並無中心可言，不要說是地球，就連太陽也不是宇宙的中心。他引用盧克萊修的學說，認為世上存在著多重的世界[25]，數量無限的事物種子彼此結合成其他的人類種族與其他的生物。我們看見的繁星，其實每一顆都是太陽，散布在無垠的太空中。這些太陽旁邊都有衛星繞行，正如地球繞行太陽一樣。宇宙不是為我們而設，與我們的行為無關，更不關心我們的命運；我們只是更龐大之物的一小部分。但我們毋需因此懷憂喪志。相反地，我們應該以驚奇、感激與敬畏之心，擁抱這個世界。

這些（每一個都是）都是極度危險的觀點。當布魯諾被迫依據聖經修改自己的宇宙論時，他提出的觀點卻未能改善他的處境，他認為聖經與其用來描述天文，不如用來指引道德。許多人也許內心贊同這種觀點，公開表達出來卻不是明智之舉，更何況他還出版了自己的論點。

歐洲有許多傑出的科學心智，他們重新思考事物的本質，布魯諾也是其中一員：在倫敦，他幾乎必然見過哈里歐特[26]。哈里歐特建造了英格蘭最大的望遠鏡，他觀察太陽黑子，描繪月球表面，觀察行星的衛星，提出行星不是沿著正圓形的軌道行進，而是橢圓形。他從事數學的地圖製作，發現正弦的折射定律，而且在代數上獲得了重大突破。他的許多發現成為伽利略、笛卡兒與其他人著名發現的先河。但哈里歐特並未被歸類為是這些發現的首倡者：直到最近，我們才從哈里歐特死後留下的未出版手稿中發現這點。手稿中有一份審慎列出的清單，上面是別人攻擊他是無神論者的罪狀，身為原子論者的哈里歐特保存了這些東西。他知道，如果他出版自己的發現，這些攻擊只會有增無減，而他希望過著享有名聲的生活。誰能責怪他呢？

然而，布魯諾無法保持沉默。「藉由他的感官與理智之光，」布魯諾如此描述自己，「他開啟了遭封閉的真理，而透過最勤勉的研究，每個人都有可能掌握開啟的鑰匙。他開啟了塵封的自然，使失明者得以看見……他讓啞巴的舌頭能夠活動，使他們有能力而且敢於發表內心糾結的意見。」[27]布魯諾以盧克萊修為範本，寫了一首拉丁詩《論無窮無盡》，他在作品中回憶道，小時候，他以為維蘇威火山是世界的盡頭，因為他的眼睛始終無法越過火山之外。現在他知道自己是無限世界的一部分，他無法再將自己封閉在他的文化堅持要他居住的狹小心智囚室之內。

如果布魯諾待在英格蘭——或者是法蘭克福或蘇黎世，布拉格或威騰堡，這些地方他都去過——雖然不免有些困難，但還是能擁有一定程度的自由。然而，一五九一年，他做了要命的決定，他返回義大利，回到在他看來安全或較為獨立的帕都瓦與威尼斯。安全其實是個幻覺：布魯諾被自己的金主扭送宗教裁判所，並且在威尼斯被捕，然後解送羅馬，監禁在聖保羅大教堂附近的聖部囚室裡。

布魯諾的訊問與審判持續了八年，絕大多數時間，他不斷地回應異端指控，重申他的哲學觀點，反駁不實的說法，運用他驚人的記憶力一而再再而三地解釋他的信念。最後，在拷問的威脅下，他否認審判官有權說明何謂異端與何謂正信。這個挑戰是最後一根稻草。聖部表示它的最高管轄權沒有限制——沒有地區的限制，也沒有人的限制（除了教宗與樞機主教之外）。聖部宣稱它有權審判，如果有必要，它也有權在任何地方處決任何人。聖部是正教會的最終裁決者。

在眾目睽睽下，布魯諾被迫跪下，他被判定是「不知悔改、邪惡且桀驁不馴的異端」。他不是斯多噶派；他顯然十分害怕即將到來的命運。但有一位旁觀的日耳曼天主教徒草草寫下了這名頑固的異端在提到自己的信仰與驅逐出教時說的奇怪言語：「他沒有別的回應，只是用充滿惡意的語調說，『你們把這個罪名降在我的頭上，該害怕的是你們，不是我。』」

一六〇〇年二月十七日，這位被剝奪教會身分的道明會修士被剃光了頭髮，用驢子載到鮮花廣場的火柱前。在此之前，早有成群結隊的修士來到他的面前勸他悔罪，不知費盡多少唇舌，但他都堅定地予以拒絕，如今，他還是一樣拒絕悔罪或保持沉默。他的話未留下紀錄，但肯定令當局十分忌憚，因為他們下令約束他的舌頭。確實是約束沒錯：根據一段陳述，他們用針刺入臉頰，穿過舌頭，再從另一邊的臉頰穿出；另一根針則封住他的嘴唇，形成十字架。當把十字架拿到他的面前時，他別過頭去。他們點燃柴堆，剩下的事就由大火來完成。布魯諾被活活燒死之後，他剩餘的骨骸被敲成碎片，而他的骨灰——這些微小的粒子，他相信，將會再度進入偉大的、歡欣的、永恆的循環之中——則被隨意散布。

注釋

1. 引自 Alison Brown, *The Return of Lucretius to Renaissance Florence* (Cambridge, MA: Harvard University Press, 2010), p. 49. 參見 Girolamo Savonarola, *Prediche sopra Amos e Zacaria*, no. 3 (February 19, 1496), ed. Paolo Ghiglieri (Rome: A. Belardetti, 1971), 1:79-81. 也可見 Peter Godman, *From Poliziano to Machiavelli: Florentine Humanism in the High Renaissance* (Princeton: Princeton University Press, 1998), p. 140 和 Jill Kraye, "The Revival of Hellenistic Philosophies," in *The Cambridge Companion to Renaissance Philosophy*, ed. James Hankins (Cambridge: Cambridge University Press, 2007), esp. pp. 102-6.
2. 關於馬基維利的盧克萊修手稿，見 Brown, *Return of Lucretius*, pp. 68-87, and Appendix, pp. 113-22.
3. 見 James Hankins, "Ficino's Theology and the Critique of Lucretius," 發表於學術會議 *Platonic Theology: Ancient, Medieval and Renaissance*，舉行於 the Villa I Tatti and the Istituto Nazionale di Studi sul Rinascimento, Florence, April 26-27, 2007.
4. 關於這場爭議，見 Salvatore I. Camporeale, "Poggio Bracciolini contro Lorenzo Valla. Le 'Orationes in L. Vallam,'" in *Poggio Bracciolini, 1380-1980* (Florence: Sansoni, 1982), pp. 137-61. 關於瓦拉（與費奇諾）作品中的正統問題，見 Christopher S. Celenza's illuminating *The Lost Italian Renaissance: Humanists, Historians, and Latin's Legacy* (Baltimore: Johns Hopkins University Press, 2006), pp. 80-114.

5. “Nunc sane video, cur in quodam tuo opusculo, in quo Epicureorum causam quantam datur tutaris vinum tantopere laudasti... Bacchum compotatoresque adeo profuse laudans, ut epicureolum quondam ebrietaqtis assertorem te esse profitearis... Quid contra virginitatem insurgis, quod numquam fecit Epicurus? Tu prostitutas et prostibula laudas, quod ne gentiles quidem unquam fecerunt. Non verbis oris tui sacrilege labes, sed igne est expurganda, quem spero te non evasurum.” 引自 Don Cameron Allen, “The Rehabilitation of Epicurus and His Theory of Pleasure in the Early Renaissance,” *Studies in Philology* 41 (1944), pp. 1-15.

6. 瓦拉直接引用盧克萊修的句子，但這些句子轉引自拉克坦提烏斯與其他基督教文獻。

7. 事實上，這位發言者並非虛構的人物，而是當時的詩人維吉歐。他明確表示自己並非伊比鳩魯學派，他為愉悅辯護是為了反駁斯多噶學派的說法。斯多噶學派認為美德是最高善，但維吉歐認為這種說法反而對基督教正統構成嚴重威脅。

8. Lorenzo Valla, *De vero falsoque bono/On Pleasure*, trans. A. Kent Hieatt and Maristella Lorch (New York: Abaris Books, 1977), p. 319. 我在本文中會使用比較常用的書名 *De voluptate*。

除了以對話的否認來保護作者免於受到他人指控是伊比鳩魯學派，瓦拉的《論愉悅》實際上還使用了幾種不同的策略。瓦拉有很好的理由憤慨地反駁波吉歐對他的指控。伊比鳩魯學派的論點大量出現在《論愉悅》第二卷中，在第一卷的分量也不少，但瓦拉將其擺在基督教教義的脈絡下進行陳述，無論是敘事者還是對話者全無異議地站在基督教的角度，由此可知瓦拉的態度。

9. Valla, *De voluptate*, pp. 219-21.

10. 同前，p. 221.
11. 同前，p. 295.
12. 參見 Greenblatt, "Invisible Bullets: Renaissance Authority and Its Subversion," in *Glyph* 8 (1981), pp. 40-61.
13. 見 Michele Marullo, Inni Naturali (Florence: Casa Editrice le Lettere, 1995)‧關於布魯諾與伊比鳩魯學派，見 Hans Blumenberg, *The Legitimacy of the Modern Age* (Cambridge, MA: MIT Press, 1983; org. Die Legitimität der Neuzeit, 1966).
14. "L'anima *è* sol... in un pan bianco caldo un pinocchito"—Brown, *Return of Lucretius*, p. 11.
15. Erasmus, "The Epicurean," in *The Colloquies of Erasmus*, trans. Craig R. Thompson (Chicago: University of Chicago Press, 1965), pp. 538, 542. 關於伊拉斯謨斯對馬魯洛的批評，見 P. S. Allen, *Opus Epistolarum des. Erasmi Roterodami*, 12 vols. (Oxford University Press, 1906-58), 2:187; 5:519, trans. in *Collected Works of Erasmus* (Toronto: University of Toronto Press, 1974-), 3:225; 10:344. *Contemporaries of Erasmus: A Biographical Register of the Renaissance and Reformation*, ed. P. G. Bietenholz and Thomas B. Deutscher (Toronto: University of Toronto Press, 2003), 2:398-99.
16. 引自 More, *Utopia*, ed. George M. Logan and Robert M. Adams (Cambridge: Cambridge University Press, rev. edn. 2002), p. 68.
17. 摩爾在《烏托邦》裡安排了一場特出而具有自我意識的遊戲，各種複雜的要素決定了古代作品的存續或消滅，包括意外在內。「當即將進行第四次航行時，」希斯羅岱說，「我把大量的書搬上船，而不是裝運準備販售的貨物，我已決定不再回到此地，而非很快就會回來拜訪。他們從我這兒得到了柏拉圖絕大多數的作品、幾部亞里斯多德的書，以及特歐弗拉斯托斯談論植物的文章，後者很遺憾，我給他們的只剩支離破碎的內容。在航行時，一隻猩猩找到了這本書，這本書一直丟在一旁沒人理會，猩猩胡亂撕開紙張，毀了幾個章節的幾頁內容。」p. 181。

18. 我在寫這篇論文的時候，二十到三十五歲的非裔美人每九人就有一人關在牢裡，而美國的貧富差距也遠超過上個世紀的水準。

19. Ingrid D. Rowland, *Giordano Bruno: Philosophy/Heretic* (New York: Farrar, Straus & Giroux, 2008), pp. 17-18, translating *Spaccio de la Bestia Trionfante*, 1, part 3, in *Dialoghi Italiani*, ed. Giovanni Gentile (Florence: Sansoni, 1958), pp. 633-37.

20. Walter L. Wakefield, "Some Unorthodox Popular Ideas of the Thirteenth Century," in *Medievalia et Humanistica*, p. 28.

21. John Edwards, "Religious Faith and Doubt in Late Medieval Spain: Soria circa 1450-1500," in *Past and Present* 120 (1988), p. 8.

22. Giordano Bruno, *The Ash Wednesday Supper*, ed. and trans. Edward A. Gosselin and Lawrence S. Lerner (Hamden, CT: Archon Books, 1977), p. 91.

23. Jacopo Corbinelli, the Florentine secretary to Queen Mother Catherine de Medicis, cited in Rowland, *Giordano Bruno*, p. 193.

24. *Ash Wednesday Supper*, p. 87.

25. *De l'Infinito, Universo e Mondi,* Dialogue Quinto, in *Dialoghi Italiani*, pp. 532-33, citing *De rerum natura*, 2:1067-76.

26. 見 J. W. Shirley, ed., *Thomas Harriot: Renaissance Scientist* (Oxford: Clarendon Press, 1974) and Shirley, *Thomas Harriot: A Biography* (Oxford: Clarendon Press, 1983); J. Jacquot, "Thomas Harriot's Reputation for Impiety," *Notes and Records of the Royal Society* 9 (1951-2), pp. 164-87.

27. *Ash Wednesday Supper*, p. 90.

第十一章 來世

讓布魯諾沉默，顯然要比讓《物性論》重新回到黑暗中容易得多。問題在於，一旦盧克萊修的詩重新在世上流通，那麼這位充滿想像力、善於表現人類經驗的詩人，他的話語就會開始在文藝復興作家與藝術家的作品裡強烈迴盪，而這些作家與藝術家有許多自認為虔誠的基督徒。對當局來說，這種共鳴出現在繪畫與史詩裡，要比出現在科學家或哲學家的著作裡，較不容易引起立即的不安。教會的思想警察很少調查藝術作品是否有異端意涵。[1]但正如盧克萊修的詩人天賦很容易將他的激進觀念傳布出去，這些觀念也透過一些藝術家——要控制極為困難——直接或間接地傳遞到義大利的人文主義圈子裡：畫家如波提切利、科西摩[2]與達文西；詩人如伯亞爾多[3]、阿里奧斯托與塔索[4]。不久，這些觀念便浮上檯面，並且傳布到佛羅倫斯與羅馬以外的遙遠之處。

一五九〇年代中，在倫敦舞臺上，梅庫修取笑羅密歐，並且美妙地描述瑪布仙后：

她是仙女們的接生婆，她的
身體不過市議員食指上戴的瑪瑙石大小，
乘坐著一隊小原子拉的車輛
從沉睡者的鼻子上方掠過……

（《羅密歐與茱麗葉》第一幕第四場）

「……一隊小原子」：莎士比亞預期他的觀眾能馬上聽懂這句話的意思，那就是詼諧的梅庫修想到的是一種不可想像的小東西。這種描述本身已相當有趣，更有趣的是它出現在悲劇裡。在這個世上，人們無不苟且偷生，但主角卻棄絕人生的一切：

這裡，我要留在這裡
和妳的女侍，這些蛆蟲待在一起。喔，這裡
就是我永遠安息之處……

（《羅密歐與茱麗葉》第八幕第三場）

布魯諾在英格蘭並非毫無收獲。《羅密歐與茱麗葉》的作者，連同斯賓塞、多恩、培根及其他人，與布魯諾分享了他們的盧克萊修唯物論。雖然莎士比亞未讀過牛津或劍橋，但他的拉丁文造詣足以讓他憑自己的力量讀懂盧克萊修的詩。無論如何，莎士比亞似乎認識布魯諾的朋友弗洛里歐。而莎士比亞也可能與劇作家班．強森討論過盧克萊修。班．強森署名的《物性論》副本今日尚在，收藏於哈佛大學的霍頓圖書館。[5]

莎士比亞顯然曾經在他最喜歡的作品中看過盧克萊修，也就是蒙田的《隨筆集》。《隨筆集》最初以法文印行是在一五八〇年，由弗洛里歐於一六〇三年翻譯成英文，這本書包含了近一百處《物性論》的直接引文。而且不只是引用：盧克萊修與蒙田有著許多類似之處，他們的類似並不僅止於文句。

與盧克萊修一樣，蒙田輕視人因為害怕來世而遵守道德；他堅持要以自身的埋性與物質世界的證據做為自身的規範；他極度厭惡自我懲罰的苦行以及對肉體施予暴力；他珍視內在的自由與滿足。在與死亡的恐懼搏鬥的過程中，蒙田同時受到斯多噶學派與盧克萊修唯物論的影響，但後者成了主導的指引者，引領蒙田走向對肉體愉悅的讚頌。

盧克萊修超脫個人的哲學史詩，並未對蒙田的偉大計畫起到指引的效果，蒙田想呈現他身體與心靈感受之間的扭曲與糾葛：

我不是特別喜歡沙拉或水果，甜瓜是例外。我父親不喜歡醬汁；我卻相反……我們的內心變來變去，既無定則，也無從得知。以蘿蔔來說，我一開始喜歡，之後不喜歡，現在又喜歡了。[6]

然而，蒙田這種極其古怪的筆法，試圖將完整的自我記錄成文字，確實源自於一四一七年波吉歐喚醒的那個物質宇宙觀點。

「這個世界不斷在運動著，」蒙田在〈論悔改〉中寫道，

萬事萬物不斷運動著——地球，高加索山的石頭，埃及的金字塔——一方面與所有事物一起運動，另一方面也各自運動。穩定本身只是一種比較呆滯的運動。（610）

至於人類，無論他們想要移動還是靜止，依然處於運動狀態：蒙田在〈論我們行動的不一貫〉中反思說，「我們的日常行為，總是依循著我們的脾胃，往左，往右，往上，往下，這是環境的風使我們如此。」

彷彿覺得這麼說還是太強調人類本身的控制力似的，蒙田又引用了盧克萊修的說法，認為

人類的轉向有著全然隨機的性質：「我們不是靠自己的意思前往；我們是被帶著走，就像漂浮的物體一樣，這一刻被輕柔地推著，下一刻則被猛烈拉扯，完全要看水流是強是弱：『我們難道沒看見人們都未察覺／自己的需要，總是四處追求／換個地方，彷彿放下了重擔？』」（240）。他隨筆中反映的反覆無常的思想生活也是如此。「對於某個主題，我們產生上千種想法，加加又減減，最後就像伊比鳩魯的原子一樣無窮無盡。」（817）蒙田比任何人（包括盧克萊修自己）都更能表現這種在伊比鳩魯的宇宙中思索、寫作與生活的內心感受。

這麼做，蒙田發現自己必須完全放棄盧克萊修最珍視的夢想：夢見自己安穩地站在陸地上，遠眺船難降臨在別人身上。蒙田發現，自己找不到穩定的山崖可站；他已經在船上。與盧克萊修的伊比鳩魯思想一樣，蒙田對於人無休止地爭奪名聲、權力與財富感到懷疑，他喜歡逃離俗世，隱遁在城堡塔樓放滿書籍的書房裡。然而，他的隱遁似乎讓他更強烈感受到永恆的運動，形式的不穩定，以及他自己也跟別人一樣隨波逐流，隨機轉向。

蒙田多疑的個性使他無法全盤接受伊比鳩魯學派。但是，他對《物性論》的深入鑽研——包括風格和觀念——使他得以忠實解釋與描述自己的人生經驗，同時將自身閱讀與反思的成果融會貫通。他可以詳細說明自己反對宗教恐懼，專注此世而非彼世，輕視宗教狂熱，對原始社會充滿幻想，讚美簡單而自然的生活，厭惡殘酷，深深體會人與禽獸並無不同，因此對於人以外的動物充滿同情。

在盧克萊修精神的影響下，蒙田在〈論殘忍〉中寫道，「人類自我貼金，將統治動物的王冠戴在自己頭上」，他坦承自己不忍看到雞的脖子被人擰斷，他又承認「家裡的狗在不適當的時間找我玩耍，我很難拒絕牠」。[7]同樣地，蒙田在〈為雷蒙·塞邦辯護〉中，嘲弄人類幻想自己是宇宙的中心：

小鵝何不這麼說：「宇宙的一切均是為我量身打造；為了讓我行走，所以有了陸地；為了照亮我，所以有了太陽；為了讓我獲得感應，所以有了星辰；風助我飛行，水助我游泳；天底下沒有任何生物像我一樣獲得如此恩寵；我是自然的寵兒。」[8]

當蒙田思索蘇格拉底的高尚目的時，同樣也是在盧克萊修精神的影響下，與〈論殘忍〉相同，他把注意力放在最不可能——與最伊比鳩魯——的細節上，他寫道，「除去腳鐐之後，蘇格拉底搔搔他的腿，感到無比快活。」[9]

更重要的是，盧克萊修的指紋遍布在蒙田最喜歡思索的兩個主題上：性與死亡。想起「妓女芙蘿拉曾說，每次她與龐培同寢，必定在他身上留下咬痕」，蒙田立即想到盧克萊修的詩句：「他們像鉗子一樣緊緊揪著渴望的軀體／用牙齒咬破柔嫩的嘴唇」（「我們的欲望愈阻攔愈高張」）。為了催促那些性欲強大的人「好好舒解」，蒙田在〈論消遣〉中引用盧克萊修猥褻的忠告——「把積存許久的精液全射進去」——又說，「我屢試不爽。」蒙田發現，要克服羞怯，擁有真正的性交經驗，最美妙的描述（或最令人陶醉，他說）莫過於盧克萊修談維納斯與戰神的詩句。蒙田在〈論維吉爾的一些詩句〉中引用了這些句子：

統治殘忍戰爭的戰神，經常靠在妳的胸前；
永恆的愛之傷口榨乾他的精力，
他貪婪地看著妳的身體，
往後一仰，靈魂懸空貼著妳的嘴唇：
他躺在妳神聖的軀體上；讓甜蜜的話語從妳的口中流出。[10]

蒙田引用了拉丁文，但他不打算用法文寫下呼應的文字；他只是靜靜地品味這段完美的文字，「如此生動，如此深刻。」

有時會有這樣的時刻——罕見但充滿力量——已經消失在人世的作家突然出現在你面前，

直接對你說話，彷彿他是專程來告訴你這項訊息。蒙田似乎感受到自己與盧克萊修有著緊密的連結，而這個連結也協助蒙田面對自己終將死亡的現實。蒙田回憶說，他曾看過一個人在臨終前苦澀地埋怨命運不讓他寫完作品才死。在蒙田眼裡，這種痛悔無疑是十分荒謬的，而箇中的愚妄在盧克萊修的詩中也得到最傳神的表達：「但他們忘了加這句話：在你死後／這些事物沒有任何一件能填充你的欲望。」至於自己，蒙田說道，「我希望死神發現我正在種甘藍菜，但我不在乎死亡，更不會在乎我菜園的菜還沒種完。」（〈探究哲理就是學習死亡〉）[11]

蒙田知道，要在「不在乎死亡」的狀況下死去，遠比想像要來得困難：他必須專注心神，傾聽與遵從他聽見的自然之聲。他知道，這個聲音訴說的其實就是盧克萊修的言語。「離開這個世界，」蒙田想像自然如此說道，

> 一如你進入這個世界。同樣的路程，你從死走到生，毫無感覺或恐懼，就這樣原路返回，從生走到死。你的死亡是宇宙秩序的一部分；是世界生命的一部分。
>
> 我們的生命是向彼此借來的……
>
> 人，就像跑者一樣，一路傳遞生命的火炬。

（盧克萊修〈探究哲理〉）[12]

對蒙田來說，盧克萊修是最可靠的指引，能幫助我們理解事物的本質與塑造自我，使我們能愉悅地生活，尊嚴地面對死亡。

一九八九年，時任伊頓學院圖書館館員的保羅．奎里買了一本光彩奪目的一五六三年《物性論》副本，由德尼斯．蘭邦編輯，拍賣價是兩百五十英鎊。目錄的條目提到，這個本子的卷首與卷尾空頁寫滿了筆記，此外在頁緣也寫了許多拉丁文與法文的注解，但擁有者的名字卻不見了。奎里把書拿出來，學者很快就證實了[13]奎里的懷疑：這是蒙田個人擁有的盧克萊修副本，因此上面留有這名隨筆作家熱情閱讀這部詩集所留下的直接痕跡。蒙田在本子上的署名被覆寫了過去——因此我們花了這麼久的時間才知道書原來的主人是誰。但在書第三個扉頁的左頁上，有人用拉丁文寫下一段充滿濃厚異端色彩的評論，書的主人的確在這本書上留下了奇異的證明，說明他就是書的主人。「由於原子的運動如此多變，」他寫道，「因此原子此時這樣結合，未來又那樣結合，乃至於產生另一個蒙田，這個道理並非不可理解。」[14]

蒙田費心在詩中各個地方做了標記，許多段落對他來說都是「反宗教」的，例如反對基督教的根本原則，上帝創世是「無」中生「有」，否認神意的存在，不相信有死後審判。蒙田在頁緣寫道，「害怕死亡是一切邪惡的根源」。更重要的是，蒙田反覆地表示，靈魂具有肉體：「靈魂是有形體的」（296）；「靈魂與身體有極端的連結」（302）；「靈魂會死亡」（306）；「靈魂就像腳一樣，是身體的一部分」（310）；「身體與靈魂密不可分」（311）。這些都是閱讀的筆記，而非他自己的主張。然而，這些筆記間接說明了，蒙田對於盧克萊修唯物論可能帶出的最激進結論深感興趣。雖然隱藏自己對這種觀點的興趣似乎才是明智之舉，但蒙田的回應顯然不只是他個人的看法，恐怕背後也反映了整個時代。

就連在宗教裁判所仍相當盛行的西班牙，盧克萊修的詩還是有很多人閱讀，許多印刷本從義大利與法國攜入西班牙境內，此外還有抄本無聲無息地藉由手與筆不斷傳播。十七世紀初，阿隆索·德·歐里維拉——波旁的伊莎貝拉公主的醫生——擁有一五六五年出版的法文版《物性論》。一六二五年，在一場書籍販賣會上，西班牙詩人弗朗切斯科·德·奎維多僅以一雷亞爾的代價購得這部作品的手稿。[15]作家兼古物收藏家，來自塞維爾的卡羅擁有兩本一五六六年在安特衛普印行的副本，並且在一六四七年將這兩本書登錄成自家圖書館的藏書；在瓜德羅普的修道院裡，一六六三年於阿姆斯特丹印行的盧克萊修版本一直保留在苦行的小房間裡，之後才被薩摩拉神父發現。摩爾其實知道，雖然他試圖買光市面上販售的新教徒翻譯聖經，並且加以焚燬，但印刷機的出現使得摧毀一本書變得極端困難。更甭說要打壓有助於物理學與天文學發展的重要觀念，那更不可能。

這種事不是沒有人嘗試過。以下是十七世紀的一首詩，想實現殺死布魯諾都無法做到的事：

沒有事物來自於原子。
世界的一切事物閃耀著
形式的光輝。
缺少形式，地球只是一團巨大的
混沌。
太初，上帝創造所有事物，好讓它們
可以產生事物。
想想，虛無可以產生的
必是虛無
你，喔，德謨克利特，認為形式與原子組成之物
並無不同。

原子無法產生任何事物；因此，原子是虛無。16

這是年輕的耶穌會修士在比薩大學誦念的拉丁文祈禱文，他們每天都要誦念，以防止自己受到高層認為的邪惡思想蠱惑。祈禱文的目標是驅除原子論，宣稱事物的形式、結構與美是上帝造就的。原子論者從事物的本質中找到快樂與驚異：盧克萊修認為宇宙是對維納斯持續高唱的讚美詩，帶有激烈的情欲。但遵守戒律的年輕耶穌會修士在過度無節制的巴洛克藝術圍繞下，卻每天告訴自己，除了神聖秩序外，他可以看見的唯一著名選擇，就是由無意義的原子組成的冷冰冰、無生氣、混亂的世界。

原子為什麼廣受關注？如摩爾《烏托邦》清楚顯示的，神意與靈魂的死後賞罰是一種不可協商的信仰，即使是居住在已知世界邊緣的非基督教民族的有趣幻想也一樣。但是，烏托邦居民並未將教義上的堅持奠基在他們對物理學的理解上。耶穌會修士——他們是最尚武、思想也最細密的天主教宗派——為什麼要從事這種吃力不討好的任務，非把原子去除不可？畢竟，不可見的事物種子在整個中世紀都未曾完全消失過。宇宙的基本物質建材是原子，這種核心觀念並未因古代作品的消失而瓦解。討論原子甚至不會有太大的風險，只是前提必須將原子與神意連繫起來。此外，在天主教會的最高層，大膽空想的心靈也渴望抓住新的科學。為什麼在文藝復興極盛時期，原子會被視為一種威脅，至少在某些地區是如此？

簡單的答案是，盧克萊修《物性論》的重見天日與再次流通，成功將原子的觀念（原子是所有存在之物的終極物質）與其他一些危險主張連結了起來。撇開外在意義不提，這種所有事物可能是由無數不可見粒子組成的觀念，似乎沒有特別讓人感到不安之處。畢竟，這個世界總是由「某種事物」組成的。但盧克萊修的詩卻重新恢復了原子已經消失的外在意義，而這些意涵——表現在道德、政治、倫理與神學上——帶有極端的顛覆性。

不是每個人都能輕易看出這些意涵。薩佛納羅拉嘲諷那些知識份子，因為那些人相信世界是由不可見的粒子所組成，不過在這個議題上，薩佛納羅拉也僅止於嘲笑，他無意挑起信仰的審判。我們之前提過，有些天主教徒如伊拉斯謨斯與摩爾，他們認真思考如何將伊比鳩魯的思想要素與基督教信仰整合起來。一五〇九年，拉斐爾在梵蒂岡繪製了「雅典學院」——華麗地展現了他對希臘哲學的看法——他似乎很有自信地認定，整個古典文化遺產（不只是少數幾個人的作品）可以與基督教教義和諧並存。至於「雅典學院」對面的牆上，則繪著神學家熱切地討論基督教教義。柏拉圖與亞里斯多德在拉斐爾的光輝場景中居於尊貴的地位，但在寬大的拱頂下，仍有許多空間可以容納所有的重要思想家，包括——如果傳統上的認定沒錯的話——亞歷山卓的希帕提亞與伊比鳩魯。

然而到了十六世紀中葉，這種自信不再存在。一五五一年，特倫特公會議的神學家決心一勞永逸解決（至少要讓他們滿意為止）核心基督教神祕本質引發的爭議。他們認定，十三世紀阿奎納[17]提出的巧妙論點屬於教會不可動搖的教條，阿奎納引用亞里斯多德的觀點，試圖讓化體說（祝聖後的餅與酒，化為耶穌基督的肉與血）與物理定律能融合一致。亞里斯多德對物質的「附體」與「實體」做了區別，這種區別可以解釋為什麼有些東西看起來、聞起來與嘗起來像麵包，但實際上（不只是象徵上）卻是基督的肉。人類感官經驗到的只是麵包的「附體」；祝聖後的餅的實體是上帝。

特倫特公會議的神學家把這些巧妙的論點當成真理，而非理論，而這個真理與伊比鳩魯和盧克萊修的論點彼此扞格。伊比鳩魯與盧克萊修的問題不在於他們是異教徒——畢竟亞里斯多德也是異教徒——而在於他們主張的物理學。原子論絕對反對實體與附體的關鍵區別，因此它對以亞里斯多德為基礎的龐大思想建築構成了威脅。而這個威脅出現的時間又剛好碰上新教徒對天主教教義進行最猛烈攻擊的時候。新教的攻擊並未仰賴原子論——馬丁路德、茲文利[18]與喀爾文[19]都不是伊比鳩魯學派，更甭說威克里夫與胡斯——但對於好戰的反改革天主教會來說，一時間，彷彿復活的古代唯物論已然開啟了第二戰場。事實上，原子論提供宗教改革者一種思想上的大規模毀滅性武器。教會決心不讓任何人碰觸這個武器，而教會的意識形態幫手

——宗教裁判所，也小心翼翼地觀察這類思想是否有急速增加的徵兆。

「信仰必須居於一切哲學原則之上，」一六二四年一名耶穌會發言人表示，「因此，透過既有的權威，凡是上帝的話語，均不許加以檢證。」「哲學家為了知道唯一的真理，唯一必須做的是，反對與信仰相反的事物，與接受信仰包含的事物。」[20]這位耶穌會修士並未明確表示警告的目標，但當時的人可以輕易知道，他的話是針對剛出版科學作品《試金者》的作家，也就是伽利略。

在此之前，伽利略已經因為使用天文觀察來支持哥白尼的地球繞日說而惹上麻煩。在宗教裁判所施壓下，他承諾不再發表類似的主張。但一六二三年出版的《試金者》卻顯示，這位科學家正踩在極度危險的地帶。與盧克萊修一樣，伽利略主張天上與地上的世界同出一源：太陽與行星沒有本質上的差異，地球與地球上的居民也是如此。與盧克萊修一樣，伽利略相信宇宙的一切事物都可以透過有紀律地使用觀察和理性而獲得理解。與盧克萊修一樣，伽利略堅持以感官加以檢證，有必要的話，還要以檢證的結果來反對正統權威的主張。與盧克萊修一樣，伽利略試圖透過感官檢證，以理性掌握一切事物的隱藏結構。與盧克萊修一樣，伽利略深信這些結構本質上是由所謂的最小粒子構成，也就是說，是由有限的原子以無限的方式構成。

伽利略有朋友在最高層：《試金者》題獻的不是別人，正是開明的新教宗烏爾班八世，他身為巴巴里尼樞機主教時就支持過這位偉大科學家的研究。只要教宗願意保護他，伽利略就能放心地表達自己的觀點與進行科學調查。但教宗本身也承受了不少壓力，教會內部有許多人（尤其是耶穌會），要求打壓這些特別具有毒性的異端。一六三二年八月一日，耶穌會嚴格禁止而且譴責原子論。這道禁令本身無法用來對付伽利略，因為《試金者》早在八年前就已經准許出版。但伽利略於一六三二年出版的《關於托勒密和哥白尼兩大世界體系的對話》卻給了敵人可乘之機：他們立刻向聖部（其實就是宗教裁判所）告發。

一六三三年六月二十二日，宗教裁判所宣判：「我們判決，有罪，我們宣判，伽利略，基於審理的證據以及你之前的懺悔，聖部強烈懷疑你是異端。」但伽利略仍受到高層朋友的保護，因此得以免於拷打與處決，這位被判有罪的科學家[21]最後被判終生監禁，軟禁家中。判決書上列出的異端內容是，「相信與主張錯誤的教義，悖離神聖的聖經。認為太陽是世界的中心，而非由東向西繞行地球。認為地球繞行太陽，地球不是世界的中心。」但在一九八二年，義大利學者雷東迪在聖部檔案發現了一份文件，改變了原本的見解。這份文件是備忘錄，上面詳述從《試金者》中發現的異端思想。明確地說，裁判官發現了原子論的證據。裁判官解釋說，原子論違反了特倫特公會議第十三會期第二教規的規定，該會期明確宣示了聖餐禮的教條。如果你接受伽利略先生的理論，這份文件說道，那麼當你在聖餐禮中發現「這些可被觸摸、看見、品嘗的東西時」（一般來說是麵包與酒），你必須根據他的理論表示，我們感官體驗到的這些東西全是由「非常微小的粒子」組成的。而從這一點出發，你必須下這樣的結論，「在聖餐禮中，必定存在著麵包與酒的實體部分」，這個結論明顯就是異端。布魯諾被處死的三十三年後，原子論依然是正統教義留意與打壓的重點。

如果全面性的打壓不可能，那麼對盧克萊修的敵人來說，有一點倒是值得安慰，那就是絕大多數的印刷版本都帶著否定的立場。其中最有趣的內容出現在蒙田使用的本子[22]裡——一五六三年由蘭邦注解的版本。的確，蘭邦坦承，盧克萊修否認靈魂的不朽，反對神意，主張愉悅是最高善。「即使這首詩因為傳達的信仰問題而與我們的宗教格格不入，」蘭邦寫道，「但這無損於它是一首詩。」一旦作品的信念與作品的藝術價值被區別開來，《物性論》的文學優點就能安心地加以承認：「只是一首詩？它還是一首高雅的詩，華麗的詩，被所有智者注目、賞識與推崇的詩。」詩的內容呢？「伊比鳩魯的那些失常與狂亂的觀念，原子偶然結合的荒謬說法，無數的世界等等？」蘭邦寫道，好基督徒的信仰堅定，毋需為此感到擔心：「我們要反駁這些說法也不難，事實上也沒有必要這麼做，因為這些謬論很容易被真理之聲所否定，即使大家嘴上不說，也都知道何者為真，何者為假。」這種否認的態度逐漸轉變成一種安心感，並且巧妙地結合這樣的警語：唱著這首詩的頌歌，但對內容保持沉默。

盧克萊修在美學上能受到賞識，取決於讀者必須擁有深厚的拉丁文素養，而且詩集的流通必須局限在人數相對寡少的菁英團體裡。每個人都很清楚，如果讓《物性論》廣泛流通，勢必引發當局的猜疑與敵視。一四一七年，波吉歐發現了《物性論》，而在過了兩百多年之後，才有人嘗試做出突破。

然而，到了十七世紀，新科學、不斷擴張的思想嘗試，以及偉大詩作本身的誘惑力，這些都變得難以圍堵。卓越的法國天文學家、哲學家與教士加桑迪（1592-1655）企圖調和伊比鳩魯學派與基督教，而他最傑出的學生，劇作家莫里哀（1622-1673）則以韻文形式翻譯了《物性論》（遺憾的是，這個譯本並未留存下來）。盧克萊修作品的散文形式翻譯在此之前已經出現，譯者是修道院院長馬洛爾（1600-1681）。不久，數學家馬爾切提（1633-1714）的義大利文譯本開始以手稿形式流通，令數十年來成功禁止該書出版的羅馬教會沮喪不已。在英格蘭，艾弗林（1620-1706）翻譯了盧克萊修詩作的第一卷；翻譯成英雄雙行體的完整本於一六八二年出版，譯者是年輕的牛津學者克里奇。

克里奇的譯本印行時，很多人認為是項驚人的成就。但其實盧克萊修的完整英譯本還有另一個版本，也是雙行體，只是流通有限，而且該譯本有一段令人吃驚的歷史。這個譯本直到二十世紀才出版，譯者是清教徒露西．赫欽森，她是約翰．赫欽森上校的妻子，而約翰．赫欽森不僅是國會議員，還是弒君者。這項傑出的翻譯成就最引人注目的地方或許是，當這位博學的譯者於一六七五年六月十一日將譯本獻給安格西伯爵安斯利時，她已對該書的中心原則感到厭惡（或者說，她宣稱自己厭惡），而且希望這本書從地球上消失。

「要不是運氣不佳，有一部副本遺失」，[23]否則她一定會把這部詩集扔進火裡，赫欽森在她親筆寫下的題獻信裡這麼寫著。當然，這聽起來像是女性特有的謙遜之詞。赫欽森之後的說法又加強了這種厭惡的印象，她拒絕翻譯第四卷裡數百行露骨描寫性愛的句子，她在頁緣寫道，「這部分就留給接生婆來翻譯，我想她比我更了解是怎麼回事。」但事實上，赫欽森並未解釋她所謂的「充滿抱負的繆思精神」是什麼意思，反而一味地厭惡盧克萊修作品中「所有的無神論與不虔信」。

「愚妄」的盧克萊修——這是赫欽森對盧克萊修的稱呼——不比其他異教哲學家與詩人來得優秀，但老師卻每日推薦學生閱讀。這種教育「是使知識世界日漸墮落的主要原因，也讓靈魂每下愈況。老師一開始的罪狀就是讓學生接觸盧克萊修，然後又不讓學生有更正的機會。他們弄渾了真理的溪流，這些源自神恩的流水，等流到他們面前的時候，已經雜有異教的泥沙。」這是哀悼，也是恐懼，赫欽森寫道，最近在讀《福音書》的時候，大家也會研讀盧克萊修，而且堅信他那些「荒謬、不虔信、可恨的教義，並且宣揚那些隨機亂舞的原子。」[24]

那麼，當赫欽森認真期待這種邪惡將會消失時，為什麼她還要辛苦地進行韻文翻譯，花錢找專業的抄寫員寫下前五卷，然後又親自抄寫了第六卷，連同論點與頁緣注解？赫欽森的答案透露出真實的情感。她坦承，她起初不了解盧克萊修有多危險。她翻譯這本書只是「出於年輕時的好奇，想了解我經常聽到的事物到底是什麼。」[25]透過這句話，我們可以瞥見那些安靜的對話，他們刻意避開演講廳或講道壇，遠離權威的偷聽，私底下估量並且討論盧克萊修的觀念。這名有天分且博學的女性想知道，她世界裡的人為什麼經常討論盧克萊修。

赫欽森寫道，當她的宗教信仰成熟，當她「在光明與愛之下成長」，她曾感受到的好奇與自豪，以及某種意義來說對自身成就的感覺，此時也開始變調：

我因為了解這名滿腹牢騷的詩人，因此在親密朋友的面前有了小小的榮耀感，然而逐漸地，榮耀變成了恥辱，我發覺我只有在學會痛恨他之後，才真正的了解他，也為自己拿著不虔信的書毫無節制地虛擲光陰感到恐懼。[26]

既然如此，就這個例子來說，赫欽森為什麼還要讓別人毫無節制地虛擲光陰呢？

赫欽森說，她只是遵照安格西伯爵的要求，對方要求看這本書，而她只能懇求對方把書藏起來，不要流通出去。藏匿，而不是摧毀。有某種事物阻止她把書扔進火裡，不是因為那本遺失的副本——就算遺失了，她還是可以把現在手上的書燒了——也不是因為她對自己的譯作感到自豪。身為一名熱切的清教徒，赫欽森追隨彌爾頓的腳步，反對檢查制度。畢竟，她還是「從翻譯中得到好處，因為它告訴我，愚蠢的迷信使肉體的理智走向無神論。」[27]也就是說，她從盧克萊修身上學到，為了使人虔信而編造的幼稚「寓言」，到最後還是會讓理智走向不信神。

或許，赫欽森也發現到手稿非常難以摧毀。「我將它翻譯成英文，」她寫道，「在房裡，孩子們正在練習老師教他們的東西，我則用我編織帆布的線，為我翻譯的音節編號，然後把筆與墨水一併放下，擺在身旁。」[28]

盧克萊修堅持，那些看起來與物質世界完全無關的東西，如思想、觀念、幻想、靈魂等等，都與構成它們的原子密不可分，當然筆、墨水與赫欽森用來計算韻文音節的針線更不例外。依照盧克萊修的理論，就連視覺這種看似無形體的東西，也仰賴原子構成的細微薄霧，這些薄霧是從所有物體發散出來的，它們在空虛中飄浮，構成景象與幻覺，直到這些粒子碰觸到具有感知能力的眼睛為止。因此，盧克萊修解釋說，看到鬼的人，其實是誤把真實存在之物當成來世存在的東西。人看見的靈異現象，現實上並非死者的靈魂，而是人死亡瓦解之後，原本構成人體的原子仍未完全消散並呈現出薄霧的形式，因此才讓人誤認為鬼。總之，構成薄霧的原子最終一定會消散，但在目前，它們還是有辦法嚇唬生者。

這種說法擺在現代只會讓我們覺得好笑，但或許它可以充當盧克萊修詩作的奇異來世景象，這首詩幾乎完全消失，四散成隨機的原子，但不知為何又糾集起來再度復活。《物性論》的存續是透過無數人的接續，在某個範圍的時空中，基於某種看似偶然的理由，遭遇了某些物質——莎草紙、羊皮紙或紙，上面沾了盧克萊修的墨跡——然後有人製作這些物質的副本。赫欽森與孩子坐在房裡，用帆布線計算翻譯的韻文音節數，盧克萊修驅動的原子粒子，在經過好幾個世紀之後，終於輪到清教徒赫欽森來傳遞它們。

當赫欽森不情願地將她的譯本交給安格西伯爵時，她所說的「隨機亂舞的原子」早已滲透到英格蘭的思想想像中。斯賓塞[29]曾經寫下狂喜而引人注目的盧克萊修式讚美詩獻給維納斯；培根曾經大膽提出，「在自然中，除了個體外，別無他物」[30]；霍布斯則是挖苦地反思恐懼與宗教幻覺之間的關係。

在英格蘭，與其他歐洲地區一樣，認為上帝是原子的創造者[31]似乎是可行（雖然極為困難）的做法。因此，當牛頓在那篇被稱為科學史上最具影響力的作品中宣稱自己是原子論者時，這幾乎已經直接提出了盧克萊修詩作的標題。「當粒子維持成整體時，」牛頓寫道，「它們可能構成自然界的各種物體，而這些物體歷經時間的變遷，本質也不會變化：然而，一旦粒子分崩離析，以粒子為基礎的事物本質，也就隨之改變。」就在此時，牛頓謹慎使用了神聖製造者的觀念。牛頓在《光學》第二版（一七一八年）中提到，「我認為這是有可能的，」

最初，上帝利用固體的、塊狀的、不可穿透的、可移動的粒子來組成物質，並且賦予物質不同的大小與形狀與其他性質，以及與空間的比例，每件事物都能符合自身的目的。而這些原始的粒子是固體，與粒子構成的多孔隙物體相比，粒子顯然堅硬得多。粒子非常堅硬，它不可能損耗或再細分成更小的事物，一般的力量也無法將上帝創造的第一個粒子分解掉。[32]

對牛頓，以及對十七世紀以降直到現代的科學家來說，要讓原子論與基督教信仰融合在一起是可能的。但赫欽森的恐懼並非無據。盧克萊修的唯物論有助於產生像德萊頓[33]與伏爾泰[34]這些人的懷疑論，也可能支持像狄德羅[35]、休謨[36]與其他啟蒙人物提出的有計畫與毀滅性的不信神。

然而，即使這些人真的具有遠見卓識，他們的視野也不免受到局限，就在他們看不到的地平線外，出現了驚人的經驗觀察與實驗證明，使古代原子論原則適用在完全不同的領域上。十九世紀，查爾斯．達爾文試圖解決人類物種起源之謎，但他不需要援引盧克萊修的觀點。盧克萊修認為，創造與毀滅以及不斷反覆的性繁殖過程，完全屬於自然，毫無計畫可言。這個觀點直接影響了達爾文的祖父伊拉斯謨斯．達爾文的演化理論，但達爾文的論點基礎卻不是盧克萊修，而是他在加拉巴哥群島與其他地方的觀察。同樣地，當愛因斯坦提到原子論時，他的思想奠基在實驗與數學上，而非仰賴古代哲學空想。但愛因斯坦也承認，這種空想為後世的經驗證明開闢了舞臺，使現代的原子論得以在經驗證明的基礎上更往前發展。現在，古代詩可以放著不讀，它埋沒而又重見天日的故事可以任人忽視，波吉歐可以完全遭到遺忘——但這些都顯示，盧克萊修已被吸收到現代思想的主流之中。

對某些人來說，盧克萊修仍具有關鍵的地位，他們所處的時期正是盧克萊修尚未完全被現代思想吸收之前。在這些人當中，有一位富有的維吉尼亞種植園主，他生性多疑且具有科學傾向。湯瑪斯．傑佛遜[37]至少擁有五種拉丁文版《物性論》，此外還有英文版、義大利文版與法文版。《物性論》是他最喜歡的一部作品，這本書使傑佛遜確認自己的信念，相信世界只有自然，而自然只由物質構成。此外，盧克萊修也讓傑佛遜提振信心，使他相信無知與恐懼並非人類存在的必然要素。

傑佛遜承接了這項古代遺產，但方向卻是盧克萊修無法想像的，反觀十六世紀初的摩爾卻有著相同看法。傑佛遜並未如《物性論》作者建議的，從衝突激烈的公共生活中退出。相反地，他在國家初建時擬了一份重要的政治文件，裡面表現出明顯的盧克萊修式轉向。這個轉向朝著政府，目的不只是確保生命與自由，還要有助於「追求幸福」。盧克萊修的原子，在美國獨立宣言上留下了痕跡。

一八二〇年八月十五日，七十七歲的傑佛遜寫信給前總統，也就是他的朋友亞當斯[38]。亞當斯當時已經八十五歲，這兩個老人面對生命的逝去，已經養成習慣交換彼此對生命意義的看法。「最後，我還是必須重提對我來說相當管用的止痛劑，」傑佛遜寫道：

「我感覺，故我存在。」除了自己的身體，我還感覺到其他的事物，彷彿是另一種存在。我稱它們為「物質」。我感覺它們不斷在移動，這賦予了我運動的可能。沒有物質的地方，我稱之為「空虛」，或「虛無」，或「無物質的空間」。在感官的基礎上，無論我們感知的是物質還是運動，我們可以建立起我們擁有或需要的確實性。[39]

這便是盧克萊修最希望他的讀者產生的感受。傑佛遜在與人通信時，對方想知道他的生命哲學是什麼。傑佛遜回答說，「我是個伊比鳩魯主義者。」[40]

注釋

1. 著名的例外是宗教裁判所對維羅尼塞（Paolo Veronese）進行的調查。維羅尼塞一五七三年的畫作描繪了最後的晚餐，畫裡呈現的強烈物質色彩——忙亂的眾人，桌上的食物，狗兒搔癢與尋找殘羹剩飯等等——使他被指控為不敬神明乃至於有異端之嫌。維羅尼塞為了避禍，決定將畫作改名為「利未家的饗宴」（*The Feast in the House of Levi*）。
2. 譯按：科西摩（Piero di Cosimo, 1462-1522），義大利文藝復興畫家。
3. 譯按：伯亞爾多（Matteo Boiardo, 1441-1491），義大利文藝復興時期詩人。
4. 譯按：塔索（Torquato Tasso, 1544-1592），十六世紀義大利詩人，代表作《被解放的耶路撒冷》（*La Gerusalemme liberata*）。
5. 強森在標題頁寫下自己的名字，由於這本書很袖珍——長十一公分，寬六公分——而他仍在書緣處留下許多記號與筆記，充分顯示他非常專注在這本書上。強森似乎對第二卷印象特別深刻，盧克萊修在這一卷否認神對人類的行為會有興趣。在這一頁的底部，他寫下兩行詩句的譯文：

   這些蒙福的力量，超越了悲傷與危險

祂們自身蘊涵豐富進取的善，毋需向我們索求分毫。

參見 2:649-50：

Nam private dolore omni, private periclis,
ipsa suis pollens opibus, nil indigo nostril.

露西・赫欽森翻譯這些詩句如下：

神聖本質自有自足
和平寧靜永恆不變，
凡夫俗子與其無涉，
危險、悲傷與關切不犯其心，
神自豐足，何必向人需索。

6. *The Complete Essays of Montaigne*, trans. Donald M. Frame (Standard: Standard University Press, 1957), pp. 846, 240.
7. 同前，p. 318.
8. 同前，p. 397.
9. 同前，p. 310.
10. 以下引文來自同前，pp. 464, 634, and 664.
11. 同前，p. 62.
12. 同前，p. 65.

13. M. A. Screech, *Montaigne's Annotated Copy of Lucretius: A Transcription and Study of the Manuscript, Notes, and Pen-Marks* (Geneva: Droz, 1998).

14. "Ut sunt diuersi atomorum motus non incredibile est sic conuenisse olim atomos aut conuenturas ut alius nascatur montanus."—同前，p. 11.

15. Trevor Dadson, "Las bibliotecas de la nobleza: Dos inventarios y un librero, año de 1625," in Aurora Egido and José Enrique Laplana, eds., *Mecenazgo y Humanidades en tiempos de Lastanosa. Homenaje a la memoria de Domingo Yuduráin* (Zaragoza: Institución Fernando el Católico, 2008), p. 270. 我要感謝 Dadson 教授在脫利騰彌撒後的西班牙，在圖書館中搜尋跟盧克萊修有關的作品。

16. Pietro Redondi, *Galileo Heretic*, trans. Raymond Rosenthal (Princeton: Princeton University Press, 1987; orig. Italian edn. 1983), "Documents," p. 340—"*Exercitatio de formis substantialibus et de qualitaticus physicis, anonymous*"

17. 譯按：阿奎納（Thomas Aquinas, 1225-1274），中世紀經院哲學的哲學家和神學家，自然神學最早的提倡者之一，天主教會將其評為三十三位教會聖師之一。其哲學對於之後的基督教神學有著極大的影響，尤其是天主教。阿奎那的思想也對西方哲學有重大影響，他保存並修改了亞里士多德學派的思想。著作《神學大全》（*Summa Theologica*）詳細闡釋了其神學系統。

18. 譯按：茲文利（Huldrych Zwingli, 1484-1531），瑞士基督教新教改革運動改革家，深受人文主義影響，反對教會傳統、贖罪券和崇拜聖母馬利亞等傳統信仰。

19. 譯按：喀爾文（Jean Calvin, 1509-1564），法國著名宗教改革家、神學家，喀爾文派創始人。其作

《基督教教義》（*Institutio Christiane Religionis*）為新教系統神學重要著作，對西方世界影響重大。

20. 同前，p. 132.

21. 雷東迪的核心論點——伽利略的太陽中心說受到攻擊，其實是為了掩蓋伽利略另一項更根本的問題，原子論——受到許多科學史家的批評。然而，我們沒有理由認為教會的動機只有一項，或另一項，也許兩者兼有。

22. 「At Lucretius animorum immortalitatem oppugnat, deorum providentiam negat, religions omneis tollit, summum bonum in voluptate point. Sed haec Epicuri, quem sequitur Lucretius, non Lucretii culpa est. Poema quidem ipsum propter sententias a religion nostra alienas, nihilominus poema est. tantumne? Immovero poema venustum, poema praeclarum, poema omnibus ingenijluminibus distinctum, insignitum, atque illustratum. Hasce autem Epicuri rationes insanas, ac furiosas, ut & illas absurdas de atomorum connobis est refutare, neque vero necesse est: quipped cum ab ipsa veritatis voce vel tacentibus omnibus facillime refellantur" (Paris, 1563) f. ã3. 我使用的是 Ada Palmer 的翻譯，來自她未發表的論文，"Reading Atomism in the Renaissance"，感謝她的提供。

23. *Lucy Hutchinson's Translation of Lucretius: "De rerum natura,"* ed. Hugh de Quehen (Ann Arbor: University of Michigan Press, 1996), p. 139.

24. *Lucy Hutchinson's Translation,* pp. 24-25.

25. 同前，p. 23.

26. 同前，p. 26.

27. 同前。

28. 同前，p. 24.

29. 譯按：斯賓塞（Edmund Spenser, c. 1552-1599），英國桂冠詩人，以向英國女王伊莉莎白一世致敬的詩作《仙后》（*The Faerie Queene*）在英國文學史上占有一席之地。

30. Francis Bacon, *Novum Organum*, II. ii.

31. 最能表現這種觀點的是法國教士、天文學家與數學家加桑迪（Pierre Gassendi, 1592-1655）的哲學作品。

32. Isaac Newton, *Opticks*, Query 32 (London, 1718), 引自 Monte Johnson and Catherine Wilson, "Lucretius and the History of Science," in *The Cambridge Companion to Lucretius*, pp. 141-42.

33. 譯按：德萊頓（John Dryden, 1631-1700），英國著名詩人、文學批評家、翻譯家。

34. 譯按：伏爾泰（Voltaire, 1694-1778），法國啟蒙時代思想家、哲學家、文學家，啟蒙運動公認的領袖和導師，被稱為「法蘭西思想之父」。

35. 譯按：狄德羅（Denis Diderot, 1713-1784），法國啟蒙思想家、唯物主義哲學家、無神論者和作家，百科全書派代表。主編《百科全書》（*Encyclopédie*）為其最大成就。

36. 譯按：休謨（David Hume, 1711-1776），蘇格蘭哲學家、歷史學家，被視為蘇格蘭啟蒙運動以及西方哲學歷史中最重要的人物之一，一般將其哲學歸類為懷疑主義。

37. 譯按：傑佛遜（Thomas Jefferson, 1743-1826），美國第三任總統、美國開國元勛，《美國獨立宣言》主要起草人，秉持著古典自由主義與共和主義。

38. 譯按：亞當斯（John Adams, 1735-1826），美國第二任總統、美國政治家。

39. 給威廉・休特的信，一八一九年十月三十一日：「我認為，真正的（而非他人歸類的）伊比鳩魯教義是在道德哲學中抱持理性，這是希臘羅馬留給我們的遺產。」引自 Charles A. Miller, *Jefferson and Nature: An Interpretation* (Baltimore and London: Johns Hopkins University Press, 1988), p. 24. John Quincy Adams, "Dinner with President Jefferson," from *Memoirs of John Quincy Adams, Comprising Portions of His Diary from 1795 to 1848*, ed. Charles Francis Adams (Philadelphia, 1874): November 3, 1807:「傑佛遜先生說，他認為，在古代哲學體系中，伊比鳩魯哲學最貼近真實。他希望加桑迪討論這方面的文章能早點翻譯出來。那是唯一目前尚存的精確描述。我提到盧克萊修。他說，只有一部分——只有自然哲學。但道德哲學只能在加桑迪的作品中找到。」

40. Miller, *Jefferson and Nature*, p. 24.

致謝

這位上古哲學家，他的作品引發一連串的故事，也讓我費了不少筆墨努力追溯。他相信，人生最崇高的目的就是愉悅，而在朋友陪伴下，更是格外歡喜。因此，此時剛好適合說明，正因為有這麼多朋友與同事襄助，這本書才得以完成。在柏林高等研究所的一年期間，我有幸與已故的伯納德·威廉斯討論盧克萊修，兩人一起度過許多愉快的時光。威廉斯聰明絕頂，凡是他接觸過的事物，總能提出深刻的見解，令人印象深刻。幾年後，我再次來到美好的柏林高等研究所，並且加入優秀的盧克萊修讀書小組，我在這裡獲得強大的動力。在兩位哲學家克里斯多福·霍恩與克里斯多福·拉普的慷慨引導下，這個讀書小組——包括霍斯特·布雷德坎普、蘇珊·詹姆斯、萊因哈特·梅耶—卡爾庫斯、昆丁·斯金納與拉米·塔戈夫，以及其他偶爾出現的訪問學人——一直穩定而持續不輟地討論詩作。

第二個美好的機構——羅馬美國學院——提供了寫作本書所需的一切條件：在我的經驗

中，從未有過這麼好的機會能夠安靜地坐下來工作，內心帶著強烈的伊比鳩魯式愉悅。我非常感謝學院院長卡蜜拉・富蘭克林與她能幹的部屬提供的協助，此外，其他研究人員與訪問學人也給予我非常多的建議。我的經紀人吉兒・克尼里姆與我的編輯艾倫・梅森，兩人給予我許多幫助，他們也是願意提供建議而且想法敏銳的讀者。另外還有許多人提供了忠告與幫助，其中我特別要感謝的是艾伯特・艾斯科里、霍米・巴哈巴、艾莉森・布朗、基尼・布魯克爾・約瑟夫・康諾斯、布萊安・康明斯、崔佛・達德森、詹姆斯・迪、肯尼斯・顧文斯、傑弗瑞・漢伯格、詹姆斯・韓金斯、菲利普・哈迪、伯納德・賈森、約瑟夫・克爾納、湯瑪斯・拉克爾、喬治・洛根、大衛・諾布魯克、威廉・歐康尼爾、羅伯特・平斯基・奧立佛・普里瑪維斯基、史帝芬・夏平、馬切羅・西蒙內塔・詹姆斯・辛普森、皮帕・斯科特尼、尼克・威爾丁與大衛・伍頓。

我在哈佛的學生與同事一直是刺激我思考的泉源，也給予我不少挑戰，哈佛大學圖書館的龐大資源總是讓我吃驚。我特別要感謝克里斯汀・巴瑞特、蕾貝卡・庫克、肖恩・基紐、艾達・帕爾瑪與班傑明・伍德林在研究上給我的協助。

我最感謝的是我的妻子拉米・塔爾戈夫，感謝她給我睿智的建議與永不竭盡的快樂。

參考書目

Adams, H. P. *Karl Marx in His Earlier Writings*. London: G. Allen & Unwin, 1940.

Adams, John Quincy. "Dinner with President Jefferson," *Memoirs of John Quincy Adams, Comprising Portions of his Diary from 1795 to 1848*, ed. Charles Francis Adams. Philadelphia: J. B. Lippincott, 1874–77, pp. 60–61.

Alberti, Leon Battista. *The Family in Renaissance Florence*, trans. Renee Neu Watkins.

Columbia, SC: University of South Carolina Press, 1969, pp. 92–245.

———, *Dinner Pieces*, trans. David Marsh. Binghamton, NY: Medieval and Renaissance Texts and Studies in Conjunction with the Renaissance Society of America, 1987.

———, *Intercenales*, ed. Franco Bacchelli and Luca D'Ascia. Bologna: Pendragon, 2003.

Albury, W. R . " Halley's Ode on the Principia of Newton and the Epicurean Revival in England," *Journal of the History of Ideas* 39 (1978), pp. 24–43.

Allen, Don Cameron. "The Rehabilitation of Epicurus and His Theory of Pleasure in the Early Renaissance," *Studies in Philology* 41 (1944), pp. 1–15.

Anon. "The Land of Cokaygne," in Angela M. Lucas, ed., *Anglo-Irish Poems of the Middle Ages: The Kildare Poems.* Dublin: Columbia Press, 1995.

Aquilecchia, Giovanni. "In Facie Prudentis Relucet Sapientia: Appunti Sulla Letteratura Metoposcopica tra Cinque e Seicento," *Giovan Battista della Porta nell'Europa del Suo Tempo.* Naples: Guida, 1990, pp. 199–228.

The Atomists: Leucippus and Democritus: Fragments, trans. and ed. C. C. W. Taylor. Toronto: University of Toronto Press, 1999.

Avrin, Leila. *Scribes, Script and Books: The Book Arts from Antiquity to the Renaissance.* Chicago and London: American Library Association and the British Library, 1991.

Bacci, P. *Cenni Biografici e Religiosita di Poggi Bracciolini.* Florence: Enrico Ariani e l'arte della Stampa, 1963.

Bailey,Cyril. *The Greek Atomists and Epicurus: A Study.* Oxford: Clarendon Press, 1928.

Baker, Eric. *Atomism and the Sublime: On the Reception of Epicurus and Lucretius in the Aesthetics of Edmund Burke, Kant, and Schiller.* Baltimore: Johns Hopkins University Press, 2001.

Baldini, Umberto. *Primavera: The Restoration of Botticelli's Masterpiece*, trans. Mary Fitton. New

York: H. N. Abrams, 1986.

Barba,Eugenio. "A Chosen Diaspora in the Guts of the Monster," *Tulane Drama Review* 46 (2002), pp. 147–53.

Barbour, Reid. *English Epicures and Stoics: Ancient Legacies in Early Stuart Culture*. Amherst, MA: University of Massachusetts Press, 1998.

Baron, Hans. *The Crisis of the Early Italian Renaissance: Civic Humanism and Republican Liberty in the Age of Classicism and Tyranny*. Princeton: Princeton University Press, 1955.

Bartsch, Shadi, and Thomas Bartscherer, eds. *Erotikon: Essays on Eros, Ancient and Modern*. Chicago: University of Chicago Press, 2005.

Beddie, James Stuart. *Libraries in the Twelfth Century: Their Catalogues and Contents*. Cambridge, MA: Houghton Mifflin, 1929.

———, "The Ancient Classics in the Medieval Libraries," *Speculum* 5 (1930), pp. 1–20.

Beer, Sir Gavin de. *Charles Darwin: Evolution by Natural Selection*. New York: Doubleday, 1964.

Benedict, St. *The Rule of Benedict*, trans. Monks of Glenstal Abbey. Dublin: Four Courts Press, 1994.

Bernstein, John. *Shaftesbury, Rousseau, and Kant*. Rutherford, NJ: Fairleigh Dickinson University Press, 1980.

Bernhard, Marianne. *Stifts-und Klosterbibliotheken*. Munich: Keyser, 1983. John Bernstein, Shaftesbury,

Rousseau, and Kant. Rutherford, NJ: Fairleigh Dickinson University Press, 1980.

Berry, Jessica. "The Pyrrhonian Revival in Montaigne and Nietzsche," *Journal of the History of Ideas* 65 (2005), pp. 497–514.

Bertelli, Sergio. "Noterelle Machiavelliane," *Rivista Storica Italiana* 73 (1961), pp. 544–57.

Billanovich, Guido. "Veterum Vestigia Vatum: Nei Carmi dei Preumanisti Padovani," in Giuseppe Billanovich, et al., eds., *Italia Medioevale e Umanistica*. Padua: Antenore, 1958.

Biow, Douglas. *Doctors, Ambassadors, Secretaries: Humanism and Professions in Renaissance Italy.* Chicago: University of Chicago Press, 2002.

Bischhoff,Bernhard. *Manuscripts and Libraries in the Age of Charlemagne*, trans. Michael M. Gorman. Cambridge: Cambridge University Press, 1994.

Bishop, Paul, ed., *Nietzsche and Antiquity: His Reaction and Response to the Classical Tradition.* Rochester, NY: Camden House, 2004.

Black,Robert. "The Renaissance and Humanism: Definitions and Origins," in Jonathan Woolfson, ed., *Palgrave Advances in Renaissance Historiography*. Houndmills, Basingstoke, UK, and New York: Palgrave Macmillan, 2005, pp. 97–117.

Blades, William. *The Enemies of Books*. London: Elliot Stock, 1896.

Blondel, Eric. *Nietzsche: The Body and Culture*, trans. Sean Hand. Stanford: Stanford University Press,

1991.

Boitani, Piero, and Anna Torti, eds., *Intellectuals and Writers in Fourteenth-Century Europe. The J. A. W. Benett Memorial Lectures, Perugia, 1984.* Tubingen: Gunter Narr, 1986.

Bolgar, R. R. ed., *Classical Influences on European Culture, A.D. 1500–1700.* Cambridge: Cambridge University Press, 1976.

Bollack, Mayotte. *Le Jardin Romain: Epicurisme et Poesie a Rome*, ed. Annick Monet. Villeneuve d'Asq: Presses de l'Université Charles-de-Gaulle-Lille 3, 2003.

Benoît de Port-Valais, Saint. *Colophons de Manuscrits Occidentaux des Origines au XVIe Siecle / Benedictins du Bouveret.* Fribourg: Editions Universitaires, 1965.

Boyd, Clarence Eugene. *Public Libraries and Literary Culture in Ancient Rome.* Chicago University of Chicago Press, 1915.

Bracciolini, Poggio. *The Facetiae, or Jocose Tales of Poggio.* Paris: Isidore Liseux, 1879.

———, "Epistolae—Liber Primus" in *Opera Omnia*, ed. Thomas de Tonelli. Turin: Bottega d'Erasmo, 1964.

———, *Two Renaissance Book Hunters: The Letters of Poggius Bracciolini to Nicolaus de Nicolis*, trans. Phyllis Walter Goodhart Gordan. New York: Columbia University Press, 1974.

———, *Lettere*, ed. Helene Harth. Florence: Leo S. Olschki, 1984.

———, *Un Vieux Doit-Il Se Marier?* trans. Véronique Bruez. Paris: Les Belles Lettres, 1998.

———, *La Vera Nobilita.* Rome: Salerno Editrice, 1999.

Brady, Thomas, Heiko A. Oberman, and James D. Tracy, eds., *Handbook of European History, 1400–1600: Late Middle Ages, Renaissance and Reformation.* Leiden: E. J. Brill, 1995.

Brant, Frithiof. *Thomas Hobbes' Mechanical Conception of Nature*, trans Vaughan Maxwell and Anne I Fansboll. Copenhagen: Levin & Munksgaard, 1928.

Bredekamp, Horst. *Botticelli: Primavera. Florenz als Garten der Venus*. Frankfurt am Main: Fischer Taschenbuch, 1988.

———, "Gazing Hands and Blind Spots: Galileo as Draftsman," in Jürgen Renn, ed., *Galileo in Context*. Cambridge: Cambridge University Press, 2001, pp. 153–92.

Bredvold, Louis. "Dryden, Hobbes, and the Royal Society," *Modern Philology* 25 (1928), pp. 417–38.

Brien, Kevin M. *Marx, Reason, and the Art of Freedom*. Philadelphia: Temple University Press, 1987.

Brody, Selma B. "Physics in Middlemarch: Gas Molecules and Ethereal Atoms," *Modern Philology* 85 (1987), pp. 42–53.

Brown, Alison. "Lucretius and the Epicureans in the Social and Political Context of Renaissance Florence," *I Tatti Studies: Essays in the Renaissance* 9 (2001), pp. 11–62.

———, *The Return of Lucretius to Renaissance Florence.* Cambridge, MA: Harvard University Press,

2010.

Brown, Peter. *Power and Persuasion in Late Antiquity: Towards a Christian Empire*. Madison: University of Wisconsin Press, 1992.

———, *The Rise of Western Christendom: Triumph and Diversity, A.D. 200–1000*. Oxford: Blackwell, 1996.

Bull, Malcolm. *The Mirror of the Gods*. Oxford: Oxford University Press, 2005.

Bullough, D. A. *Carolingian Renewal: Sources and Heritage*. Manchester and New York: Manchester University Press, 1991.

Burns, Tony, and Ian Fraser, eds., *The Hegel-Marx Connection* (Basingstoke, UK: Macmillan Press, 2000).

Calvi, Gerolamo. *I Manoscritti di Leonardo da Vinci dal Punto di Vista Cronologico, Storico e Biografico*. Bologna: N. Zanichelli, 1925.

Campbell, Gordon. "Zoogony and Evolution in Plato's Timaeus, the Presocratics, Lucretius, and Darwin," in M. R. Wright, ed., *Reason and Necessity: Essays on Plato's Timaeus*. London: Duckworth, 2000.

———, *Lucretius on Creation and Evolution: A Commentary on De Rerum Natura, Book Five, Lines 772–1104*. Oxford: Oxford University Press, 2003.

Campbell, Keith. "Materialism," in Paul Edwards, ed., *The Encyclopedia of Philosophy*. New York: Macmillan Company and The Free Press, 1967, pp. 179–88.

Campbell, Stephen J. "Giorgione's Tempest, Studiolo Culture, and the Renaissance Lucretius," *Renaissance Quarterly* 56 (2003), pp. 299–332.

———, *The Cabinet of Eros: Renaissance Mythological Painting and the Studiolo of Isabella d'Este.* New Haven: Yale University Press, 2004.

Camporeale, Salvatore I. "Poggio Bracciolini versus Lorenzo Valla: *The Orationes in Laurentium Vallam*," in Joseph Marino and Melinda W. Schlitt, eds., Perspectives on Early Modern and Modern Intellectual History: Essays in Honor of Nancy S. Streuver. Rochester, NY: University of Rochester Press, 2000, pp. 27–48.

Canfora, Luciano. *The Vanished Library*, trans. Martin Ryle. Berkeley: University of California Press, 1990.

Cariou, Marie. *L'Atomisme; Trois essais: Gassendi, Leibniz, Bergson et Lucrece.* Paris: Aubier Montaigne, 1978.

Casini, Paolo. "Newton: The Classical Scholia," *History of Science* 22 (1984), pp. 1–58.

Casson, Lionel. *Libraries in the Ancient World.* New Haven: Yale University Press, 2002.

Castelli, Patrizia, ed. *Un Toscano del '400: Poggio Bracciolini, 1380–1459*. Terranuova Bracciolini:

Amministrazione Comunale, 1980.

Castiglioni, Arturo. "Gerolamo Fracastoro e la Dottrina del Contagium Vivum," *Gesnerus* 8 (1951), pp. 52–65.

Celenza, C. S. "Lorenzo Valla and the Traditions and Transmissions of Philosophy," *Journal of the History of Ideas* 66 (2005), pp. 24.

Chamberlin, E. R. *The World of the Italian Renaissance.* London: George Allen & Unwin, 1982.

Chambers, D. S. "Spas in the Italian Renaissance," in Mario A. Di Cesare, ed., *Reconsidering the Renaissance: Papers from the Twenty-first Annual Conference.* Binghamton, NY: Medieval and Renaissance Texts and Studies, 1992, pp. 3–27.

Chang, Kenneth. "In Explaining Life's Complexity, Darwinists and Doubters Clash," *The New York Time,* August 2, 2005.

Cheney, Liana. *Quattrocento Neoplatonism and Medici Humanism in Botticelli's Mythological Paintings.* Lanham, MD, and London: University Press of America, 1985.

Chiffoleau, Jacques. *La Comptabilite de l'Au-Dela: Les Hommes, la Mort et la Religion dans la Region d'Avignon a la Fin du Moyen Age* (vers 1320–vers 1480). Rome: Ecole Française de Rome, 1980.

Christie-Murray, David. *A History of Heresy.* London: New English Library, 1976.

Cicero, *The Speeches of Cicero*, trans. Louis E. Lord. Cambridge, MA: Harvard University Press, 1937.

———, *Tusculan Disputations*, trans. and ed. J. E. King. Cambridge, MA: Harvard University Press, 1960.

———, *De Natura Deorum; Academica,* trans. and ed. H. Rackham. Cambridge, MA: Harvard University Press, 1967.

———, *Cicero's Letters to His Friends*, trans. D. R. Shackleton Bailey. Harmondsworth, UK, and New York: Penguin Books, 1978.

Clanchy, M. T. *From Memory to Written Record: England, 1066–1307.* Cambridge, MA: Harvard University Press, 1979.

Clark, A. C. "The Literary Discoveries of Poggio," *The Classical Review 13* (1899), pp. 119–30.

Clark, Ronald William. *The Survival of Charles Darwin: A Biography of a Man and an Idea.* London: Weidenfeld & Nicolson, 1985.

Clay, Diskin. *Lucretius and Epicurus.* Ithaca, NY: Cornell University Press, 1983.

Cohen, Bernard. "Quantum in se Est: Newton's Concept of Inertia in Relation to Descartes and Lucretius," *Notes and Records of the Royal Society of London*, 19 (1964), pp. 131–55.

Cohen, Elizabeth S., and Thomas V. Cohen, *Daily Life in Renaissance Italy*. Westport, NY: Greenwood Press, 2001.

Cohn, Samuel, Jr., and Steven A. Epstein, eds. *Portraits of Medieval and Renaissance Living: Essays in*

Memory of David Herlihy. Ann Arbor: University of Michigan Press, 1996.

Coleman, Francis. *The Harmony of Reason: A Study in Kant's Aesthetics*. Pittsburgh: University of Pittsburgh Press, 1974.

Connell, William J. "Gasparo and the Ladies: Coming of Age in Castiglione's Book of the Courtier," *Quaderni d'Italianistica* 23 (2002), pp. 5-23.

———ed., *Society and Individual in Renaissance Florence*. Berkeley and London: University of California Press, 2002.

———, and Andrea Zorzi, eds., *Florentine Tuscany: Structures and Practices of Power*. Cambridge: Cambridge University Press, 2000.

Contreni, John J. *Carolingian Learning, Masters and Manuscripts*. Aldershot, UK: Variorum, 1992.

Cranz, F. Edward. "The *Studia Humanitatis and Litterae* in Cicero and Leonardo Bruni," in Marino and Schlitt, eds., *Perspectives on Early Modern and Modern Intellectual History: Essays in Honor of Nancy S. Streuver*. Rochester, NY: University of Rochester Press, 2001,pp. 3–26.

Crick, Julia, and Alexandra Walsham, eds., *The Uses of Script and Print, 1300–1700*. Cambridge: Cambridge University Press, 2004.

Cropper, Elizabeth. "Ancients and Moderns: Alessandro Tassoni, Francesco Scannelli, and the Experience of Modern Art," in Marino and Schlitt, eds., *Perspectives on Early Modern and Modern*

Intellectual History: Essays in Honor of Nancy S. Streuver, pp. 303–24.

Dampier, Sir William. *A History of Science and Its Relations with Philosophy and Religion*. Cambridge: Cambridge University Press, 1932.

Darwin, Erasmus. *The Letters of Erasmus Darwin, ed. Desmond King-Hele*. Cambridge: Cambridge University Press, 1981.

Daston, Lorraine, and Fernando Vidal, eds. *The Moral Authority of Nature*. Chicago: University of Chicago Press, 2004.

De Lacy, Phillip. "Distant Views: The Imagery of Lucretius," *The Classical Journal* 60 (1964), pp. 49–55.

De Quehen, H. "Lucretius and Swift's Tale of a Tub," *University of Toronto Quarterly* 63 (1993), pp. 287–307.

Dean, Cornelia. "Science of the Soul? 'I Think, Therefore I Am' Is Losing Force," *The New York Times*, 2007, p. D8.

Deimling, Barbara. "The High Ideal of Love," *Sandro Botticelli*: 1444/45–1510. Cologne: B. Taschen, 1993, pp. 38–55.

Deleuze, Gilles. *Logic du Sens*, Paris: Minuit, 1969.

———, *The Logic of Sense*, trans. Mark Lester with Charles Stivale. New York: Columbia University

Press, 1990.

Delumeau, Jean. *Sin and Fear: The Emergence of a Western Guilt Culture, 13th–18th Centuries* trans. Eric Nicholson. New York: St. Martin's Press, 1990.

Dempsey, Charles. "Mercurius Ver: The Sources of Botticelli's Primavera," *Journal of the Warburg and Courtauld Institutes* 31 (1968), pp. 251–73.

———, "Botticelli's Three Graces," *Journal of the Warburg and Courtauld Institutes* 34 (1971), pp. 326–30.

———, *The Portrayal of Love: Botticelli's Primavera and Humanist Culture at the Time of Lorenzo the Magnificent.* Princeton: Princeton University Press, 1992.

Depreux, Philippe. "Büchersuche und Büchertausch im Zeitalter der karolingischen Renaissance am Beispiel des Breifwechsels des Lupus von Ferrières," *Archiv fur Kulturgeschichte* 76 (1994).

Diano, Carlo. *Forma ed Evento: Principi per una Interpretazione del Mondo Greco*. Venice: Saggi Marsilio, 1993.

Didi-Huberman, Georges. "The Matter-Image: Dust, Garbage, Dirt, and Sculpture in the Sixteenth Century," *Common Knowledge* 6 (1997), pp. 79–96.

Diogenes, *The Epicurean Inscription* [*of Diogenes of Oinoanda*], ed. and trans. Martin Ferguson Smith. Naples: Bibliopolis, 1992.

Dionigi, Ivano. “Lucrezio,” *Orazio: Enciclopedia Oraziana.* Rome: Istituto della Enciclopedia Italiana, pp. 15–22.

———, *Lucrezio: Le parole e le Cose.* Bologna: Patron Editore, 1988.

Diringer, David. *The Book Before Printing: Ancient, Medieval and Oriental.* New York: Dover Books, 1982.

Dottori, Riccardo, ed. “The Dialogue: Yearbook of Philosophical Hermeneutics,” *The Legitimacy of Truth: Proceedings of the III Meeting.* Rome: Lit Verlag, 2001.

Downing, Eric. “Lucretius at the Camera: Ancient Atomism and Early Photographic Theory in *Walter Benjamin's Berliner Chronik*,” *The Germanic Review* 81 (2006), pp. 21–36.

Draper, Hal. *The Marx-Engels Glossary.* New York: Schocken Books, 1986.

Drogin, Marc. *Biblioclasm: The Mythical Origins, Magic Powers, and Perishability of the Written Word.* Savage, MD: Rowman & Littlefield, 1989.

Dryden, John. *Sylvae: or, the Second Part of Poetical Miscellanies*. London: Jacob Tonson, 1685.

Dunant, Sarah. *Birth of Venus.* New York: Random House, 2003.

Duncan, Stewart. “Hobbes's Materialism in the Early 1640s,” *British Journal for the History of Philosophy* 13 (2005), pp. 437–48.

Dupont, Florence. *Daily Life in Ancient Rome*, trans. Christopher Woodall. Oxford and Cambridge, MA:

Blackwell, 1993.

Dyson, Julia T. "Dido the Epicurean," *Classical Antiquity* 15 (1996), pp. 203–21.

Dzielska, Maria. *Hypatia of Alexandria*, trans. F. Lyra. Cambridge, MA: Harvard University Press, 1995.

Early Responses to Hobbes, ed. Gaj Rogers. London: Routledge, 1996.

Edwards, John. "Religous Faith and Doubt in Late Medieval Spain: Soria circa 1450–1500," *Past and Present* 120 (1988), pp. 3–25.

Englert, Walter G. *Epicurus on the Swerve and Voluntary Action. Atlanta*, GA: Scholars Press, 1987.

Erwin, Douglas H. "Darwin Still Rules, But Some Biologists Dream of a Paradigm Shift," *The New York Times*, 2007, p. D2.

Faggen, Robert. *Robert Frost and the Challenge of Darwin.* Ann Arbor: University of Michigan Press, 1997.

Fara, Patricia. *Newton: The Making of a Genius.* New York: Columbia University Press, 2002.

——— and David Money, "Isaac Newton and Augustan Anglo-Latin Poetry," *Studies in History and Philosophy of Scienc*e 35 (2004), pp. 549–71.

Fenves, Peter. *A Peculiar Fate: Metaphysics and World-History in Kant.* Ithaca, NY: Cornell University Press, 1991.

———, *Late Kant: Towards Another Law of the Earth.* New York: Routledge, 2003.

Ferrari, Mirella. "In Papia Conveniant ad Dungalum," *Italia Medioevale e Umanistica* 15 (1972).

Ferruolo, Arnolfo B. "Botticelli's Mythologies, Ficino's De Amore, Poliziano's Stanze per la Giostra: Their Circle of Love," *The Art Bulletin* [*College Art Association of America*] 37 (1955), pp. 17–25.

Ficino, Marsilio. *Platonic Theology*, ed. James Hankins with William Bowen; trans. Michael J. B. Allen and John Warden. Cambridge, MA, and London: Harvard University Press, 2004.

Finch, Chauncey E. "Machiavelli's Copy of Lucretius," *The Classical Journal* 56 (1960), pp. 29–32.

Findlen, Paula. "Possessing the Past: The Material World of the Italian Renaissance," *American Historical Review* 103 (1998), pp. 83–114.

Fleischmann, Wolfgang Bernard. "The Debt of the Enlightenment to Lucretius," *Studies on Voltaire and the Eighteenth Century* 29 (1963), pp. 631–43.

———, *Lucretius and English Literature, 1680–1740.* Paris: A. G. Nizet, 1964.

Flores, Enrico. *Le Scoperte di Poggio e il Testo di Lucrezio.* Naples: Liguori, 1980.

Floridi, Luciano. *Sextus Empiricus: The Transmission and Recovery of Phyrrhonism.* New York: Oxford University Press, 2002.

Foster, John Bellamy. *Marx's Ecology: Materialism and Nature.* New York: Monthly Review Press, 2000.

Fraisse, Simone. *L'Influence de Lucrèce en France au Seizieme Siècle*. Paris: Librarie A. G. Nizet, 1962.

Frede, Michael, and Gisela Striker, eds. *Rationality in Greek Thought.* Oxford: Clarendon Press, 1996.

Fubini, Riccardo. "Varieta: Un'Orazione di Poggio Bracciolini sui Vizi del Clero Scritta al Tempo del Concilio di Costanza, " *Giornale Storico della Letteratura Italiana* 142 (1965), pp. 24–33.

———, *L'Umanesimo Italiano e I Suoi Storici.* Milan: Franco Angeli Storia, 2001.

———, *Humanism and Secularization: From Petrarch to Valla*, trans. Martha King. Durham, NC, and London: Duke University Press, 2003.

Fusil, C. A. "Lucrèce et les Philosophes du XVIIIe Siècle, " *Revue d'Histoire Litteraire de la France* 35 (1928).

———, "Lucrèce et les Littérateurs, Poètes et Artistes du XVIIIe Siècle," *Revue d'Histoire Litteraire de la France* 37 (1930).

Gabotto, Ferdinando. "L'Epicureismo di Marsilio Ficino," *Rivista di Filosofia Scientifica* 10 (1891), pp. 428–42.

Gallagher, Mary. "Dryden's Translation of Lucretius," *Huntington Library Quarterly* 7 (1968), pp. 19–29.

Gallo, Italo. *Studi di Papirologia Ercolanese.* Naples: M. D'Auria, 2002.

Garaudy, Roger. *Marxism in the Twentieth Century.* New York: Charles Scribner's Sons, 1970.

Garin, Eugenio. *Ritratti di Unamisti.* Florence: Sansoni, 1967.

———, *La Cultura Filosofica del Rinascimento Italiano.* Florence: Sansoni, 1979.

Garrard, Mary D. "Leonardo da Vinci: Female Portraits, Female Nature," in Norma Broude and Mary Garrard, eds., *The Expanding Discourse: Feminism and Art History*. New York: HarperCollins, 1992, pp. 59–85.

Garzelli, Annarosa. *Miniatura Fiorentina del Rinascimento, 1440–1525.* Florence: Giunta Regionale Toscana: La Nuova Italia, 1985.

Ghiselin, Michael T. "Two Darwins: History versus Criticism," *Journal of the History of Biology* 9 (1976), pp. 121–32.

Gibbon, Edward. *The History of the Decline and Fall of the Roman Empire*, 6 vols. (New York: Knopf, 1910.

Gigante, Marcello. "Ambrogio Traversari Interprete di Diogene Laerzio," in Gian Carlo Garfagnini, ed., *Ambrogio Traversari nel VI Centenario della Nascita.* Florence: Leo S. Olschki, 1988, pp. 367–459.

———, *Philodemus in Italy: The Books from Herculaneum*, trans. Dick Obbink. Ann Arbor: University of Michigan Press, 1995.

Gildenhard, Ingo. "Confronting the Beast—From Virgil's Cacus to the Dragons of Cornelis van

Haarlem," *Proceedings of the Virgil Society* 25 (2004), pp. 27–48.

Gillett, E. H. *The Life and Times of John Huss*. Boston: Gould & Lincoln, 1863.

Gleason, Maud. *Making Men: Sophists and Self-Presentation in Ancient Rome*. Princeton: Princeton University Press, 1995.

Goetschel, Willi. *Constituting Critique: Kant's Writing as Critical Praxis*, trans. Eric Schwab. Durham, NC: Duke University Press, 1994.

Goldberg, Jonathan. *The Seeds of Things: Theorizing Sexuality and Materiality in Renaissance Representations*. New York: Fordham University Press, 2009.

Goldsmith, M. M. *Hobbes' Science of Politics*. New York: Columbia University Press, 1966.

Golner, Johannes. *Bayerische Kloster Bibliotheken*. Freilassing: Pannonia-Verlag, 1983.

Gombrich, Ernst H. "Botticelli's Mythologies: A Study in the Neoplatonic Symbolism of His Circle," *Journal of the Warburg and Courtauld Institutes* 8 (1945), pp. 7–60.

Gordon, Dane R., and David B. Suits, eds., *Epicurus: His Continuing Influence and Contemporary Relevance*. Rochester, NY: RIT Cary Graphic Arts Press, 2003.

Gordon, Pamela. "Phaeacian Dido: Lost Pleasures of an Epicurean Intertext," *Classical Antiquity* 17 (1998), pp. 188–211.

Grafton, Anthony. *Forgers and Critics: Creativity and Duplicity in Western Scholarship*. Princeton:

Princeton University Press, 1990.

———, *Commerce with the Classics: Ancient Books and Renaissance Readers*. Ann Arbor: University of Michigan Press, 1997.

——— and Ann Blair, eds., *The Transmission of Culture in Early Modern Europe*. Philadelphia: University of Pennsylvania Press, 1990.

——— and Lisa Jardine, *From Humanism to the Humanities: Education and the Liberal Arts in Fifteenth-and Sixteenth-Century Europe*. Cambridge, MA: Harvard University Press, 1986.

Grant, Edward. "Bernhard Pabst: Atomtheorien des Lateinischen Mittelalters," *Isis* 87 (1996), pp. 345–46.

Greenblatt, Stephen. *Learning to Curse: Essays in Early Modern Culture*. New York and London: Routledge Classics, 2007.

Greenburg, Sidney Thomas. *The Infinite in Giordano Bruno*. New York: Octagon Books, 1978.

Greene, Thomas M. "Ceremonial Closure in Shakespeare's Plays," in Marino and Schlitt, eds., *Perspectives on Early Modern and Modern Intellectual History: Essays in Honor of Nancy S. Struever* . Rochester, NY: University of Rochester Press, 2000, pp. 208–19.

Greetham, David C. *Textual Scholarship: An Introduction*. New York: Garland, 1994.

———, *Textual Transgressions: Essays Toward the Construction of a Bibliography*. New York and

London: Garland, 1998.

Gregory I, Pope. *Dialogues*. Washington, DC: Catholic University of America Press, 1959.

———, *The Letters of Gregory the Great,* trans. John R. C. Martin. Toronto: Pontifical Institute of Medieval Studies, 2004.

Grieco, Allen J. Michael Rocke, and Fiorella Gioffredi Superbi, eds., *The Italian Renaissance in the Twentieth Century.* Florence: Leo S. Olschki, 1999.

Gruber, Howard E. *Darwin on Man: A Psychological Study of Scientific Creativity.* Chicago: University of Chicago Press, 1981, pp. 46–73.

Gruen, Erich S. *The Hellenistic World and the Coming of Rome.* Berkeley: University of California Press, 1984.

Guehenno, Jean. *Jean Jacques Rousseau*, trans. John Weightman and Doreen Weightman. London: Routledge & Kegan Paul, 1966.

Haas, Christopher. *Alexandria in Late Antiquity: Topography and Social Conflict.* Baltimore: Johns Hopkins University Press, 1997.

Hadot, Pierre. *What Is Ancient Philosophy?* trans. Michael Chase. Cambridge, MA: Harvard University Press, 2002.

Hadzsits, George D. *Lucretius and His Influence*. New York: Longmans, Green & Co., 1935.

Haines-Eitzen, Kim. *Guardians of Letters: Literacy, Power, and the Transmitters of Early Christian Literature*. Oxford: Oxford University Press, 2000.

Hale, John R., ed. *A Concise Encyclopaedia of the Italian Renaissance*. London: Thames & Hudson, 1981.

———, *The Civilization of Europe in the Renaissance*. London: HarperCollins, 1993.

Hall, Rupert. *Isaac Newton, Adventurer in Thought*. Oxford: Blackwell, 1992.

Hamman, G. *L'Epopee du Livre: La Transmission des Textes Anciens, du Scribe a l'Imprimérie*. Paris: Libr. Académique Perrin, 1985.

Hankins, James. *Plato in the Italian Renaissance*. Leiden: E. J. Brill, 1990.

———, "Renaissance Philosophy Between God and the Devil," in Grieco et al., eds., *Italian Renaissance in the Twentieth Century*, pp. 269–93.

———, "Renaissance Humanism and Historiography Today", in Jonathan Woolfson, ed., *Palgrave Advances in Renaissance Historiography*. New York: Palgrave Macmillan, 2005, pp. 73–96.

———, "Religion and the Modernity of Renaissance Humanism," in Angelo Mazzocco, ed., *Interpretations of Renaissance Humanism*. Leiden: E. J. Brill, 2006, pp. 137–54.

——— and Ada Palmer, *The Recovery of Ancient Philosophy in the Renaissance: A Brief Guide*. Florence: Leo S. Olschki, 2008.

Hardie, Philip R. "Lucretius and the Aeneid," *Virgil's Aeneid: Cosmos and Imperium*. New York: Oxford University Press, 1986, pp. 157–240.

———, *Ovid's Poetics of Illusion*. Cambridge: Cambridge University Press, 2002.

Harris, Jonathan Gil. "Atomic Shakespeare," *Shakespeare Studies* 30 (2002) pp. 47–51.

Harrison, Charles T. *Bacon, Hobbes, Boyle, and the Ancient Atomists*. Cambridge, MA: Harvard University Press, 1933.

———, "The Ancient Atomists and English Literature of the Seventeenth Century," *Harvard Studies in Classical Philology* 45 (1934), pp. 1–79.

Harrison, Edward. "Newton and the Infinite Universe," *Physics Today* 39 (1986), pp. 24–32.

Hay, Denys. *The Italian Renaissance in Its Historical Background*. Cambridge: Cambridge University Press.

Heller, Agnes. *Renaissance Man*, trans. Richard E. Allen. London: Routledge & Kegan Paul, 1978 (orig. Hungarian 1967).

Herbert, Gary B. *The Unity of Scientific and Moral Wisdom*. Vancouver: University of British Columbia Press, 1989.

Himmelfarb, Gertrude. *Darwin and the Darwinian Revolution*. New York: W. W. Norton & Company, 1968.

Hine, William "Inertia and Scientific Law in Sixteenth-Century Commentaries on Lucretius," *Renaissance Quarterly* 48 (1995), pp. 728–41.

Hinnant, Charles. *Thomas Hobbes.* Boston: Twayne Publishers, 1977.

Hirsch, David A. Hedrich ."Donne's Atomies and Anatomies: Deconstructed Bodies and the Resurrection of Atomic Theory," *Studies in English Literature, 1500–1900* 31 (1991), pp. 69–94.

Hobbes, Thomas. *Leviathan.* Cambridge: Cambridge University Press, 1991.

———, *The Elements of Law Natural and Politic: Human Nature, De Corpore Politico, Three Lives.* Oxford: Oxford University Press, 1994.

Hoffman, Banesh. *Albert Einstein, Creator and Rebel.* New York: Viking Press, 1972.

Holzherr, George. *The Rule of Benedict: A Guide to Christian Living, with Commentary by George Holzherr, Abbot of Einsiedeln.* Dublin: Four Courts Press, 1994.

Horne, Herbert. *Alessandro Filipepi, Commonly Called Sandro Botticelli, Painter of Florence.* Princeton: Princeton University Press, 1980.

Hubbard, Elbert. *Journeys to Homes of Eminent Artists.* East Aurora, NY: Roycrafters, 1901.

Humanism and Liberty: Writings on Freedom from Fifteenth-Century Florence, trans. and ed. Renee Neu Watkins. Columbia, SC: University of South Carolina Press, 1978.

Hutcheon, Pat Duffy. *The Road to Reason: Landmarks in the Evolution of Humanist Thought.* Ottawa:

Canadian Humanist Publications, 2001.

Hutchinson, Lucy. *Lucy Hutchinson's Translation of Lucretius: De rerum natura*, ed. Hugh de Quehen. Ann Arbor: University of Michigan Press, 1996.

Hyde, William de Witt. *From Epicurus to Christ: A Study in the Principles of Personality*. New York: Macmillan, 1908.

Impey, Chris. "Reacting to the Size and the Shape of the Universe," *Mercury 30* (2001).

Isidore of Seville. *The Etymologies of Isidore of Seville*, ed. Stephen A. Barney, et al. Cambridge: Cambridge University Press, 2006.

Jacquot, J. "Thomas Harriot's Reputation for Impiety," *Notes and Records of the Royal Society* 9 (1951-52), pp. 164-87.

Jayne, Sears. *John Colet and Marsilio Ficino*. Oxford: Oxford University Press, 1963.

Jefferson, Thomas. *Papers*. Princeton: Princeton University Press, 1950.

———, *Writings*. New York: Viking Press, 1984.

Jerome, St. *Select Letters of St. Jerome*, trans. F. A. Wright. London: William Heinemann, 1933.

———, *The Letters of St. Jerome*, trans. Charles Christopher Mierolo. Westminster, MD: Newman Press, 1963.

John, Bishop of Nikiu, *The Chronicle*, trans. R. H. Charles. London: Williams & Norgate, 1916.

John of Salisbury, *Entheticus*, Maior and Minor, ed. Jan van Laarhoven. Leiden: E. J. Brill, 1987.

Johnson, Elmer D. *History of Libraries in the Western World.* Metuchen, NJ: Scarecrow Press, 1970.

Johnson, W. R. *Lucretius and the Modern World.* London: Duckworth, 2000.

Jones, Howard. *The Epicurean Tradition*. London: Routledge, 1989.

Jordan, Constance. *Pulci's Morgante: Poetry and History in Fifteenth-Century Florence.* Washington, DC: Folger Shakespeare Library, 1986.

Joy, Lynn S. "Epicureanism in Renaissance Moral and Natural Philosophy," *Journal of the History of Ideas* 53 (1992), pp. 573–83.

Judd, John. *The Coming of Evolution: The Story of a Great Revolution in Science.* Cambridge: Cambridge University Press, 1910.

Kaczynski, Bernice M. *Greek in the Carolingian Age: The St. Gall Manuscripts.* Cambridge, MA: Medieval Academy of America, 1988.

Kain, Philip J. *Marx' Method, Epistemology and Humanism.* Dordrecht: D. Reidel, 1986.

Kamenka, Eugene. *The Ethical Foundations of Marxism.* London: Routledge & Kegan Paul, 1972.

Kantorowicz, Ernst H. "The Sovereignty of the Artist: A Note on Legal Maxims and Renaissance Theories of Art," in Millard Meiss, ed., *Essays in Honor of Erwin Panofsky*. New York: New York University Press, 1961, pp. 267–79.

Kargon, Robert Hugh. *Atomism in England from Hariot to Newton*. Oxford: Clarendon Press, 1966.

Kaster, Robert A. *Guardians of Language: The Grammarian and Society in Late Antiquity*. Berkeley: University of California Press, 1988.

Kemp, Martin. *Leonardo da Vinci, the Marvelous Works of Nature and Man*. Cambridge, MA: Harvard University Press, 1981.

———, *Leonardo*. Oxford: Oxford University Press, 2004.

Kemple, Thomas. *Reading Marx Writing: Melodrama, the Market, and the "Grundrisse."* Stanford: Stanford University Press, 1995.

Kenney, E. J. *Lucretius*. Oxford: Clarendon Press, 1977.

Kidwell, Carol. *Marullus: Soldier Poet of the Renaissance*. London: Duckworth, 1989.

Kitts, Eustace J. *In the Days of the Councils: A Sketch of the Life and Times of Baldassare Cossa (Afterward Pope John the Twenty-Third)*. London: Archibald Constable & Co., 1908.

———, *Pope John the Twenty-Third and Master John Hus of Bohemia*. London: Constable & Co., 1910.

Kivisto, Sari. *Creating Anti-Eloquence: Epistolae Obscurorum Virorum and the Humanist Polemics on Style*. Helsinki: Finnish Society of Sciences and Letters, 2002.

Kohl, Benjamin G. *Renaissance Humanism, 1300–1550: A Bibliography of Materials in English*. New

York and London: Garland, 1985.

Kors, Alan Charles. "Theology and Atheism in Early Modern France," in Grafton and Blair, eds., *Transmission of Culture in Early Modern Europe*, pp. 238–75.

Korsch, Karl. *Karl Marx*. New York: John Wiley & Sons, 1938.

Krause, Ernst. *Erasmus Darwin*, trans. W. S. Dallas. London: John Murray, 1879.

Krautheimer, Richard. *Rome: Profile of a City, 312–1308*. Princeton: Princeton University Press, 1980.

Kuehn, Manfred. *Kant: A Biography*. New York: Cambridge University Press, 2001.

Lachs, John. "The Difference God Makes," *Midwest Studies in Philosophy* 28 (2004), pp. 183–94.

Lactantius, "A Treatise on the Anger of God, Addressed to Donatus," in Rev. Alexander Roberts and James Donaldson, eds.; William Fletcher, trans., *The Works of Lactantius*. Vol. II. Edinburgh: T. & T. Clark, 1871, pp. 1–48.

Lange, Frederick Albert. *The History of Materialism: and Criticism of Its Present Importance*, trans. Ernest Chester Thomas, intro. Bertrand Russell. London: K. Paul, Trench, Trubner; New York: Harcourt, Brace, 1925.

Leff, Gordon. *Heresy, Philosophy and Religion in the Medieval West*. Aldershot, UK, and Burlington, VT: Ashgate, 2002.

Leonardo da Vinci, *The Notebooks*. New York: New American Library, 1960.

Leonardo da Vinci, *The Literary Works of Leonardo*, ed. Jean Paul Richter. Berkeley: University of California Press, 1977.

Levine, Norman. *The Tragic Deception: Marx Contra Engels*. Oxford: Clio Books, 1975.

Lezra, Jacques. *Unspeakable Subjects: The Genealogy of the Event in Early Modern Europe*. Stanford: Stanford University Press, 1997.

Lightbrown, R. W. *Botticelli: Life and Work*. New York: Abbeville Press, 1989.

Löffler, Dr. Klemens. *Deutsche Klosterbibliotheken*. Cologne: J. P. Bachman, 1918.

Long, A. A. *Hellenistic Philosophy: Stoics, Epicureans, Sceptics,* 2nd edn. Berkeley: University of California Press, 1987.

———, and D. N. *Sedley, The Hellenistic Philosophers*, 2 vols. Cambridge: Cambridge University Press, 1987.

Longo, Susanna Gambino. *Lucrèce et Epicure à la Renaissance Italienne*. Paris: Honoré Champion, 2004.

Lucretius, *On the Nature of Things*, trans. W. H. D. Rouse, rev. Martin F. Smith. Cambridge, MA: Harvard University Press, 1924, rev. 1975.

Lucretius. *On the Nature of Things*, trans. W. H. D. Rouse, rev. Martin F. Smith. Cambridge, MA: Harvard University Press, 1924, rev. 1975.

———, *De Rerum Natura Libri Sex*. ed Cyril Bailey Oxford: Clarendon Press, 1947.

———, *De Rerum Natura*, ed. Cyril Bailey. London: Oxford University Press, 1963.

———, *The Nature of Things*, trans. Frank O. Copley. New York: W. W. Norton & Company, 1977.

———, *On the Nature of Things*, trans. Anthony M. Esolen. Baltimore: Johns Hopkins University Press, 1995.

———, *On the Nature of the Universe*, trans. Ronald Melville. Oxford: Oxford University Press, 1997.

———, *On the Nature of Things*, trans. Martin Ferguson Smith. London: Sphere Books, 1969; rev. trans. Indianapolis: Hackett, 2001.

———, *The Nature of Things*, trans. A. E. Stallings. London: Penguin, 2007.

———, *De Rerum Natura*, trans. David R. Slavitt. Berkeley: University of California Press, 2008.

Lund, Vonne. Raymond Anthony, and Helena Rocklinsberg, "The Ethical Contract as a Tool in Organic Animal Husbandry," *Journal of Agricultural and Environmental Ethics* 17 (2004), pp. 23–49.

Luper-Foy, Steven. "Annihilation," *Philosophical Quarterly* 37 (1987), pp. 233–52.

Macleod, Roy, ed. *The Library of Alexandria: Centre of Learning in the Ancient World.* London: I. B. Tauris, 2004.

MacPhail, Eric. "Montaigne's New Epicureanism," *Montaigne Studies* 12 (2000), pp. 91–103.

Madigan, Arthur. "Commentary on Politis," *Boston Area Colloquium in Ancient Philosophy* 18 (2002).

Maglo, Koffi. "Newton's Gravitational Theory by Huygens, Varignon, and Maupertuis: How Normal Science May Be Revolutionary," *Perspectives on Science*, 11 (2003), pp. 135–69.

Mah, Harold. *The End of Philosophy, the Origin of "Ideology."* Berkeley: University of California Press, 1987.

Maiorino, Giancarlo. *Leonardo da Vinci: The Daedalian Mythmaker.* University Park, PA: Pennsylvania State University Press, 1992.

Malcolm, Noel. *Aspects of Hobbes*. New York: Oxford University Press, 2002.

Marino, Joseph and Melinda W. Schlitt, eds., *Perspectives on Early Modern and Modern Intellectual History: Essays in Honor of Nancy S. Struever.* Rochester, NY: University of Rochester Press, 2000.

Markus, R. A. *The End of Ancient Christianity.* Cambridge and New York: Cambridge University Press, 1990.

Marlowe, Christopher. *Christopher Marlowe: The Complete Poems and Translations*, ed. Stephen Orgel. Harmondsworth, UK, and Baltimore: Penguin Books, 1971.

Marsh, David. *The Quattrocento Dialogue*. Cambridge, MA, and London: Harvard University Press, 1980.

Martin, Alain and Oliver Primavesi, *L'Empedocle de Strasbourg*. Berlin and New York: Walter de Gruyter; Bibliothèque Nationale et Universitaire de Strasbourg, 1999.

Martin, John Jeffries. *Myths of Renaissance Individualism.* Houndmills, Basingstoke, UK: Palgrave, 2004.

Martindale, Charles. *Latin Poetry and the Judgement of Taste.* Oxford: Oxford University Press, 2005.

Martines, Lauro. *The Social World of the Florentine Humanists, 1390–1460.* Princeton: Princeton University Press, 1963.

———, *Scourge and Fire: Savonarola and Renaissance Florence.* London: Jonathan Cape, 2006.

Marullo, Michele. *Inni Naturali*, trans. Doratella Coppini Florence: Casa Editrice le Lettere, 1995.

Marx, Karl and Frederick Engels. *Collected Works*, trans. Richard Dixon. New York: International Publishers, 1975.

———, *On Literature and Art.* Moscow: Progress Publishers, 1976.

Masters, Roger. *The Political Philosophy of Rousseau.* Princeton: Princeton University Press, 1968.

———, "Gradualism and Discontinuous Change," in Albert Somit and Steven Peterson, eds., *The Dynamics of Evolution. Ithaca*, NY: Cornell University Press, 1992.

Mayo, Thomas Franklin. *Epicurus in England (1650–1725)*. Dallas: Southwest Press, 1934.

McCarthy, George. *Marx and the Ancients: Classical Ethics, Social Justice, and Nineteenth-Century Political Economy.* Savage, MD: Rowman & Littlefield, 1990.

McDowell, Gary and Sharon Noble, eds., *Reason and Republicanism: Thomas Jefferson's Legacy of*

Liberty. Lanham, MD: Rowman & Littlefield, 1997.

McGuire, J. E. and P. M. Rattansi, "Newton and the Pipes of Pan," *Notes and Records of the Royal Society of London* 21 (1966), pp. 108–43.

McKitterick, Rosamond. "Manuscripts and Scriptoria in the Reign of Charles the Bald, 840–877," *Giovanni Scoto nel Suo Tempo.* Spoleto: Centro Italiano di Studi sull'Alto Medioevo, 1989, pp. 201–37.

———, "Le Role Culturel des Monastères dans les Royaumes Carolingiens du VIIIe au Xe Siècle," *Revue Benedictine* 103 (1993), pp. 117–30.

———, *Books, Scribes and Learning in the Frankish Kingdoms, 6th–9th Centuries.* Aldershot, UK: Variorum, 1994.

———, ed., *Carolingian Culture: Emulation and Innovation.* Cambridge: Cambridge University Press, 1994.

McKnight, Stephen A. *The Modern Age and the Recovery of Ancient Wisdom: A Reconsideration of Historical Consciousness, 1450–1650.* Columbia, MO: University of Missouri Press, 1991.

McLellan, David. *The Thought of Karl Marx.* New York: Harper & Row, 1971.

McNeil, Maureen. *Under the Banner of Science: Erasmus Darwin and His Age.* Manchester: Manchester University Press, 1987.

Meikle, Scott. *Essentialism in the Thought of Karl Marx*. London: Duckworth, 1985.

Melzer, Arthur M. *The Natural Goodness of Man: On the System of Rousseau's Thought*. Chicago: University of Chicago Press, 1990.

Merryweather, F. Somner *Bibliomania in the Middle Ages*. London: Woodstock Press, 1933.

Michel, Paul Henry. *The Cosmology of Giordano Bruno*, trans. R. E. W. Maddison. Paris: Hermann; Ithaca, NY: Cornell University Press, 1973.

Miller, Charles. *Jefferson and Nature: An Interpretation*. Baltimore: Johns Hopkins University Press, 1988.

Moffitt, John F. "The Evidentia of Curling Waters and Whirling Winds: Leonardo's Ekphraseis of the Latin Weathermen," *Leonardo Studies* 4 (1991), pp. 11–33.

Molho, Anthony et al., "Genealogy and Marriage Alliance: Memories of Power in Late Medieval Florence," in Cohn and Epstein, eds., *Portraits of Medieval and Renaissance Living*, pp. 39–70.

Morel, Jean. "Recherches sur les Sources du Discours sur l'Inégalité, " *Annales* 5 (1909), pp. 163–64.

Mortara, Elena. "The Light of Common Day: Romantic Poetry and the Everydayness of Human Existence," in Riccardo Dottori, ed., *The Legitimacy of Truth*. Rome: Lit Verlag, 2001.

Muller, Conradus. "De Codicum Lucretii Italicorum Origine, " *Museum Helveticum: Revue Suisse pour l'Etude de l'antiquite Classique* 30 (1973), pp. 166–78.

Mundy, John Hine and Kennerly M. Woody, eds.; Louise Ropes Loomis, trans., *The Council of Constance: The Unification of the Church*. New York and London: Columbia University Press, 1961.

Murphy, Caroline P. *The Pope's Daughter.* London: Faber & Faber, 2004.

Murray, Alexander. "Piety and Impiety in Thirteenth-Century Italy," in C. J. Cuming and Derek Baker, eds., *Popular Belief and Practice*, Studies in Church History 8. London: Syndics of the Cambridge University Press, 1972 pp. 83–106.

———, "Confession as a Historical Source in the Thirteenth Century," in R. H. C. Davis and J. M. Wallace-Hadrill, *The Writing of History in the Middle Ages: Essays Presented to Richard William Southern.* Oxford: Clarendon Press, 1981, pp. 275–322.

———, "The Epicureans," in Piero Boitani and Anna Torti, eds., *Intellectuals and Writers in Fourteenth-Century Europe.* Tubingen: Gunter Narr, 1986, pp. 138–63.

Nelson, Eric. *The Greek Tradition in Republican Thought.* Cambridge: Cambridge University Press, 2004.

Neugebauer, O. *The Exact Sciences in Antiquity.* Princeton: Princeton University Press, 1952.

Newton, Isaac. *Correspondence of Isaac Newton, H. W.* Tumbull et al., eds., 7 vols.

Cambridge: Cambridge University Press, 1959–1984.

Nicholls, Mark. "Percy, Henry," *Oxford Dictionary of National Biography,* 2004–07.

Nichols, James. *Epicurean Political Philosophy: The De Rerum Natura of Lucretius.* Ithaca, NY: Cornell University Press, 1976.

Nussbaum, Martha. *The Therapy of Desire: Theory and Practice in Hellenistic Ethics.* Princeton: Princeton University Press, 2009, pp. 140–91.

Oberman, Heiko. *The Dawn of the Reformation.* Grand Rapids, MI: William Eerdmans Publishing Co., 1986.

Olsen, B. Munk. *L'Etude des Auteurs Classiques Latins aux XIe et XIIe Siècles.* Paris: Editions du Centre National de la Recherche Scientifique, 1985.

O'Malley, Charles and J. B. Saunders, *Leonardo da Vinci on the Human Body: The Anatomical, Physiological, and Embryological Drawings of Leonardo da Vinci.* New York: Greenwich House, 1982.

O'Malley, John W. Thomas M. Izbicki, and Gerald Christianson, eds., *Humanity and Divinity in Renaissance and Reformation: Essays in Honor of Charles Trinkaus*. Leiden: E. J. Brill, 1993.

Ordine, Nuccio. *Bruno and the Philosophy of the Ass*, trans. Henryk Baraanski in collab. with Arielle Saiber. New Haven, CT: Yale University Press, 1996.

Origen. *Origen Against Celsus*, trans. Rev. Frederick Crombie, in *Anti-Nicene Christian Library: Translations of the Writings of the Fathers Down to A.D. 325*, ed. Rev. Alexander Roberts and James

Donaldson, vol. 23. Edinburgh: T. & T. Clark, 1872.

Osborn, Henry Fairfield. *From the Greeks to Darwin: The Development of the Evolution Idea Through Twenty-Four Centuries*. New York: Charles Scribner's Sons, 1929.

Osler, Margaret. *Divine Will and the Mechanical Philosophy: Gassendi and Descartes on Contingency and Necessity in the Created World*. Cambridge: Cambridge University Press, 1994.

———, ed., *Atoms, Pneuma, and Tranquility: Epicurean and Stoic Themes in European Thought*. Cambridge: Cambridge University Press, 1991.

Osler, Sir William. "Illustrations of the Book-Worm," *Bodleian Quarterly Record*, 1 (1917), pp. 355–57.

Otte, James K. "Bernhard Pabst, Atomtheorien des Lateinischen Mittelalters," *Speculum* 71 (1996), pp. 747–49.

Overbye, Dennis. "Human DNA, the Ultimate Spot for Secret Messages (Are Some There Now?)," *The New York Times*, 2007, p. D4.

Overhoff, Jurgen. *Hobbes' Theory of the Will: Ideological Reasons and Historical Circumstances*. Lanham, MD: Rowman & Littlefield, 2000.

Pabst, Bernhard. *Atomtheorien des Lateinischen Mittelalters*. Darmstadt: Wissenschaftliche Buchgesellschaft, 1994.

Palladas, *Palladas: Poems*, trans. Tony Harrison. London: Anvil Press Poetry, 1975.

Parkes, M. B. *Scribes, Scripts and Readers: Studies in the Communication, Presentation and Dissemination of Medieval Texts.* London: Hambledon Press, 1991.

Parsons, Edward Alexander. *The Alexandrian Library, Glory of the Hellenic World: Its Rise, Antiquities, and Destructions.* New York: American Elsevier Publishing Co., 1952.

Partner, Peter. *The Pope's Men: The Papal Civil Service in the Renaissance.* Oxford: Clarendon Press, 1990.

Paterson, Antoinette Mann. *The Infinite Worlds of Giordano Bruno.* Springfield, IL: Thomas, 1970.

Patschovsky, Alexander. *Quellen Zur Bohmischen Inquisition im 14.* Jahrundert. Weimar: Hermann Bohlaus Nachfolger, 1979.

Paulsen, Freidrich. *Immanuel Kant; His Life and Doctrine*, trans. J. E. Creighton and Albert Lefevre. New York: Frederick Ungar, 1963.

Payne, Robert. *Marx.* New York: Simon & Schuster, 1968.

Peter of Mldonovice, *John Hus at the Council of Constance*, trans. Matthew Spinka. New York: Columbia University Press, 1965.

Petrucci, Armando. *Writers and Readers in Medieval Italy: Studies in the History of Written Culture*, trans. Charles M. Kadding. New Haven and London: Yale University Press, 1995.

Pfeiffer, Rudolf. *History of Classical Scholarship from the Beginnings to the End of the Hellenistic Age.*

Oxford: Clarendon Press, 1968.

Philippe, J. "Lucrèce dans la Théologie Chrétienne du IIIe au XIIIe Siècle et Spécialement dans les Ecoles Carolingiennes, " *Revue de l'Histoire des Religions* 33 (1896) pp. 125–62.

Philodemus, *On Choices and Avoidances*, trans. Giovanni Indelli and Voula Tsouna-McKriahan. Naples: Bibliopolis, 1995.

———[Filodemo], *Mémoire Epicurée.* Naples: Bibliopolis, 1997.

———, *Acts of Love: Ancient Greek Poetry from Aphrodite's Garden*, trans. George Economou. New York: Modern Library, 2006.

———, *On Rhetoric: Books 1 and 2*, trans. Clive Chandler. New York: Routledge, 2006.

Poggio Bracciolini 1380–1980: Nel VI Centenario della Nascita. Florence: Sansoni, 1982.

Politis, Vasilis. "Aristotle on Aporia and Searching in Metaphysics," *Boston Area Colloquium in Ancient Philosophy* 18 (2002), pp. 145–74.

Porter, James. *Nietzsche and the Philology of the Future.* Stanford: Stanford University Press, 2000.

Primavesi, Oliver. "Empedocles: Physical and Mythical Divinity," in Patricia Curd and Daniel W. Graham, eds., *The Oxford Handbook of Presocratic Philosophy.* New York: Oxford University Press, 2008, pp. 250–83.

Prosperi, Adriano. *Tribunali della Coscienza: Inquisitori, Confessori, Missionari.* Turin: Giulio Einaudi,

1996.

Putnam, George Haven. *Books and Their Makers During the Middle Ages.* New York: G. P. Putnam's Sons, 1898.

Puyo, Jean. *Jan Hus: Un Drame au Coeur de l'Eglise.* Paris: Desclee de Brouwer, 1998.

Rattansi, Piyo. "Newton and the Wisdom of the Ancients," in John Fauvel, ed., *Let Newton Be!* Oxford: Oxford University Press, 1988.

Redshaw, Adrienne M. "Voltaire and Lucretius," *Studies on Voltaire and the Eighteenth Century* 189 (1980), pp. 19–43.

Reti, Ladislao. *The Library of Leonardo da Vinci.* Los Angeles: Zeitlin & VerBrugge, 1972.

Reynolds, L. D. *Texts and Transmission: A Survey of the Latin Classics.* Oxford: Clarendon Press, 1983.

———and N. G. Wilson, *Scribes and Scholars: A Guide to the Transmission of Greek and Latin Literature.* London: Oxford University Press, 1968.

Reynolds, Susan. "Social Mentalities and the Case of Medieval Scepticism," *Transactions of the Royal Historical Society* 1 (1990), pp. 21–41.

Rich, Susanna. "De Undarum Natura: Lucretius and Woolf in The Waves," *Journal of Modern Literature* 23 (2000), pp. 249–57.

Richard, Carl. *The Founders and the Classics: Greece, Rome, and the American Enlightenment.*

Cambridge, MA: Harvard University Press, 1994.

Riche, Pierre. *Education and Culture in the Barbarian West Sixth Through Eighth Centuries*, trans. John J. Cotren. Columbia, SC: University of South Carolina Press, 1976.

Richental, Ulrich von. *Chronik des Konstanzer Konzils 1414–1418*. Constance: F. Bahn, 1984.

Richter, J. P. *The Notebooks of Leonardo da Vinci*. New York: Dover Books, 1970.

Richter, Simon. *Laocoon's Body and the Aesthetics of Pain: Winckelmann, Lessing, Herder, Moritz, Goethe*. Detroit: Wayne State University Press, 1992.

Roche, J. J. "Thomas Harriot," *Oxford Dictionary of National Biography* (2004), p. 6.

Rochot, Bernard. *Les Travaux de Gassendi: Sur Epicure et sur l'Atomisme 1619–1658*. Paris: Librairie Philosophique J. Vrin, 1944.

Rosenbaum, Stephen. "How to Be Dead and Not Care," *American Philosophical Quarterly* 23 (1986).

———, "Epicurus and Annihilation," *Philosophical Quarterly* 39 (1989), pp. 81–90.

———, "The Symmetry Argument: Lucretius Against the Fear of Death," *Philosophy and Phenomenological Research* 50 (1989), pp. 353–73.

———, "Epicurus on Pleasure and the Complete Life," *The Monist*, 73 (1990).

Rosler, Wolfgang. "Hermann Diels und Albert Einstein: Die Lukrez-Ausgabe Von 1923/24," *Hermann Diels (1848–1922) et la Science de l'Antique*. Geneva: Entretiens sur l'Antique Classique, 1998.

Rowland, *Ingrid D. Giordano Bruno: Philosopher/Heretic.* New York: Farrar, Straus & Giroux, 2008.

Ruggiero, Guido, ed., *A Companion to the Worlds of the Renaissance.* Oxford: Blackwell, 2002.

Ryan, Lawrence V. "Review of On Pleasure by Lorenzo Valla," *Renaissance Quarterly* 34(1981), pp. 91–93.

Sabbadini, Remigio. *Le Scoperte dei Codici Latini e Greci ne Secoli XIV e XV.* Florence: Sansoni, 1905.

Saiber, Arielle and Stefano Ugo Baldassarri, eds. *Images of Quattrocento Florence: Selected Writings in Literature, History*, and Art. New Haven: Yale University Press, 2000.

Santayana, George. *Three Philosophical Poets: Lucretius, Dante, and Goethe.* Cambridge, MA: Harvard University Press, 1947.

Schmidt, Albert-Marie. *La Poésie Scientifique en France au Seizième Siécle.* Paris: Albin Michel, 1939.

Schofield, Malcolm and Gisela Striker, eds. *The Norms of Nature: Studies in Hellenistic Ethics.* Paris: Maison des Sciences de l'Homme, 1986.

Schottenloher, Karl. *Books and the Western World: A Cultural History*, trans. William D. Boyd and Irmgard H. Wolfe. Jefferson, NC: McFarland & Co., 1989.

Sedley, David. *Lucretius and the Transformation of Greek Wisdom.* Cambridge: Cambridge University Press, 1998.

Segal, C. *Lucretius on Death and Anxiety: Poetry and Philosophy in De Rerum Natura.* Princeton:

Princeton University Press, 1990.

Shapin, Steven and Simon Schaffer, *Leviathan and the Air-Pump: Hobbes, Boyle, and the Experimental Life*. Princeton: Princeton University Press, 1985.

Shea, William. "Filled with Wonder: Kant's Cosmological Essay, the Universal Natural History and Theory of the Heavens," in Robert Butts, ed. *Kant's Philosophy of Physical Science*. Boston: Kluwer Academic Publishers, 1986.

Shell, Susan. *The Embodiment of Reason: Kant on Spirit, Generation, and Community*. Chicago: University of Chicago Press, 1996.

Shepherd, Wm. *Life of Poggio Bracciolini*. Liverpool: Longman, et al., 1837.

Sider, David. *The Library of the Villa dei Papiri at Herculaneum*. Los Angeles: J. Paul Getty Museum, 2005.

Sikes, E. E. *Lucretius, Poet and Philosopher*. New York: Russell & Russell, 1936.

Simonetta, Marcello. *Rinascimento Segreto: Il mondo del Segretario da Petrarca a Machiavelli*. Milan: Franco Angeli, 2004.

Simons, Patricia. "A Profile Portrait of a Renaissance Woman in the National Gallery of Victoria," *Art Bulletin of Victoria [Australia]* 28 (1987), pp. 34–52.

———, "Women in Frames: The Gaze, the Eye, the Profile in Renaissance Portraiture," *History*

Workshop Journal 25 (1988), pp. 4–30.

Singer, Dorothea. *Giordano Bruno: His Life and Thought.* New York: H. Schuman, 1950.

Smahel, Frantisek. ed., *Haresie und Vorzeitige Reformation im Spatmittelatler.* Munich: R. Oldenbourg, 1998.

Smith, Christine and Joseph F. O'Connor, "What Do Athens and Jerusalem Have to Do with Rome? Giannozzo Manetti on the Library of Nicholas V," in Marino and Schlitt, eds., *Perspectives on Early Modern and Modern Intellectual History: Essays in Honor of Nancy S. Struever.* Rochester, NY: University of Rochester Press, 2000, pp. 88–115.

Smith, Cyril. *Karl Marx and the Future of the Human.* Lanham, MD: Lexington Books, 2005.

Smith, John Holland. *The Great Schism, 1378.* London: Hamish Hamilton, 1970.

Smith, Julia M. H. *Europe After Rome: A New Cultural History, 500–1000.* Oxford: Oxford University Press, 2005.

Smuts, R. Malcolm ed. *The Stuart Court and Europe: Essays in Politics and Political Culture.* Cambridge: Cambridge University Press, 1996.

Snow-Smith, Joanne. *The Primavera of Sandro Botticelli: A Neoplatonic Interpretation.* New York: Peter Lang, 1993.

Snyder, Jane McIntosh. "Lucretius and the Status of Women," *The Classical Bulletin*, 53 (1976), pp.

17–19.

———, *Puns and Poetry in Lucretius' De Rerum Natura.* Amsterdam: B. R. Gruner, 1980.

Snyder, Jon R. *Writing the Scene of Speaking: Theories of Dialogue in the Late Italian Renaissance.* Stanford: Stanford University Press, 1989.

Spencer, T. J. B. "Lucretius and the Scientific Poem in English," in D. R. Dudley, ed., *Lucretius.* London: Routledge & Kegan Paul, 1965, pp. 131–64.

Spinka, Matthew. *John Hus and the Czech Reform.* Hamden, CT: Archon Books, 1966.

———, *John Hus: A Biography.* Princeton: Princeton University Press, 1968.

Stanley, John L. *Mainlining Marx.* New Brunswick, NJ: Transaction Publishers, 2002.

Stevenson, J. ed. A *New Eusebius: Documents Illustrating the History of the Church to AD 337.* London: SPCK, 1987.

Stinger, Charles L. *Humanism and the Church Fathers: Ambrogio Taversari (1386–1439) and Christian Antiquity in the Italian Renaissance.* Albany: State University of New York Press, 1977.

———, *The Renaissance in Rome.* Bloomington: Indiana University Press, 1998.

Stites, Raymond. "Sources of Inspiration in the Science and Art of Leonardo da Vinci," *American Scientist* 56 (1968), pp. 222–43.

Strauss, Leo. *Natural Right and History.* Chicago: University of Chicago Press, 1953.

Struever, Nancy S. "Historical Priorities," *Journal of the History of Ideas*, 66 (2005), p. 16.

Stump, Phillip H. *The Reforms of the Council of Constance (1414–1418)*. Leiden: E. J. Brill, 1994.

Surtz, Edward L. "Epicurus in Utopia," *ELH: A Journal of English Literary History* 16 (1949), pp. 89–103.

———, *The Praise of Pleasure: Philosophy, Education, and Communism in More's Utopia.* Cambridge, MA: Harvard University Press, 1957.

Symonds, John Addington. *The Renaissance in Italy.* London: Smith, Elder & Co., 1875–86.

———, *Renaissance in Italy.* Vol. 3: The Fine Arts. London: Smith, Elder & Co., 1898.

Tafuri, Manfredo. *Interpreting the Renaissance: Princes, Cities, Architects*, trans. Daniel Sherer. New Haven: Yale University Press, 2006.

Teodoro, Francesco di and Luciano Barbi, "Leonardo da Vinci: Del Riparo a' Terremoti," *Physis: Rivista Internazionale di Storia della Scienza* 25 (1983), pp. 5–39.

Tertullian, *The Writings of Quintus Sept. Flor. Tertullianus*, 3 vols. (Edinburgh: T. & T. Clark, 1869–70).

———, *Concerning the Resurrection of the Flesh*. London: SPCK, 1922.

———, *Ante-Nicene Fathers* (Grand Rapids, MI: Wm. B. Eerdmans Publishing Co., 1951.

———, *Tertullian's Treatise on the Incarnation.* London: SPCK, 1956.

———, *Disciplinary, Moral and Ascetical Works*, trans. Rudolph Arbesmann, Sister Emily Joseph Daly, and Edwin A. Quain. New York: Fathers of the Church, 1959.

———, *Treatises on Penance*, trans. William P. Le Saint. Westminster, MD: Newman Press, 1959.

———, *Christian and Pagan in the Roman Empire: The Witness of Tertullian*, Robert D. Sider, ed. Washington, DC: Catholic University of America, 2001.

Tertulliano, *Contro gli Eretici.* Rome: Citta Nuova, 2002.

Thatcher, David S. *Nietzsche in England 1890–1914.* Toronto: University of Toronto Press, 1970.

Thompson, James Westfall. *The Medieval Library.* Chicago: University of Chicago Press, 1939.

———, *Ancient Libraries.* Berkeley: University of California Press, 1940.

Tielsch, Elfriede Walesca. "The Secret Influence of the Ancient Atomistic Ideas and the Reaction of the Modern Scientist under Ideological Pressure," *History of European Ideas* 2 (1981), pp. 339–48.

Toynbee, Jocelyn and John Ward Perkins, "The Shrine of St. Peter and the Vatican Excavations." New York: Pantheon Books, 1957, pp. 109–17.

Trinkaus, Charles. *In Our Image and Likeness.* Chicago: University of Chicago Press, 1970.

———, "Machiavelli and the Humanist Anthropological Tradition," in Marino and Schlitt, eds., *Perspectives on Early Modern and Modern Intellectual History*, Rochester, NY: University of Rochester Press, 2000, pp. 66-87.

Tuma, Kathryn A. "Cézanne and Lucretius at the Red Rock," *Representations* 78 (2002), pp. 56–85.

Turberville, S. *Medieval Heresy and the Inquisition.* London and Hamden, CT: Archon Books, 1964.

Turner, Frank M. “Lucretius Among the Victorians,” *Victorian Studies* 16 (1973), pp. 329–48.

Turner, Paul. “Shelley and Lucretius,” *Review of English Studies* 10 (1959), pp. 269–82.

Tyndall, John. “The Belfast Address,” *Fragments of Science: A Series of Detached Essays, Addresses and Reviews.* New York: D. Appleton & Co., 1880, pp. 472–523.

Ullman, B. L. *Studies in the Italian Renaissance.* Rome: Edizioni di Storia e Letteratura, 1955.

Vail, Amy, ed. “Albert Einstein’s Introduction to Diels’ Translation of Lucretius,” *The Classical World* 82 (1989), pp. 435–36.

Valla, Lorenzo. *De vero falsoque bono*, trans. and ed., Maristella de Panizza Lorch. Bari: Adriatica, 1970

———, *On Pleasure*, trans. A. Kent Hieatt and Maristella Lorch. New York: Abaris Books, 1977, pp. 48–325.

Vasari, Giorgio. *Lives of the Most Eminent Painters, Sculptors, and Architects.* London: Philip Lee Warner, 1912.

———, *The Lives of the Artists*, trans. Julia Conaway Bondanella and Peter Bondanella. Oxford: Oxford University Press, 1988.

Vespasiano, *The Vespasiano Memoirs: Lives of Illustrious Men of the XVth Century*, trans. William George and Emily Waters. New York: Harper & Row, 1963.

Virgil, *Virgil's Georgics*, trans. John Dryden. London: Euphorion Books, 1949.

Wade, Nicholas. "Humans Have Spread Globally, and Evolved Locally," *The New York Times*, June 26, 2007, p. D3.

Wakefield, Walter L. "Some Unorthodox Popular Ideas of the Thirteenth Century," *Medievalia et Humanistica* 4 (1973), pp. 25–35.

Walser, Ernst. *Poggius Florentinus: Leben und Werke.* Hildesheim: Georg Olms, 1974.

Warburg, Aby. *Sandro Botticellis Geburt der Venus und Fruhling: Eine Untersuchung uber die Vorstellungen von der Antike in der Italienischen Fruhrenaissance.* Hamburg & Leipzig: Verlag von Leopold Voss, 1893.

———, *The Renewal of Pagan Antiquity: Contributions to the Cultural History of the European Renaissance*, trans. David Britt. Los Angeles: Getty Research Institute for the History of Art and the Humanities, 1999, pp. 88–156.

Ward, Henshaw. *Charles Darwin: The Man and His Warfare.* Indianapolis: Bobbs-Merrill, 1927.

Webb, Clement. *Kant's Philosophy of Religion.* Oxford: Clarendon Press, 1926.

Weiss, Harry B. and Ralph H. Carruthers, *Insect Enemies of Books.* New York: New York Public Library, 1937.

Weiss, Roberto. *Medieval and Humanist Greek.* Padua: Antenore, 1977.

Wenley, R. M. *Kant and His Philosophical Revolution.* Edinburgh: T. & T. Clark, 1910.

———, *The Spread of Italian Humanism.* London: Hutchinson University Library, 1964.

———, *The Renaissance Discovery of Classical Antiquity.* Oxford: Blackwell, 1969.

West, David. *The Imagery and Poetry of Lucretius.* Norman: University of Oklahoma Press, 1969.

Westfall, Richard. "The Foundations of Newton's Philosophy of Nature," *British Journal for the History of Science* 1 (1962), pp. 171–82.

White, Michael. Leonardo, *the First Scientist.* New York: St. Martin's Press, 2000.

Whyte, Lancelot. *Essay on Atomism: From Democritus to 1960.* Middletown, CT: Wesleyan University Press, 1961.

Wilde, Lawrence. *Ethical Marxism and Its Radical Critics.* Houndmills, Basingstoke, UK: Macmillan Press, 1998.

Wilford, John Noble. "The Human Family Tree Has Become a Bush with Many Branches," *The New York Times*, June 26, 2007, pp. D3, D10.

Witt, Ronald G. "The Humanist Movement," in Thomas A. Brady, Jr., Heiko A. Oberman, and James D. Tracy, eds., *Handbook of European History 1400–1600: Late Middle Ages, Renaissance and Reformation.* Leiden and New York: E. J. Brill, 1995, pp. 93–125.

———, *"In the Footsteps of the Ancients": The Origins of Humanism from Lovato to Bruni, Studies in*

Medieval and Reformation Thought, ed. Heiko A. Oberman, vol. 74. Leiden: E. J. Brill, 2000.

Woolf, Greg and Alan K. Bowman, eds., *Literacy and Power in the Ancient World.* Cambridge: Cambridge University Press, 1994.

Yarbrough, Jean. *American Virtues: Thomas Jefferson on the Character of a Free People.* Lawrence: University Press of Kansas, 1998.

Yashiro, Yukio. *Sandro Botticelli and the Florentine Renaissance.* Boston: Hale, Cushman, & Flint, 1929.

Yates, France A. *Giordano Bruno and the Hermetic Tradition.* Chicago: University of Chicago Press, 1964.

Yatromanolakis, Dimitrios and Panagiotis Roilos, *Towards a Ritual Poetics.* Athens: Foundation of the Hellenic World, 2003.

Yoon, Carol Kaesuk. "From a Few Genes, Life's Myriad Shapes," *The New York Times*, June 27, 2007, pp. D1, D4–D5.

Zimmer, Carl. "Fast-Reproducing Microbes Provide a Window on Natural Selection," *The New York Times*, June 26, 2007, pp. D6–D7.

Zorzi, Andrea and William J. Connell, eds. *Lo Stato Territoriale Fiorentino (Secoli XIV–XV): Richerche, Linguaggi, Confronti.* San Miniato: Pacini, 1996.

Zwijnenberg, Robert. *The Writings and Drawings of Leonardo da Vinci: Order and Chaos in Early Modern Thought,* trans. Caroline A. van Eck. New York: Cambridge University Press, 1999.

圖片來源

波吉歐年輕時的肖像。Biblioteca Medicea Laurenziana, Florence, Ms. Strozzi 50,1 recto. By permission of the Ministero per i Beni e le Attività Culturali with all rights reserved

波吉歐抄寫西塞羅作品。Biblioteca Medicea Laurenziana, Florence, Ms. Laur.Plut.48.22,121 recto. By permission of the Ministero per i Beni e le Attività Culturali with all rights reserved

赫米斯坐像。Alinari / Art Resource, NY

休息的赫米斯。Erich Lessing / Art Resource, NY

伊比鳩魯半身像。By courtesy of the Museo Archeologico Nazionale di Napoli / Soprintendenza Speciale per i Beni Archeologici di Napoli e Pompei

「鞭打耶穌」（*The Flagellation of Christ*），帕赫（Michael Pacher）作品。The Bridgeman Art Library International

異端胡斯燒死於火刑柱上。By courtesy of the Constance Rosgartenmuseum

年老的波吉歐畫像。© 2011 Biblioteca Apostolica Vaticana, Ms. lat.224, 2 recto

尼科里的《物性論》手抄本。Biblioteca Medicea Laurenziana, Florence, Ms. Laur. Plut.3j.30,164 verso. By permission of the Ministero per I Beni e le Attivitd Culturali with all rights reserved

〈春〉（*La Primavera*），波堤切利作品。Erich Lessing / Art Resource, NY

蒙田版的盧克萊修作品。Reproduced by kind permission of the Syndics of Cambridge University Library

費拉里雕刻的布魯諾青銅像。Photograph by Isaac Vita Kohn

索引

人名

二~四畫

五畫

六畫

七畫

八畫

九畫

十畫

十一畫

十二畫

十三畫

十四畫

十五畫～十六畫

十七畫以上

書名

地名

其他

貓頭鷹書房 427

大轉向：文藝復興的開展與世界走向現代的關鍵時刻

作　　者　葛林布萊（Stephen Greenblatt）
譯　　者　黃煜文
企畫選書　陳穎青
責任編輯　陳詠瑜（初版）、張瑞芳（二版）
校　　對　聞若婷
版面構成　張靜怡
封面設計　兒日

行銷業務　鄭詠文、陳昱甄
總 編 輯　謝宜英
出 版 者　貓頭鷹出版

發 行 人　涂玉雲
發　　行　英屬蓋曼群島商家庭傳媒股份有限公司城邦分公司
104 台北市中山區民生東路二段 141 號 11 樓
畫撥帳號：19863813；戶名：書虫股份有限公司
城邦讀書花園：www.cite.com.tw　購書服務信箱：service@readingclub.com.tw
購書服務專線：02-2500-7718~9（週一至週五 09:30-12:30；13:30-18:00）
24 小時傳真專線：02-25001990~1
香港發行所　城邦（香港）出版集團／電話：852-2877-8606 ／傳真：852-2578-9337
馬新發行所　城邦（馬新）出版集團／電話：603-9056-3833 ／傳真：603-9057-6622
印 製 廠　中原造像股份有限公司
初　　版　2014 年 1 月
二　　版　2019 年 4 月／四刷 2023 年 6 月
定　　價　新台幣 510 元／港幣 170 元
I S B N　978-986-262-376-3

讀者意見信箱　owl@cph.com.tw
投稿信箱　owl.book@gmail.com
貓頭鷹知識網　www.owls.tw
貓頭鷹臉書　facebook.com/owlpublishing

【大量採購，請洽專線】(02) 2500-1919

城邦讀書花園
www.cite.com.tw

國家圖書館出版品預行編目資料

大轉向：文藝復興的開展與世界走向現代的關鍵時刻／葛林布萊（Stephen Greenblatt）著；黃煜文譯. -- 二版. -- 臺北市：貓頭鷹出版：家庭傳媒城邦分公司發行, 2019.04
面；　公分. --（貓頭鷹書房；427）
譯自：The swerve: how the world became modern
ISBN 978-986-262-376-3（平裝）

1. 文藝復興　2. 西洋史

740.241　　108002184